区块链
供应链金融

段伟常 / 著

电子工业出版社
Publishing House of Electronics Industry
北京·BEIJING

内 容 简 介

本书结合供应链管理的逻辑架构和供应链金融的业务模式，从最基础的单证、合同等要素开始，详细分析区块链技术对业务流程和商业模式的重构过程和创新效应，包括"区块链+单证""区块链+交易""区块链+应收账款质押""区块链+存货质押""区块链+标准仓单""区块链+大宗商品交易""区块链+供应链金融 ABS"等模式，最后结合笔者的实践，讲解构建产业供应链生态圈的完整案例。本书使用了近百幅图来详细解读所讲理论的逻辑内容与模式，为配合理论分析还提供了一些行业典型案例。

本书适合供应链金融、中小企业融资、金融科技、互联网金融等领域的从业人员阅读。

未经许可，不得以任何方式复制或抄袭本书之部分或全部内容。
版权所有，侵权必究。

图书在版编目（CIP）数据

区块链供应链金融／段伟常著．—北京：电子工业出版社，2018.3
ISBN 978-7-121-33585-3

Ⅰ．①区… Ⅱ．①段… Ⅲ．①供应链管理－金融业务－研究 Ⅳ．①F252.2

中国版本图书馆 CIP 数据核字（2018）第 019874 号

策划编辑：黄爱萍
责任编辑：牛　勇
印　　刷：三河市双峰印刷装订有限公司
装　　订：三河市双峰印刷装订有限公司
出版发行：电子工业出版社
　　　　　北京市海淀区万寿路 173 信箱　邮编：100036
开　　本：787×980　1/16　印张：19.5　字数：326 千字
版　　次：2018 年 3 月第 1 版
印　　次：2021 年 1 月第 7 次印刷
定　　价：69.00 元

凡所购买电子工业出版社图书有缺损问题，请向购书店调换。若书店售缺，请与本社发行部联系，联系及邮购电话：（010）88254888，88258888。
质量投诉请发邮件至 zlts@phei.com.cn，盗版侵权举报请发邮件至 dbqq@phei.com.cn。
本书咨询联系方式：（010）51260888-819，faq@phei.com.cn。

序

　　十年前，我在北京交通大学交通控制科学与工程博士后流动站学习，研究的主要内容就包括供应链金融，那时我对复杂性和系统方法等理论十分着迷。我国较早期的供应链金融理论，来自于银行主导的应收账款质押融资与物流企业参与的存货质押融资实践。如果缺少对典型案例的深入研究，要进行系统化的理论提炼，感觉是一件非常困难的事情。所以，虽然我在前期做了不少关于供应链金融的相关研究，但是总觉得自己的研究成果没有达到公开出版的标准，一直缺少出版专著的勇气。

　　近年来，我有更多的机会深入企业实践，接触了很多行业的典型案例，例如主持或参与南储仓储、深圳朗华供应链、深国际华南物流、找铅网、南京联合全程物流、深圳前海广大物流等公司的咨询项目，通过实地考察、经理人访谈、案例整理、行业白皮书综述撰写等工作，大大加深了我对供应链金融的系统化理解。另外，与行业先锋人物的交流使我受益颇多，如人民大学宋华教授、创捷供应链文健君总裁、平安银行网络金融事业部副总裁梁超杰、阿里巴巴一达通副总裁肖锋等，不同理念的碰撞加深了我对供应链金融创新机理的理解。

　　金融领域对区块链技术的热切关注和应用研讨来得非常突然和猛烈。好在我有近十年的软件开发工作经历，利于快速学习区块链技术知识，不至于将理论分析只停留在概念层面。业界对于区块链的应用前景给予了丰富的想象和论断，从数字资产、智能合约到自治社会等。但鉴于开发技术的成熟速度和社会对颠覆性创新的适应性等问题，使得目前区块链较成熟的应用多数仅为数字存证的应用，其他多为模型研发或小规模测试。区块链技术结合供应链金融的实践，是目前国内区块链技术应用于金融领域比较热门的细分市场，国内已经有数个正在实施或实验的应用。区块链应用从产品到行业级的应用，需要理论研究支持与突破，总结并系统化"区块链+供应链金融"，这个挑战从一开始就遇到了不少的困难。

　　内心的折磨是深刻的，在准备写书时，我只有一个初略的创新设想和不准确的逻辑结构，就像要给一个山头种满树一样，需要一个个地挖坑和栽种。表达创造与创新的东西需要来自内心的激情，一个图、一段论述的积累，逐步搭建成超越自我的阶梯。

　　思考区块链与世界的关系是本书模型构建的理论起点。对此，借鉴世界的划分模型，以三个世界（虚拟世界、现实世界、精神世界）作为系统建模的起点，分析区块链技术原理与虚拟世界的关系，进而发现区块链架构可以实现巧妙的同构机制，即以加密（不可被篡改）、时间戳（时序性）的机制形成虚拟世界中的真实性，使得虚拟世界具有反映现实世界的结构。虚拟世界以一定的秩序和规则进行精妙的信用传递，进而形成信用链，其中区块链技术起到支柱作用。

　　时间永远向前，确立现实世界的基本秩序，使得现实世界永远不会错乱和塌陷；信息的不可被篡改确定虚拟世界的基本秩序，区块链在虚拟世界中以连续性来解决表达真实性的问题。区块链架构不仅可以构造信用链，实现无须第三方参与的价值传递，而且使得虚拟世界具有客观存在的真实性。这些论述有助于将区块链技术的理解上升到系统层面。

　　如何采用区块链架构来创建供应链金融的虚拟世界，以及现实世界与虚拟世界如何交互（可简化为"线上"与"线下"），是供应链金融商业模式与风险控制创新的核心命题。对此，从供应链结构出发，对供应链信用、信用结构、典型供应链金融业务模式等进行分析，结合区块链架构提出应用原理、应用模式与应用价值，是本书所要回答的关键内容。

　　"区块链+供应链金融"具有颠覆式的信用创新机制，理论上可称之为新模式。与现有以大数据应用为特征的智慧型模式（供应链金融4.0）相比较，我认为下一代的供应链金融将以"区块链+人工智能"为特征，在数字世界中构建可信证据系统的基础上，引入人工智能来代替一般性人工处理，从而获得溢出效应。对于"区块链+人工智能"模式，我认为这将是"供应链金融5.0"最可能的模式，其内涵为"计算信用、无损传递、双工交互、人工智能"。当然，"供应链金融5.0"模式的阐述仍然不够深入，有待进一步的研究深化，但可以预见，在供应链金融 5.0 模式下，融资服务的便利性与交易成本将比现有模式前进一大步。

供应链金融市场在"互联网+"时代中不断扩大，银行、制造业核心企业、消费电商平台、产业电商平台、外贸服务平台、供应链服务、互联网金融等竞相加入市场争夺战。理论研究者与企业实践家每年都给出诸多创新的思想与观点，这些思想与观点相互碰撞，是引领行业进步的思想火花。我学习、参考了这些业内专家的大量观点，参考了行业中大量的企业案例，本书中并未一一列出这些专家和企业的名字，在此向业内专家和提供案例的企业表示由衷的敬佩与感谢！

本书从构思、内容设计、理论架构、案例整理到编辑定稿等历时近一年，在成稿的过程中得到来自"产、学、研"各界人士的大力支持和帮助：在案例提供方面，感谢找铅网、布比区块链、中仓单等机构的大力协助；在案例整理方面，感谢万联网蔡宇江先生的大力协助；在出版策划方面，感谢前海产业智库罗润华先生的大力协助；在写作过程中得到广州数链科技陈海峰先生、广州e贷方颂总裁的大力支持；在出版资助方面，感谢广州大学工商管理学院的支持。

最后，感谢家人对我工作的默默支持！

轻松注册成为博文视点社区用户（www.broadview.com.cn），扫码直达本书页面。

- **提交勘误**：您对书中内容的修改意见可在 提交勘误 处提交，若被采纳，将获赠博文视点社区积分（在您购买电子书时，积分可用来抵扣相应金额）。
- **交流互动**：在页面下方 读者评论 处留下您的疑问或观点，与我们和其他读者一同学习交流。

页面入口：*http://www.broadview.com.cn/33585*

目 录

第1章 虚拟经济与区块链应用的兴起 ··· 1
    1.1 交易便利化、信用与交易秩序 ··· 1
    1.2 计算信用时代的到来 ··· 2
    1.3 区块链技术的颠覆性影响 ··· 3
    1.4 区块链供应链金融的意义 ··· 5
    1.5 区块链应用发展综述 ··· 6
    1.6 几个常见观点的辨析 ··· 9
    1.7 本书主要内容 ·· 13

第2章 区块链与虚拟世界 ··· 15
    2.1 波普尔的"三个世界"理论 ··· 15
    2.2 虚拟世界的重要意义：数字化生存 ·· 17
    2.3 现实与虚拟的深度交互与信息的真实性问题 ······························· 18
        2.3.1 现实与虚拟的共生模式 ·· 18
        2.3.2 网络信息的真实性 ·· 20
    2.4 区块链架构下的信用机制 ·· 21
        2.4.1 信息与风险的关系 ·· 21
        2.4.2 信息的真实与不可被篡改 ·· 22
        2.4.3 信用构建机制 ··· 24

第3章 供应链结构、信用与融资 ········· 26

3.1 供应链的系统边界与结构 ········· 26
3.1.1 供应链系统边界 ········· 26
3.1.2 核心企业竞争优势——供应链信用之源 ········· 31
3.1.3 核心企业与供应链金融的关系 ········· 33
3.1.4 供应链金融的分类：基于信用机制 ········· 35
3.1.5 交易银行 ········· 40
3.1.6 【案例分析3-1】深圳的供应链服务外包产业 ········· 42

3.2 供应链信用 ········· 46
3.2.1 信用的内涵 ········· 46
3.2.2 核心企业信用 ········· 47
3.2.3 节点信用 ········· 48
3.2.4 系统性风险 ········· 49

3.3 供应链信用结构 ········· 51
3.3.1 供应链信用及特点 ········· 51
3.3.2 交易 ········· 53
3.3.3 债项 ········· 55
3.3.4 【案例分析3-2】应收账款质押登记系统不能保证债项的真实性 ········· 58
3.3.5 票据 ········· 58
3.3.6 【案例分析3-3】某企业理财业务遭遇"萝卜章"骗局 ········· 60

3.4 信用链机制 ········· 61
3.4.1 信用链结构 ········· 61
3.4.2 信用传递 ········· 63
3.4.3 乘数效应 ········· 65
3.4.4 链式交易的信用自证 ········· 67
3.4.5 风险（违约）传染 ········· 70
3.4.6 供应链普惠金融 ········· 71

3.5 供应链金融的经营决策 ········· 72
3.5.1 成功要素 ········· 72

3.5.2 经营逻辑 ··· 72
3.5.3 客户拓展策略 ·· 74
3.5.4 授信策略 ··· 75
3.5.5 项目可行性决策 ·· 77
3.5.6 垄断定价 ··· 78
3.5.7 【案例分析3-4】核心企业提供供应链融资服务，属于"趁火打劫"吗 ···· 79
3.5.8 竞争战略选择 ·· 80
3.5.9 动态竞争策略与战略转换 ··· 83
3.5.10 【案例分析3-5】平安银行供应链金融经营分析 ················ 85

第4章 区块链架构下的供应链金融创新 ··· 95
4.1 区块链技术基础 ·· 95
4.1.1 区块链简介 ··· 95
4.1.2 区块链信用机制 ·· 98
4.1.3 区块链的应用场景 ·· 101
4.1.4 【案例分析4-1】出生证明的区块链存证 ······················· 104
4.1.5 "区块链+供应链金融"的价值体现 ································ 104
4.2 区块链与供应链金融的匹配性 ··· 105
4.2.1 "区块链+供应链金融"的应用演化路径 ························ 107
4.2.2 应用架构 ··· 110
4.3 "区块链+单证" ·· 112
4.3.1 业务痛点 ··· 113
4.3.2 区块链存证 ··· 114
4.3.3 嵌入式存证 ··· 115
4.3.4 系统实现 ··· 118
4.4 "区块链+交易" ·· 119
4.4.1 交易真实性是融资契约的基础 ······································ 119
4.4.2 基本假设 ··· 120
4.4.3 系统确权与系统取证 ··· 121
4.4.4 【案例分析4-2】Everledger利用区块链技术管理钻石销售的溯源 ···· 122

4.4.5　交易真实性证明的应用原理 122
　　　4.4.6　交易信用评级代替债项信用评级 125
　4.5　基本业务单元：应收账款质押的区块链应用 126
　　　4.5.1　应收账款质押的场景要素 126
　　　4.5.2　应收账款质押的业务痛点 128
　　　4.5.3　"区块链+应收账款质押"应用架构 131
　　　4.5.4　"区块链+应收账款质押"系统功能设计 133
　　　4.5.5　【案例分析4-3】钱香金融携手布比打造首个"区块链+"供应链金融项目 136

第5章　区块链架构下的物流金融创新 141

　5.1　物流金融概述 141
　　　5.1.1　物权的对世性与公示 141
　　　5.1.2　物流金融概念 142
　　　5.1.3　存货质押权生效的关键：特定化 144
　　　5.1.4　【案例分析5-1】上海钢贸案典型终审判决案例 145
　　　5.1.5　动产质押的经营逻辑 147
　5.2　存货质押监管的系统化 149
　　　5.2.1　风险控制要点 149
　　　5.2.2　风险管理体系 150
　　　5.2.3　业务监管体系 152
　5.3　"区块链+"存货质押质融资 156
　　　5.3.1　业务痛点 156
　　　5.3.2　区块链应用 157
　　　5.3.3　"区块链+物联网"的动产质押 159
　　　5.3.4　【案例分析5-2】感知科技的动产质押监管 159
　5.4　标准仓单的应用创新 166
　　　5.4.1　仓单的价值与属性 166
　　　5.4.2　仓单与仓单质押融资发展概况 168
　　　5.4.3　现货仓单交易与现货实物交易 170
　　　5.4.4　【案例分析5-3】农民"丰产而不增收"问题与标准仓单 173

5.4.5　中仓单的高信用国标仓单服务体系 ········ 175
5.5　"区块链+标准仓单"应用构架 ········ 182
5.6　"区块链+大宗商品交易"解决方案 ········ 185
　　5.6.1　大宗商品概念 ········ 185
　　5.6.2　大宗商品电子交易发展概况 ········ 186
　　5.6.3　大宗商品交易行业痛点 ········ 188
　　5.6.4　解决方案 ········ 190

第6章　区块链与供应链金融资产证券化 ········ 192
6.1　我国资产证券化的发展概况 ········ 192
6.2　资产证券化基础 ········ 194
　　6.2.1　资产证券化概念 ········ 194
　　6.2.2　三类资产证券化 ········ 195
　　6.2.3　基础资产的选择 ········ 196
　　6.2.4　关键步骤 ········ 197
　　6.2.5　流程 ········ 200
6.3　供应链金融ABS ········ 202
　　6.3.1　三种融资方式的比较 ········ 202
　　6.3.2　供应链金融ABS的意义 ········ 203
　　6.3.3　供应链结构对证券化的影响 ········ 206
　　6.3.4　组织与流程设计 ········ 207
　　6.3.5　证券化过程 ········ 209
　　6.3.6　金融效应分析 ········ 210
6.4　区块链+供应链金融ABS ········ 211
　　6.4.1　资产证券化的业务痛点 ········ 211
　　6.4.2　京东金融ABS的区块链方案 ········ 212
6.5　小结 ········ 215

第7章　供应链金融风险控制 ········ 216
7.1　风险控制概述 ········ 216
7.2　区块链架构下的风控特点 ········ 218

目录

- 7.2.1 从虚拟到平行、交互 ... 219
- 7.2.2 政府节点的重要性 ... 219
- 7.3 真实性证明 ... 220
- 7.4 计算信用 ... 221
  - 7.4.1 计算信用简介 ... 221
  - 7.4.2 【案例分析7-1】易流科技支持物流企业融资的计算信用 ... 222
- 7.5 闭环负反馈控制 ... 225
- 7.6 双工系统控制 ... 227
- 7.7 【案例分析7-2】欧浦智网的智慧物流与物流金融服务 ... 229

第8章 从理论到实践：循环产业供应链生态圈构造 ... 237

- 8.1 产业级供应链生态圈设计思路 ... 237
  - 8.1.1 产业级供应链生态圈的构成要素 ... 237
  - 8.1.2 产业级供应链生态圈的构建逻辑 ... 238
  - 8.1.3 "找铅网"简介 ... 239
- 8.2 循环产业诊断 ... 240
  - 8.2.1 循环经济发展的重要性 ... 240
  - 8.2.2 我国铅循环经济发展概况 ... 242
  - 8.2.3 发达国家铅回收管理经验 ... 243
- 8.3 铅循环产业供应链生态圈设计 ... 244
  - 8.3.1 生态圈核心价值 ... 244
  - 8.3.2 铅循环供应链结构 ... 246
  - 8.3.3 生态圈客户价值设计 ... 248
  - 8.3.4 供应链运营问题分析 ... 249
  - 8.3.5 生态圈规划的关键因素 ... 250
  - 8.3.6 生态圈建设策略 ... 252
  - 8.3.7 生态圈战略定位 ... 253
  - 8.3.8 发展规划 ... 255
  - 8.3.9 生态圈发展对策分析 ... 257
- 8.4 "互联网+回收"的产业电商模式 ... 258

- 8.4.1 回收端概况 ·· 258
- 8.4.2 "互联网+回收"模式 ·· 260
- 8.4.3 "互联网+回收"产业发展展望 ·· 261

8.5 供应链管理设计 ·· 262
- 8.5.1 供应链外包服务、供应链管理与平台的关系 ····················· 262
- 8.5.2 供应链外包服务内容 ·· 263
- 8.5.3 供应链外包服务发展策略 ··· 269

8.6 找铅网核心功能与系统结构 ·· 270
- 8.6.1 核心功能之一：运营标准 ··· 270
- 8.6.2 核心功能之二：数据管理 ··· 273
- 8.6.3 找铅网系统架构 ·· 276

8.7 找铅网金融服务创新 ·· 279
- 8.7.1 金融服务的内容 ·· 279
- 8.7.2 支付、结算 ·· 281
- 8.7.3 信用计算：信用贷 ·· 281
- 8.7.4 大数据授信：预付款授信 ··· 282
- 8.7.5 资金端创新、资产增信服务、交易创新 ···························· 284
- 8.7.6 循环动产质押融资 ·· 285
- 8.7.7 期货仓单融资 ··· 286

8.8 "区块链+供应链金融"的应用创新 ······································ 286
- 8.8.1 解决方案 ·· 287
- 8.8.2 "区块链+电子仓单"交易平台 ······································· 288
- 8.8.3 仓单质押融资 ··· 289

8.9 小结 ··· 290

第9章 总结 ··· 292
9.1 主要创新点 ··· 292
9.2 下一代供应链金融模式 ·· 293
9.3 研究展望 ·· 296

第 1 章

虚拟经济与区块链应用的兴起

1.1 交易便利化、信用与交易秩序

交易本身产生价值，交易使每个人的状况更好[①]。市场经济是以劳动分工和商品交易为核心的经济，劳动分工追求生产效率的提高，商品生产以交易为目的。由于规模效应的存在，商业主体追求最大范围的商品交换，在超越地域经济的基础上形成尽可能广泛的分工。可见，市场经济越发达，最终的结果是商品越来越丰富、社会分工越来越细。精细、专业化的分工使得每个人从事自己最擅长的工作，从而成为社会财富创造系统的一员；个人的需求在市场经济中以交易的形式来获得满足，而且个人能以低于自行生产的成本获得产品和服务。

商品交易的核心价值和逻辑在于"不问对象是谁"的普遍可交换性，在不区分交易对手的情况下，实现无差别的价值互换[②]。特殊的交换关系不属于普遍现象。所以，商品的价值计算标准应该是统一的，从而可以实现更大范围的交易，形成更大的市场总量和经济规模，这是现代市场经济的特点之一。

商品交易是以信用为中心、有秩序的交易。商品交易主要发生在陌生人之间，

[①] [美] 曼昆. 经济学原理（第6版）. 梁小民，梁砾，译. 北京：北京大学出版社，2012.
[②] 焦玉良. 熟人社会、生人社会及其市场交易秩序. 社会学评论，2015（3）：4-11.

需要借助第三方信用中介来达成交易，这是市场经济的主要形式。缺少信用中介，陌生人之间的交易难以达成，因为信息缺失的一方可能承担风险损失，但接受信用中介的服务是有成本的，而且信用成本不低。财富管理领域有一大块的成本发生于中介的信用角色扮演，例如银行、证券、信托、保险公司、房地产代理人和法律服务等。

交易便利性是商业繁荣的必要条件。交易过程涉及信息收集、了解市场、询价、谈判、确认（签订合同）、验收、支付等流程，复杂而冗长，会产生极高的隐形成本。反之，任何使得交易便利化、降低交易成本的技术创新、制度创新，都可能极大地促进商业的繁荣。近年来，互联网技术引发的电子商务、支付、金融等便利性技术，极大地提高了交易的便利性，人工智能、虚拟现实、自动驾驶等新技术则更有可能大幅提高交易的便利性。

随着互联网商业模式与智能手机的普及，现实世界的交易流程正在快速地转换到虚拟世界中。虚拟世界中的交易具有不见面、快速、频繁的特点，第三方信用模式难以解决虚拟环境下商品交易中的诸多问题，法律在虚拟环境中的约束力也大为减弱。在"人—网络—人"的交易中，信息的真实性、安全性，以及恶意篡改等基本问题，一直是虚拟世界的最大问题。

随着互联网应用场景的丰富化，如何重新定义信用机制与制度约束来完善虚拟世界的交易秩序，是目前虚拟经济领域急需解决的根本性问题之一。

1.2 计算信用时代的到来

信用是对交易的保证。商业交易需要可信任的第三方，以保证交易的执行，防止任意一方的违约。在互联网模式下，陌生人之间的交易需要第三方信用的介入（如Uber、P2P、支付宝等），由中介平台来完成"信用托管"，这是互联网商业模式得以确立的核心，是产业成长的基础。

近十年来，社会生活、社交关系和商业运营快速切换到虚拟世界中，个体、机构、智能手机与网络联结成为一个不可分割的大世界。现实与网络之间、真实与虚拟之间的高频互动和交融，是互联网、数字技术和在线计算等在主导着这个变化。互联网通过改变交易场所、拓展交易时间、缩短交易链、去中介化等特质，产生了令人眼花瞭乱、颠覆传统的商业模式创新，众多传统行业因此发生了巨大的变化。计算产生的信用机制将成为虚拟世界的秩序主导者。[①]

我国金融业开放和利率市场化的趋势不可逆转，大型公司通过资本市场获得廉价的贷款，获得了前所未有的发展；但中小型企业在金融自由化时代下，却受到商业银行信贷日益紧缩的负面影响，没有获得与大型公司相等的发展机会，这与中小企业信用不足密切相关。中小企业融资在信用成本、信用技术与规模化等方面都与大型公司相去甚远。

中小企业虽然主体信用不足，但并不缺少信用较高的资产，金融技术可以隔离主体风险，发现有信用的资产，是"沙里淘金"之术。区块链技术就是这样一种"沙里淘金"之术，它将与真实性密切相关的证明巧妙地记录于链式结构记录中，形成不可篡改和不可撤销的公共账本，以不可抵赖的确凿证据来表征"信用自证"。

区块链技术的进步，使得主体在价值创造的过程中，拥有分享更多利益的博弈手段，主体交易的真实性与表征信用的数据，由主体自己来存证、分发与共享，这种信用自证的模式强化主体在社会和经济层面中的谈判地位，未来将出现更多以平等、协作的方式构建新型的商业模式。

区块链技术让人们首次发现在虚拟世界中也可以产生不可篡改的真实性，虚拟世界具有与现实世界相对应的客观存在，使得第三方信用中介的重要性开始下降，这将改革现有社会与经济中因信用问题而形成的种种固有顽疾。

虚拟世界的真实可信和弱化中心的交易架构形成的信用链，基于这两类底层规则而构建的交易关系是一种新型的制度安排，人类新的社会与商业文化可能就此翻开新的一页。区块链是这个解决方案的主导者，它将改变交易的底层规则，重构社会在线上和线下的价值信用体系，进而带动交易成本的大幅下降，以计算信用引发人类社会的巨大变化。

1.3　区块链技术的颠覆性影响

网络经济的痛点是信用不足而导致的交易秩序的混乱。互联网联结所有个体与

[①] 梅兰妮·斯万. 区块链：新经济蓝图及e读（译本）. 北京：新星出版社，2015.

机构，解决了点与点之间的信息传输成本和效率问题，但节点之间的信用问题（信息的真实性、可篡改性、对称性等）并没有因此大为改观，反而更加严重，信用不足导致网络化交易秩序的混乱。行业痛点就是产业革命的起点。下一代互联网的构建目标，至少包括价值的传递能像信息传递一样，以低成本、高效率的方式进行，将有助于把互联网改造成为近乎完美的市场。

区块链技术所包含的数据加密、共享账本、共识等机制，分开来看都不属于原创性技术，但发明者（中本聪）将三个机制融合、创造"比特币"实验，其初衷也许不在于解决互联网的痛点问题，但在无意间点亮了虚拟世界信用建制的灯塔，人们迅速从数据的不可篡改联想到信用机制，以分布式来弥补中心化的不足。有趣的是，发明者中本聪多年来一直不愿意承认其发明"比特币"一事，今天人们对区块链技术如此热衷，不知道中本聪作何感想。

区块链技术展示了没有第三方参与，机器之间确实可以安全地达成交易，而依靠的就是机器本身的能力——计算。这在以前是不可思议的事情。机器的优点可以弥补人类社会的弱点，对人类数千年来的信用机制产生颠覆式、瓦解式的影响。在今天的商业与社会架构中，第三方信用产生巨额的使用成本，对这个成本的逐步消解是技术造福于人类的价值体现。

已经面世的区块链应用案例，开始从根本上改变人们对交易、信用、资源配置的理解，改变政府监管、信用中介和商业主体参与经济的方式。在区块链架构下，让参与主体在公开、透明的机制中，各自对行为负责、对自己的信用负责——基于参与者共享一部不可更改、只能持续增加的交易总账。

区块链技术发展的经济价值与社会意义，已经远超当初"比特币"实验所带来的创新效应。尽管区块链技术的多数实际应用案例还处于实验阶段，但"区块链+"已在很多应用领域引发令人激动的创新设想，国内资本对于区块链技术的投资力度不断加大，国内区块链公司也在密集发布应用方案和产品概念。

区块链技术正在推动人类社会构建一套更适合在"数字化生存"状态下的诚信体系、价值体系和交易秩序。市场对交易秩序的选择，根本上是由交易成本的高低决定的，这是制度经济学的核心命题。区块链技术是否能以更低的成本替代制度约束，将决定区块链技术最终能否成为产业革命的主导者。

一些行业人士表示出对区块链技术的美好愿景，例如，《经济学人》2015 年 11

月刊将区块链定义为信用创造的机器,即区块链核心价值在于将相互之间不信任的节点连接在一起实现价值传递;区块链技术是未来全球信用的基础协议,是建设互联网的价值链高速公路,是由数字社会向信用社会转换的关键技术(姚余栋、韩锋,2016);"数字经济之父"Don Tapscott(2016)认为,不是大数据、人工智能,而是区块链可能引发第四次工业革命,可能重新定义互联网甚至人类社会。[①]

1.4 区块链供应链金融的意义

金融的内涵是财富管理和价值交换,任何价值的转移、交易、存储和支付均基于信任。传统金融作为信用中介服务社会的价值流动与转移,凭借的是法制化机制和中心化组织建立的信任。金融与资产管理领域是所有产业中最需要信用支持的产业,所以目前金融与资产交易的区块链解决方案成为业界的热点。

供应链金融的痛点问题包括交易真实性的证明、化解高企的操作成本、市场覆盖率的不足等。供应链金融的发展恰好赶上区块链发展的风口,二者的结合必然成为目前区块链开发的热点领域之一。

交易真实性的证明要求记录在虚拟世界的债权信息中,必须保证虚拟与真实的一致性,这是开展金融服务、风险控制的基础,供应链金融需要确保参与人、交易结果、单证等是以真实的资产交易为基础的。

成本问题始终是经营实践的核心问题。开展对中小企业的融资服务,银行需要投入的人力成本非常高。银行需要掌握供应链的真实运作情况,需要深入掌握合同、债项的运作,以防止不真实的债项。大量的单证审核、业务模型的建立、风控指标的估算与确立,以及操作成本的高企成为银行发展供应链金融的最大障碍之一,使得银行因为操作成本问题而不得不谋求与平台型供应链或核心企业合作,或者不得不延缓市场扩张,极大地阻碍银行的规模经济和范围经济的形成。

供应链金融的目标是对中小企业融资的全面覆盖。在核心企业的信用背书模式下,目前多限于对"一级供应商"(上游)提供保理或贴现融资服务,或者对"一级分销商"(下游)提供预付款或存货融资服务。而大量的二级、三级等供应商/经销

---

① 长铗,韩锋. 区块链:从数字货币到信用社会. 北京:中信出版社,2016.

商的融资需求仍然难以得到满足，在供应链管理、信息化水平受限的情况下，"N+1+M"模式仍然难以覆盖到全链。对于产业体量较小、缺少优质核心企业的供应链，大量中小企业仍然难以获得供应链金融服务。

现有供应链金融模式属于第三方信用下的间接融资模式，融资成本包括信用审查与评估、担保、资金成本等，实际利率目前约在 8%～20%之间，仍然处于较高的利息水平。中小企业融资便利性、融资贵问题在供应链金融中只得到部分缓解。

区块链架构下的供应链金融创新突破现有第三方信用模式，业务模式和商业模式存在极大的创新空间，能够极大提高资本市场的运行效率，减少金融交易中的欺诈，降低交易成本，提高融资的便利性，将引发供应链金融领域的一系列理论与应用创新。

1.5 区块链应用发展综述

区块链技术在金融领域的重要性迅速得到各国的认可，各国纷纷加大对区块链的开发与应用投资。目前，已有 20 多个国家投资区块链技术领域，多数知名银行从 2017 年开始实施与区块链分布式账本有关的项目[①]。国际货币基金组织、国际清算银行、欧洲央行等倡导开展支付、结算应用，英国政府侧重智能合约、汇款应用，美国侧重二级市场交易、汇款，日、韩侧重银行业业务方面。

大型银行纷纷成立实验室进行研发。[②]2014 年，瑞银集团在伦敦成立了区块链金融研发实验室，探索区块链在支付、电子货币和结算模式等方面的应用前景。在 2015 年 6 月，桑坦德银行通过金融技术投资基金 Inno Ventures 进行区块链试验，研究如何将区块链技术应用于传统银行业，发现了 20～25 种可以使用区块链的场景，认为"区块链技术每年可节省 200 亿美元的国际交易结算成本"。2015 年，西班牙银行、高盛集团分别投资区块链创业公司；纽约梅隆银行、美国 Cross River 银行等尝试将比特币的点对点模型移植到银行系统，并在其员工内部系统中推出 BK Coins 虚拟货币；美国 Cross River 银行、CBW 银行和德国 Fidor 银行与数字货币公司 Ripple

---

[①] 张伲. 区块链技术原理、应用及建议. 2016, 37（11）：51-54.
[②] 董屹，唐华云，张东. 近期国际金融基础设施机构区块链技术研究进展及重要观点. 债券，2016（7）：46-51.

Labs 合作，以虚拟货币作为媒介开展跨境汇款服务实验。2015 年 9 月，摩根大通集团、巴克莱银行、高盛集团、西班牙 BBVA 银行、澳洲联邦银行、瑞士信贷集团、道富银行、苏格兰皇家银行和瑞士银行共 9 家全球知名金融机构达成了一项合作，将为区块链技术在银行业中的应用制定行业标准和协议[①]。中国人民银行在 2014 年成立区块链研究机构，研究法定数字货币，我国有可能成为首个发行并使用法定数字货币的国家。[②]

在应用方面，美国纳斯达克在 2015 年 12 月首次推出基于区块链技术的证券交易平台 Linq，是证券市场去中心化趋势的重要里程碑[③]。Ripple 网络更是在 2016 年 10 月与 R3 联盟进行去中心化境外转账实验，从而解决现有的境外交易清算慢且需要集中化清算的问题。在金融领域，区块链创新风险控制机制是研究与应用创新的焦点所在。区块链技术在数字货币、支付清算、数字票据、银行征信管理、权益证明和交易所证券交易、保险管理、金融审计等方面将得到应用。[④]

区块链智能合约作为自主参与经济活动的代理，能够高效、准确、自动地执行，从而使得众多产业的商业模式甚至产业结构发生巨大变化，合约执行的自动化、极低的执行成本可解决现实中合约执行难的顽疾。目前主要智能合约开发平台有：区块链智能合约系统（IBM）、Rootstock 智能合约平台（RSK）、Corda 智能合约平台（R3 联盟）、超级账本 hyperledger（Linux）、以太坊智能合约平台，以及国内数贝投资、万向区块链实验室和小蚁项目。智能合约平台的起草和监管合约标准是目前面临的挑战。[⑤]

金融交易是区块链技术的最佳应用场景，在弱中心化系统中产生计算信用，减少对中心机构信用背书的依赖，体现出"金融脱媒"的属性，这对第三方支付、资金托管、证券发行、清算等业务将产生颠覆性的变革；在互联网金融领域，区块链技术适合股权众筹、P2P 网络借贷和互联网保险等商业模式，以穿透全业务链的信用自证方式在不安全环境下建立具有信用的交易链。在证券和银行业务中，对于传

---

① 王硕. 区块链技术在金融领域的研究现状及创新趋势. 上海金融，2016（2）：26-29.
② http://news.ycwb.com/2017-02/06/content_24148326.htm，金羊网
③ 曹锋. 区块链技术在证券市场中的应用探索. 清华金融评论，2017（4）：42-45.
④ 安庆文. 基于区块链的去中心化交易关键技术研究及应用. 东华大学，2017.
⑤ 刘德林. 区块链智能合约技术在金融领域的研发应用现状、问题及建议. 海南金融，2016（10）：27-31.

统的高昂人工操作成本和跨机构间的协调成本，利用智能合约机制和可编程机制，能够极大地降低成本并提高效率，减少烦琐的中心化清算交割过程。[1]

区块链在资产管理领域开始显现出重要的应用价值，实现各类资产的确权、授权和交易监管的实时性。在网络环境下难以监管、保护的无形资产，区块链基于时间戳技术和不可篡改等特点，是虚拟环境下知识产权保护的新方法。而对于有形资产，如存证、数字票据和数字智能资产，可以在虚拟环境下实现现实世界中的资产交易功能，例如对资产的授权和使用控制、产品溯源等应用。

业内将 2016 年称之为"区块链元年"，区块链技术的价值开始被关注和挖掘。对于区块链技术的研发与应用，我国与欧美发达国家基本上同时起步，我国区块链相关的研发企业及应用案例增速甚至超越美国。我国从 2016 年起，以招商银行、民生银行、平安银行等为代表的传统金融机构和以蚂蚁金服、京东金融和百度金融为代表的金融科技平台企业，以及众多的区块链技术开发公司，开始探索区块链技术在金融和社会信用领域的应用。

业内将 2017 年称之为"区块链应用元年"。进入 2017 年以来，在跨境金融、资产证券化、票据、供应链金融等领域已经有一些平台开始落地，如招商银行区块链跨境清算、布比区块链供应链金融、浙商银行数字汇票应用、京东和百度的区块链资产证券化平台，均引发业内的高度关注。跨境支付可以改变传统到账周期长、费用高、交易透明度低的问题，在不需要第三方支付机构的参与下，可实现国际转账的快速到账。供应链金融领域可以解决交易真实性证明和单证操作高成本问题。数字票据应用区块链技术可以解决中心系统脆弱性和假票等问题。资产证券化可以解决基础资产的信用问题，简化交易流程并降低操作成本。[2][3]

2016 年 10 月，工信部发布《中国区块链技术和应用发展白皮书》。2016 年 12 月，区块链技术列入国务院发布的《"十三五"国家信息化规划》。2016 年 12 月，贵阳发布《贵阳区块链发展和应用》白皮书，以"诚信上链+贵阳聚数"的思路将区块链应用于政府治理、民生与商业，包括互联网金融监管、政府数据公开、精准扶贫、医疗健康和货运物流等。2017 年 9 月，青岛发布《中国链湾白皮书》，青岛市

---

[1] 马西莫·莫里尼，王潇靓. 从"区块链热"到金融交易实践[J]. 金融市场研究，2016(7)：33-37.
[2] 张苑. 区块链技术对我国金融业发展的影响研究. 国际金融，2016（05）.
[3] 王硕. 区块链技术在金融领域的研究现状及创新趋势分析. 上海金融，2016（2）：26-29.

市北区人民政府大力推动区块链在政府管理、跨境贸易、供应链管理、供应链金融、大健康产业、公示公证、城市治理、社会救助、知识产权产业化和工业检测存证 10 大领域的转化应用。预计未来 2~3 年，我国将迎来区块链开发和应用的全面爆发。

1.6 几个常见观点的辨析

1. 区块链是新技术、解决方案还是科学发明

目前来看，区块链技术是多种已有技术的组合应用，这些技术本身早就存在和成熟，把这些技术组合在一起，对虚拟世界中人们曾经熟视无睹的信息的真实与安全问题产生了一种意想不到的效用——不可篡改与无损传递。加密认证、链式结构、分布式账本（DLT）、点对点传输、共同维护等技术相结合实现了一种基于算法的解决方案，可以实现在互联网上不需要第三者介入即可安全传递"信息"。

区块链核心思想是系统中的每个节点都参与公开的账本记账，经多次确认写入区块链记录且永久记录，只可增加，不可做任何修改。区块链具有不可篡改和可追溯特性，使得记录于区块链上的数据信息具有高度的安全性和可靠性，可构建与利益无关的信任网络验证机制，构建成弱中心化的信任链，实现系统对任何合法用户都是中性和可信的，为不安全的网络交易参与各方营造一个安全可信的交易环境。

区块链技术在金融服务生态里引发各类奇思妙想，也牢牢抓住了投资者的视线。分布式账本技术（DLT）在简化新金融服务的底层架构与处理流程、提高效率方面有着广泛的应用潜力，可以减少或消除争议与纠纷，为调解过程提供信用溯源与完整的交易历史信息，并且为单一的可信来源。

2. 区块链技术是去中心化的信用机制吗

"去中心化"本身就是一个"伪命题"。

人类社会存在多种多样的中心，这些中心的存在是为了对抗现实世界中各种各样的结构性问题，包括人的私欲。区块链技术只是一种虚拟环境下的信息处理工具，怎么可能消除现实中各种各样的中心呢！所以，理解为减少某些信息中介、弱化某些信息中介的功能，是目前可以预见到的区块链技术所谓的"去中心化"功能。只有在"去私欲"的前提下，才有可能实现真正的去中心化，显然这个前提是永远不可能成立的。

在商业系统与社会系统中，一些中心化的节点属于第三方信用中介，对系统运作具有主导性作用，这类中心化节点是数据存储中心、监督与执行中心。而传统的用于提供信息储存、保证、见证的中心节点，在区块链架构下完全可以取代或部分取代这类中心节点的功能，在这种情形下"去中心化""弱中心化"的命题基本成立。

"去中心化"这个表述容易引起人们对极端模式的猜想，即形成无法施加监管、自由王国式的封闭、自治系统。从"去中心化"联想到无政府主义，这显然属于不可能实现的乌托邦。在现实世界中，政府管理与公共服务的节点，如法院、公安、工商、税务、民政等，这类中心化节点完全不会因区块链技术的使用而功能弱化，只能使得这类节点的功能加强。

虚拟世界才是区块链技术的主战场，在不安全环境下，构建基于计算的信任机制，实现价值的点对点传输，通过强化供需双主体的地拉，弱化信用中介，实现供需匹配效率的优化。瑞银首席运营官认为区块链将取代银行中介功能，预计 5～10 年后大规模应用，因为银行本身就属于虚拟世界。[①]

最后，弱中心化不等于技术能取代中介的位置和全部功能。现实中的信息中介机构，其功能并不是单纯的信息处理，中介的功能十分丰富，包括信息收集、信息存储、信息匹配、信息验证、信用担保和合同执行等环节。区块链技术在信息存储与传输环节发挥出创新的应用价值，但是在信息的收集和信用担保环节还是要有赖于传统的中介。从另一个方面来看，人与人之间的交互沟通，机器是永远不能取代的，这是人与机器的根本不同。

3. 区块链存在超级节点吗？不需要国家信用的支撑吗

企业、学校、机关等单一化的组织内部，一般存在一个最高的权力主体（如总裁、校长、机关负责人），如果将这类主体视为超级节点，则可以主导所在组织中所有节点的行为，对所有决策具有裁决功能，属于完全行政化的组织。这类组织的内部管理没有必要采用区块链技术架构，因为封闭系统内缺少应用区块链技术的需求，组织中的权力机制可以主导组织内部的秩序。

区块链技术应用的前提是，要求商业系统中不存在具有超乎一般节点之上的超级节点。但一些具有独特属性的信用功能节点，本身就具有特别的行政、执行或裁

---

① http://www.21jingji.com，21 世纪经济报道

决功能，如工商、税务、法院、民政等部门，这类中心（节点）功能属于国家机器，它们在信用链中不但不能弱化、取消，甚至是信用链的关键节点，是"主权节点"。在顶层设计方面，《贵阳市主权区块链技术蓝皮书》提出贵阳以主权区块链为核心基础平台，在块数据和"绳网结构"的体系架构指导下，形成跨区域、跨场景、跨部门应用的区块链立体空间。①

4. 区块链技术保证信息的真实性

区块链技术只能保证加密、记账后的信息不被篡改，而不能保证存储之前的信息的质量与真实性。数据、信息在进入区块链之前，如果存在"错误、不真实"，则区块链完全不能对这些"错误、不真实"的数据、信息进行检验、排除和监管。信息传递过程、信息的确认行为等不能篡改、无法抵赖。另外，保证加密就不能修改，除非共识机制中有一半以上的决策者同意修改，这是区块链技术的基本功能。

如果系统所处理的信息不能事先保证其真实性，那么区块链技术并不能改善信息的真实性。信息的真实性仍然需要传统的技术或人工进行保障。虚拟世界的大厦建立在真实性的基础之上，严格把关信息的真实性与保证信息不被篡改同样重要。

信息越逼近真实、实时，说明信息越具有信用价值。区块链技术只能保证信用在加密以后，不再具有被篡改、丢失的风险。可以推断：

（1）如果加密的信息有错误，那么错误发生不晚于信息进入系统之前；

（2）加密后的数据是系统中存在的信息，不能抵赖信息存在这个事实；

（3）区块链技术不对信息的质量负责，信息质量取决于信息获取方式和信息验证技术；

（4）加密的信息表明事件一定发生于时间戳时刻或之前。

可见，高质量的信息一方面来自对信息真实性、信息质量的严格把关，另一方面是信息以区块链的方式存在于虚拟空间且保持不变（不可篡改）。

客观事件发生后，应立即记录产生的真实有效的信息，交由区块链技术处理形成可信证据，成为高信用形成的基础。否则，随着时间的推移，信息的真实性判断和检验变得越来越难。这是虚拟世界进行信用创造的重要原理之一。

---

① 贵阳区块链技术与应用产业联盟，贵阳市主权区块链技术蓝皮书，2017.

5. 智能合约可以替代司法机构来执行法律吗

法律是人类文明最宝贵的结晶，是世界良性秩序构建的基石，法制社会就是现代社会的根本特点。西方社会依赖道德约束、法律、制度，经过上百年才形成目前相对完善的社会和商业信用体系。我国在向现代化社会和市场经济转型的过程中，传统诚信道德那种重道义、重自律而缺乏制度约束力（他律）的理念难以担当支撑社会诚信体系的重任，诚信缺失的社会风气和现象成为我国现代社会的顽疾之一。

我国的诚信体系建设缓慢，与高成本的信用维持与执行成本密切相关。当事人因为较高的申诉成本，不得不放弃对失信者的追究，使得失信行为没有受到应有的制裁，也进一步影响了公众参与信用维护的有效性。我国现行的法律体系其实是相当完整的，法律文本在某些方面甚至比西方国家还要完善，但执行难、执行成本高是目前的主要问题。

智能合约以程式化和条件判断执行相关操作，如果执行只是事务性的普通流程，则可代替人工的操作程序。金融领域执行与法律相关的操作，多数属于权益的交换、资产的转移和债权关系的确立等，而现实世界多属于复杂对象、复杂行为，实践中存在大量可以执行但又没有执行的大量事实，甚至法律执行也具有艺术性、人性化的一面。智能合约在复杂对象、复杂系统中以机械的方式执行，肯定会存在大量的问题，除非智能合约具有人工智能，否则必须改进执行方法和模式，以适应现实世界的复杂性。笔者认为，在金融领域以智能合约代替现行法律与司法体系，目前只是一个概念或设想，缺少完整的理论架构支持。

6. 区块链、人工智能、大数据、物联网等，谁将主导下一轮互联网革命

互联网革命最终体现在交易的便利性与交易成本的大幅下降，这是引发产业颠覆性的前提和目标。区块链、人工智能、大数据、物联网等都具有以上创新特性，但由技术推动的信用创新，是产业颠覆性创新的焦点所在。现代企业的信用成本远高于数据处理、流程再造等运营成本，"计算信用"可以有效破解现代商业信用体系不足而造成的交易成本高企问题，区块链技术将在下一轮互联网革命中承担关键角色。

计算信用的基础是由多种技术组合使用而形成的，大数据、人工智能和物联网分别针对不同的应用场景实现网络化、精准化和可控化，依赖在线互联、风险控制和产融结合模式，形成商业生态系统。

供应链金融的信用机制为典型的第三方信用中介，存在信用成本高、应用场景有限和操作成本高等问题，信用机制创新是关键。

1.7 本书主要内容

供应链管理是真实与虚拟、线下与线上相结合的复杂系统，供应链金融是资产在不安全环境下的跨组织交易，信用管理与信用创新是供应链金融的业务核心。系统与复杂性、虚拟与真实是本书研究的基本视角。本书的研究重点在于阐述供应链金融的信用结构与形成机制，分析真实与虚拟互动模式下"区块链+"的信用创新机制，理论研究主要是对于业务逻辑的阐述，不同于软件工程的需求设计与流程描述。

对此，第1章提出研究背景；第2章提出虚拟世界的信用问题，分析区块链与供应链金融的应用问题，供应链系统作为子系统，必须遵循先整体再局部的系统化思维，这两个问题的先后顺序不能转换；第3~6章是供应链金融业务逻辑与分析设计的主要内容；第7章从复杂性原理分析供应链金融风险控制；第8章则是结合本书提出的创新原理、模型，结合铅循环产业提出完整的应用案例。

第1章为绪论，分析市场经济是以信用为中心、有秩序的交易，认为在虚拟环境中，传统第三方信用模式存在巨大的不足，提出计算信用是虚拟环境下的新型制度安排，区块链技术是这个解决方案的主导者，计算信用可能由此引发人类社会的巨大变化。

第2章为区块链与虚拟世界，分析虚拟世界构建信用的原理与模式，结合波普尔的"三个世界"理论提出现实与虚拟的共生模式；针对虚拟世界的脆弱性，结合区块链的技术原理提出区块链架构下的虚拟世界真实性模型，并且对区块链一些常见观点进行辨析。

第3章为供应链结构、信用与融资，首先对供应链的系统边界与结构进行剖析，进而对供应链信用及信用结构进行深入分析，分析信用链结构、信用传递、乘数效应、信用自证和风险传染等概念及内涵，对供应链金融的经营决策，从经营要素、经营逻辑、市场策略、项目可行性决策、定价与竞争策略等方面进行深入分析。

第4章为区块链架构下的供应链金融创新，介绍区块链的技术基础，分析区块链技术与供应链金融的匹配性，给出基本业务单元"应收账款质押的区块链应用"

的系统设计,再对"区块链+单证""区块链+交易""区块链+生态"等模式提出需求与功能分析、应用构架等。

第 5 章为区块链架构下的物流金融创新,分析物流金融基本属性,阐述存货质押监管的系统化构建,分析"区块链+存货质押质融资"的创新模式,分析"区块链+标准仓单"的系统原理与系统构架,针对大宗商品交易的行业痛点提出"区块链+大宗商品交易"解决方案。

第 6 章为区块链与供应链金融资产证券化,分析我国资产证券化的发展概况与理论基础,提出供应链金融 ABS 的内涵与模式,针对资产证券化的业务痛点、结合京东金融 ABS 的区块链方案,提出"区块链+供应链金融 ABS"的解决方案。

第 7 章为供应链金融风险控制,分析复杂性与风险管理的关系,提出真实性证明、计算信用、反馈控制、双工系统控制的概念,并给出计算实验、交互执行的原理。

第 8 章为从理论到实践:循环产业供应链生态圈构造。本章结合项目咨询实践给出一个完整的再生铅供应链管理实践案例,分析我国铅循环经济发展的基础和铅循环产业供应链管理机制,分析"互联网+回收"模式,深入分析与规划铅循环产业供应链平台架构、平台核心功能,以及"区链块+"模式下的融资创新等内容。

第 9 章为总结,结合全书内容提出"供应链金融 5.0"新模式,总结本书主要创新点,阐述研究展望。

第 2 章

区块链与虚拟世界

经济主体存在于真实世界中,但与虚拟世界的高频交互是目前数字化生存的真实写照。而虚拟世界的脆弱性,主因之一在于信息和记录的任意篡改,无法保证与真实世界的对应。本章结合区块链技术,对信息加密、时间序列同步存证等机制进行分析,提出在虚拟世界中平行构建真实性的原理,解决脆弱的虚拟世界无法形成具有真实性的客观存在的问题,从而为计算信用构建逻辑基础。

2.1 波普尔的"三个世界"理论

人以观察和理解现实来逐步加深对外部世界的认识。最初,人类可以区分的世界为客观世界(自然界)与心理世界(自我的世界),随着哲学、文化、艺术与科学等领域的发展,人类创造了灿烂的文明,对世界的理解越来越深刻。在科学研究中,科学哲学提出对世界进行范围的划分,以界定问题的边界与范围。其中,波普尔的"三个世界"理论较为著名。

哲学家在提出自己的理论时,一般都涉及到"世界"这个概念,以界定研究的对象。如我国的老子是二元的世界观,即"有"和"无"或"阴"和"阳";柏拉图则提出具体世界、理念世界和灵魂世界的划分方法。对世界的划分,属于形而上的概念,一般很难对命题进行证伪,即具有不可证伪性,但也很难证明该理论的科学性。[①]

---

① 高萍. 波普尔的"三个世界理论"及其启示. 才智,2009(26):163-164.

卡尔·波普尔（Karl Popper）是近代著名的科学家、哲学家之一，他的"证伪主义"理论对科学的发展影响极大。波普尔在《客观知识》（1972）一书中，提出"三个世界"的划分理论，即物理世界（简称世界1）、精神世界（简称世界2）和客观知识世界（简称世界3）。

"三个世界"划分的结构如图2-1所示。

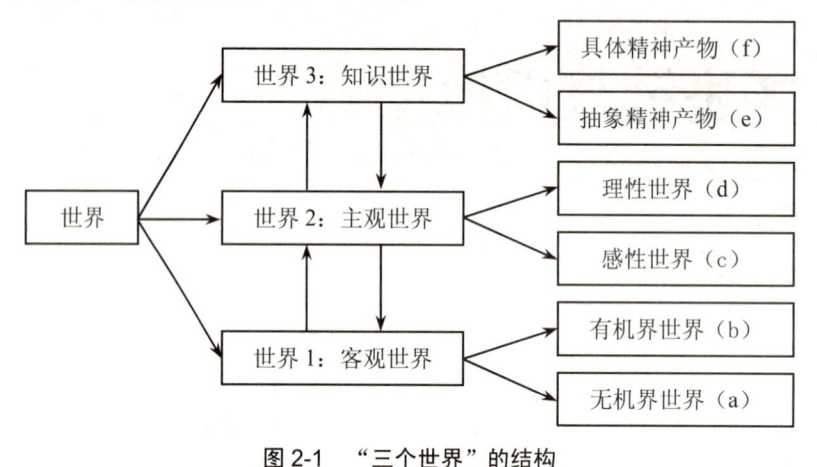

图2-1 "三个世界"的结构

"三个世界"的结构解释如下。

（1）"世界1"是客观世界，包括一切物质客体及其各种现象，如物质、能量、生物和非生物等，也包括人体及其大脑。"世界1"可以分为无机界世界（a）和有机界世界（b）。

（2）"世界2"是主观世界，即人的主观精神活动，虽然是主观的，但也确实存在，因为它对"世界1"，尤其是可以直接对人和动物的身体起反馈作用，即主观支配着智慧生物的物质躯体，并通过躯体的行为、活动表现出来。"世界2"可以分为感性世界（c）和理性世界（d）。

（3）"世界3"是人类精神产物的世界，即知识的世界，如常识、习俗、观念、语言、文字、艺术、神话和科学等，包括抽象精神产物（e）和具体精神产物（f），如工具、设备、图书、商品、计算机和构筑物等。"世界3"和"世界2"的不同在于，"世界2"是人的精神活动或心理过程，是没有客观化或物化的，"世界2"随着时间的流逝而逐步消失；"世界3"则将"世界2"的内容客观化或物化，存在于物质载体中，不会因创造者（个体）的死亡而消失，与"世界1"同属于客观存在，所以也称"世界3"为客观精神、知识世界。

"三个世界"之间存在相互作用的关系。"世界1"产生"世界2","世界2"产生"世界3","世界1"和"世界3"的相互作用必须通过"世界2"这个中介,即作为客观知识的科学不能直接去指挥物质世界,必须先经过人的主观精神作用,把物质现象转化为主观的经验和想法,然后才有可能进入科学发展的客观进程。"世界1"向"世界2"、再向"世界3"的作用方向为上向的因果关系,可表示为:a-b-c-d-e-f。同时,也存在下向的因果关系,即反向的反馈作用,方向为:f-e-d-c-b-a。科学定律必须通过科学家的主观理解才能具体运用于物质过程,例如自然灾害对人的损害是a对f的上向作用,但人类也可以对环境进行改造,是f对a的下向作用。可逆的完整循环表明"三个世界"之间是紧密联系的。

"世界3"中的知识性产物是人类创造发明之物吗?波普认为,"人们只能说是发现了它们,而不是发明了它们"。因为客观规律作为人类认识世界的科学知识是真实存在的,规律是独立于心智活动之外的真实存在,即"道",规律不能被创造,只能被发现。由此可见,客观和主观使得世界的概念是虚实结合的。

客观世界非常大,以至于人类可能永远无法穷尽对客观世界的掌握,只能部分地认识和掌握,即"现实世界"。现实世界是反映在人脑之中的客观世界,是可感知的世界,现实世界是可以进行分析与研究的世界。自然界和人类社会就是我们的现实世界,包括了一切社会活动和商业活动等。

另外,主观世界和现实世界在内容上具有同构性,具有彼此对应的基本要素及系统结构,主观世界从属于现实世界,随着现实世界的演化而变化。主观世界是对客观世界的反映,它以观念的形式反映客观世界的存在与变化,即与时俱进。所以,主观地去创造与现实世界完全不相关的世界,令人无法理解,没有实际的意义。

2.2 虚拟世界的重要意义:数字化生存

在工业社会之前,人类的生存强烈地依赖于农业的产出,与自然界进行搏斗是人类的生存状态,"世界1"对人类的影响非常大。人类进入工业化社会之后,科学技术的发展得到快速的发展,产生大量的知识,使得"世界3"的内容变得十分丰富。

而近几十年,信息技术的快速发展,特别是互联网的快速普及,使得人类的生存状态发生重大变化，互联网给人类带来一种全新的生存方式，即数字化生存（Being Digital）。美国学者尼葛洛庞帝在《数字化生存》（1996）一书中首先提出，人类生存于一个虚拟的、数字化的生存活动空间，在这个空间里人们应用数字技术（信息技术）进行信息传播、交流、学习和工作等。

在数字化生存模式下，相对人类能够感知存在的物理世界（时间与三维空间），"世界3"的存在空间是电脑网络空间（Cyber Space），对人类来说是虚拟的，但却客观存在，所以"世界3"就是虚拟世界。

"世界3"成为互联网联结的数字化世界，包括了人类所产生的行为的总合及其体验和感受。人们每天通过不同的终端（电视、手机和计算机等）与"世界3"交互的时间已经长达数小时，"世界3"中的精神产品广泛地影响着人们的精神状态和心理活动，如文学、影视和新闻等。"世界3"对人们的影响与"世界1"对人们的影响同等重要，这是不言而喻的客观事实。"世界3"的丰富化使得人类受教育的时间变得越来越长，甚至终生学习、终生教育的概念开始大行其道。

波普尔也许没有预见信息社会的到来竟然如此之快，所以他认为的"世界3"是知识构成，而我们今天的"世界3"不仅是知识的世界，同时也是信息的世界，而且将所有人从物理上隔离的状态，通过互联网联结在"世界3"中。传统的"真实"世界与"虚拟"世界之间开始出现部分融合的混沌化迹象。"世界2"与"世界3"，即人的主观世界与网络的关系变得如此密切，使得我们不得不思考，人到底是活在物理世界中，还是活在网络世界中。

2.3 现实与虚拟的深度交互与信息的真实性问题

2.3.1 现实与虚拟的共生模式

中科院王飞跃教授提出"三个世界"模型[①]，他将计算机系统称之为人工系统。对此，本书采用"虚拟世界"来表示计算机与网络组成的、与现实世界相对应的人

---

① 王飞跃. 人工社会、计算实验、平行系统——关于复杂社会经济系统计算研究的讨论. 复杂系统与复杂性科学, 2004, 1 (4)：25-35.

工系统,另外一个世界则为个体可以感知的精神世界。

人工系统就是所谓的"虚拟世界",实际上包含狭义和广义两个层面。狭义的虚拟世界是指由人工智能、计算机图形学、人机接口技术、传感器技术和高度并行的实时计算技术等集成起来所生成的一种交互式人工现实,是一种高度逼真地模拟人的现实世界行为的"模拟的世界"。广义的虚拟世界不仅包含狭义的虚拟世界的内容,而且包含随着计算机网络技术的发展和相应的人类网络行动的呈现而产生出来的一种人类交流信息、知识思想和情感的新型行动空间,是一种动态的网络社会生活空间。虚拟世界是一种"人工的现实"或"人造的世界"。[①]

"三个世界"模型如图 2-2 所示。

"三个世界"模型具有以下关系。

(1) 现实世界(真实世界)是虚拟世界得以产生的客观基础。虚拟世界与人类的现实世界应该具有严格的同构性,现实中的权力、义务与责任,同样对应于虚拟世界中的权力、义务与责任。

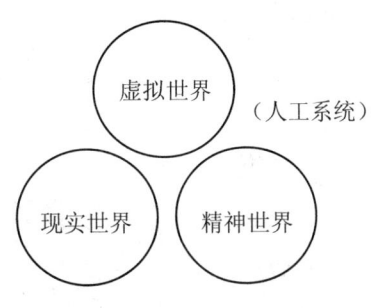

图 2-2 "三个世界"模型

(2) 虚拟世界不是电子游戏的世界,电子游戏中制定和执行的规则无法对应到现实世界。虚拟世界之所以能与现实世界互联、互动,是因为虚拟世界本质上是一种对现实世界的刻画、描述复制和反映,虚拟世界虽然突破了人类精神在客观世界的有限性,但人类所遵循的法律、商业规则同样需要延伸到虚拟世界中,虚拟世界是受现实世界制约的世界。[②]

(3) 真实世界的商业行为转移、延伸到虚拟世界中,商业中所严格要求和执行的信用规则、交易规则,在虚拟世界中同样需要严格执行,而不存在另一套虚拟世界的交易规则。

(4) 虚拟世界与真实世界是平行的、交互的。虽然虚拟世界并不完全依附于现实世界,但两个世界是互动的。人类在与虚拟世界互动的过程中,不断超越现实世

[①] 何忠国. 虚拟与现实的冲突及融合——虚拟世界的本质、特征及其伦理考量. 河南社会科学, 2005 (2): 41-44.

[②] 倪海宁. 虚拟世界与现实世界的关系及其本质特征. 安庆师范学院学报(社会科学版), 2011, 30 (6): 17-20.

界人类思考、行动的局限性，虚拟世界也是一个崭新的世界。在虚拟世界中，地球上任意两个人之间、任何组织之间，都有可能进行价值交易，这在现实世界根本不可能。虚拟世界大幅减少了人类在现实世界中学习、交流和交易的成本。仿真模拟系统使得训练的成本大幅下降，还能够避免真实行动上的风险。

虚拟世界开始进行真实和虚拟的交融，并由此深刻变革人类的社会与商业生态。思考如何实现两个世界在秩序与规则上的互联互通，充分发挥真实世界和虚拟世界的优势，避免两个世界相混沌而造成的负面影响和损失，是人们面对即将到来的智能世界所要回答的问题。

社会与商业系统同时存在于真实世界和虚拟世界中，已经是无法避免的事实，是"共生"模式，介于虚拟和现实共生状态的商业系统，需要寻求、发现支撑人类未来商业世界新的价值观、理想和准则，并以此为基础，去构建能够体现和支撑"共生"方式的交易机制、技术平台、商业模式和商业伦理。

本书立足于以上假设，试图在真实世界和虚拟世界的交互中，提出支持信用创新的逻辑起点。

2.3.2　网络信息的真实性

虚拟世界存在两大基本问题，分别是网络的安全性问题和信息的真实性问题。

一是网络的安全性问题。目前，互联网安全问题如同打开的潘多拉魔盒，各种蠕虫病毒轮番登场、DoS 滥用等充斥着互联网。而金融业务的正常开展越来越依赖于网络和信息技术的安全，现实中金融网络系统频频受到黑客青睐，黑客的网络攻击能力远大于机构和个人。2016 年，全球网络安全威胁造成的损失至少有一千亿美元。安全服务外包是企业处理信息安全的主要策略，到 2020 年，预计超过 25%的企业将通过云、托管或 SaaS 安全服务来保护其 IT 系统，云安全是下一代安全的重中之重。[1]

二是信息的真实性问题。信息真假难辨甚至虚假信息泛滥是虚拟空间的另一大问题。在信息社会中，信息是关键资源。个体与机构一方面从网络中获得信息，另一方面也向网络发送着信息，但信息的真实性却受到严重挑战。真实性是指与客观

---

[1] 陈立吾在"第 25 届中国国际金融展论坛"上的演讲，和讯网，2017-07-27.

事实相符的属性，主体以公正、真诚的态度或意愿向网络发布信息。但在主体的自由意志、不良动机的驱动下，网络信息传播具有自由、时效性、多元性、交叉性和互补性等特点，另外在网络世界中也难以构建对信息真实性的有效监管与约束，使得真实的信息成为网络中的稀有资源。[①]

另外，虚拟空间大大地"压缩"了传统真实物理社会的空间和时间，这种压缩效应是由信息通过网络的快速传播和大范围扩散造成的。在网络世界中，信息的传播不受空间、成本的限制，在极短的时间内，信息就可以传播到数量极广的群体中。所以，虚假的、负面的信息等，就可能给特定对象造成极大的损失。例如，频繁发生的各类网络热门事件，在某一个很小的范围内可以快速地积累巨大的能量，动态激发网民群体，通过这个群体迅速地将能量释放到真实社会中，造成出人意料的后果，如"瓮安事件"和各类"人肉搜索"事件等。

在商业领域，网络上的虚假信息则是纯粹利用信息不对称来诱骗交易对手，从而获得不道德甚至违法的利益，如电子商务的假货问题、网络诈骗等。

2.4 区块链架构下的信用机制

以交易为核心的商业系统，交易双方必须在确认对手提供的关键信息是真实、可信的情况下，才可能就交易要素、交易条件进行进一步的谈判，交易系统属于确定性要求很高的系统。

信息真实性是产生信用的基础，也是商业交易的基础。当信息缺少真实性或不能证明信息的真实性时，就意味着交易存在风险，要么中止交易，要么需要提高交易的信用水平，如使用保险、担保、保证金、质押等手段（增信），使得交易成本大幅提高，同时交易效率明显下降。

2.4.1 信息与风险的关系

信息是关于人、事件或状态的事实或细节。人们借助事物发出的信息，获得有

[①] 鲁峡. 网络信息交流的真实性与道德突围. 新闻爱好者月刊，2011（24）：94-95.

关事物的知识，消除事物的不确定性（申农，1948）。如果缺少足够量的信息，导致对事件的判断不当或处理不当，则在商业领域就表现为经济损失的可能性与损失大小。

在国际标准组织的风险管理术语标准 ISO Guide 73：2009 中，将风险定义为"不确定性对目标的影响"。目标（结果）发生在未来，且存在多种可能的结果，即目标未来的状态不是现在可以唯一确定的，主体的决策直接影响某种结果，而主体因有效信息的多少来形成对未来的整体认知。在商业领域中，信息可以减少不确定性，就是减少交易策略、交易决策的失误，即对风险的有效控制。

不真实的信息甚至错误的信息，以及延迟的信息（信息滞后于决策）等，将严重影响交易过程与交易目标（盈利目标），是导致商业风险的直接原因。由此，我们还可以得出一个推断，即降低不确定性的唯一方法是想办法获取更多信息，且这些信息是真实、及时和关键的。例如，一位客户的还款延期，未来存在足额补交、质押资产处置、起诉追缴、坏账等多种可能，但如果此时获得客户的财务状况信息、客户的解释等，则可以大致判断事件的走向，并可以采取相应的措施使损失降到最小。

不完备的信息会导致资源的不合理配置。从技术的角度看，充分的、完备的信息来自于信息获取能力。经济学告诉我们，获取信息要付出成本，但受制人类本身的局限，获取信息、处理信息的能力存在上限。信息不对称是客观存在的常态，所以人类永远是有限理性的。

在信息不对称的前提下，美国的维克里教授和英国的米尔利斯教授提出"委托—代理"理论，掌握信息多的一方称为代理方，相对的另一方称为委托方，通过引入"激励相容"机制，把不对称信息问题转换为制度安排和机制设计问题。这个理论在实践中得到广泛应用。在市场经济中，理性的经济人按对自己有利的规则去行动，制度设计要使代理方追求个人利益的行为，正好与委托方的价值最大化的目标相吻合，代理方自愿按照机制设计者所期望的策略采取行动，这个制度安排就是"激励相容"。例如，给按时还款的客户更大的授信额度，就是对双方都有利的制度安排。

可见，要规避商业风险，除获取信息的技术投入外，也需要从制度入手，良性运行的市场交易秩序才能实现。

2.4.2　信息的真实与不可被篡改

现实世界是时间序列下不断发生事件的空间结构，时间不可逆，现实世界不可逆，反映事件的信息就具有不可篡改性。虚拟世界是现实世界的反映，且二者具有同构性。虚拟世界是以信息为单元构成的系统。

虚拟世界与现实世界的同构，其基础在于从现实世界获取真实的信息，在虚拟世界以相同的秩序和规则进行保存与传播。可靠的信息是构建虚拟世界的基础，因为现实世界中的事件在确定时间、空间中发生以后，客观事件就已经成为历史（不能重复、不可更改），反映客观事件的信息也就不能更改。虚拟世界的信息如果可以被任意篡改，虚拟世界就失去了反映现实世界的功能，变成一个没有意义的混沌状态而失去其可利用的价值。

区块链技术的特征包括分布存储、时间序列、全链共识和智能合约，能追溯数字货币/数字资产的最初来源，证明其真实性；所有交易经过全网验证，以确保交易的唯一性。可以说，区块链以蓄意浪费存储空间、完全冗余的方式，实现无需中介参与即可形成连续记录的特性。

现实世界与虚拟世界的同构原理示意图如图 2-3 所示。

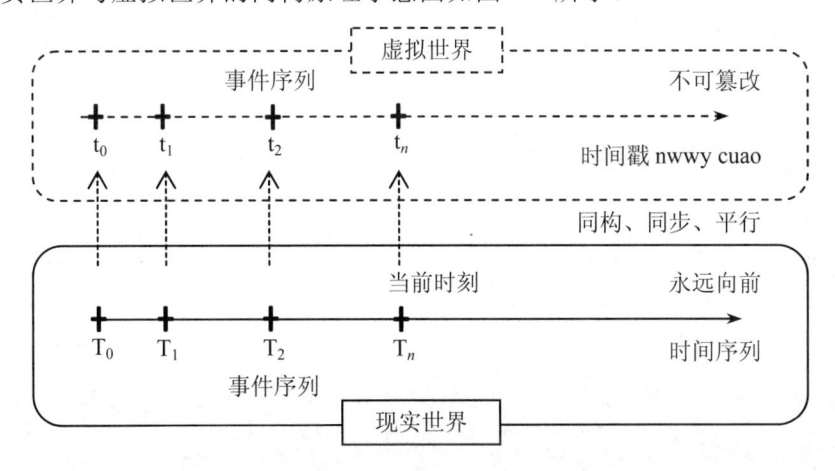

图 2-3　现实世界与虚拟世界的同构原理示意图

在图 2-3 中，时间是人类用以描述物质运动过程或事件发生过程的一个参数，是观察与理解世界的关键变量，具有两个基本特性。

（1）时间的增量总为正数。时间是永远向前的，即时光不能倒流，所以现实世界的发展也是永远向前的。永远向前确立了现实世界的基本秩序，现实世界永远不会错乱和塌陷。虚拟世界反映的是现实世界的秩序，"信息不可篡改"机制使得虚拟世界不会错乱。

（2）现实按时序发生、演进。现实世界是永远向前发展的，人们观察与记录现实世界的变化，是以阶段性、标志性、典型性事件的发生为聚焦点，来获得物质持续运动、变化持续发生、变化的顺序性等规律。记录已经发生事件的信息就必须让信息印记事件发生的时序性，信息描述的是特定时间点发生的事件、事物的状态，信息本身就能说明事件的时刻性，即时间戳。虚拟世界的信息采用时间戳的机制，使得与现实世界具有相对应的结构。

注意，这里所指的信息不可篡改，是指用来描述、记录已经发生事件的信息，而非主观创造的信息。例如，交通事故现场取证的照片、商业中已经签定的合同信息、向对方支付货款的信息等，一旦事实发生都不可修改，否则会引起极大的混乱。而主观创造的信息，如写一篇文章并发表后，仍然是可以反复修改的。

在现实中，也存在记录事件的信息出现错漏的情况，如发货出现错误、单据录入出错等。处理这类有错误的信息，不能直接对已经存在的信息进行修改，而要采用补单、增加更正信息的方式，也就是更改行为本身就是一个信息，同时附加在原有信息之后，以保证真实性。

2.4.3　信用构建机制

信息的特点之一是多次被使用而信息本身并不发生变化，使得信息在网络上的使用成本可以接近为零。记录事物真实性、唯一性的信息不能被任意修改，如何防止数据不被篡改是构建虚拟世界的根本性问题，也是信息安全的关键问题。

在现实世界中，一般由具有公信力的第三方机构来证明事物的真实性和唯一性，例如身份证（记录指纹与人脸信息）、签章、护照、公证书和商标等。在虚拟世界中，交易对手并不见面，如何确保对手是真实的而且是唯一的呢？

区块链机制解决了虚拟世界中以连续性来表达真实性的问题，也为建构信用链奠定了基础。区块链克服了虚拟世界数字记录易变的特征，在网络上建立起数据信任关系。区块链通过点对点传输技术、链式存储技术、非对称加密技术、分布式多点存储技术和共识机制等技术，保证数据的可靠性、真实性和可追溯性。

密码算法是信息世界得以确立的基石。加密算法的目的是让数据从一串可以任意读取、修改的符号，变成一串不可修改、不可阅读的符号，除非有相应的密钥。

非对称式加密技术，加密和解密所使用的不是同一个密钥，而是采用"公钥"和"私钥"，两个必须配对使用，否则不能打开加密文件。"公钥"可以对外公布，"私钥"只能由持有人掌握。非对称式的加密方法避免了密钥的传输安全性问题。

区块链是一串使用密码学方法产生的数据块，每个区块都包含一个时间戳和与前一个区块的链接，是一种将数据区块以时间顺序相连的方式组合成的链式数据结构。区块链技术是利用块链式数据结构来验证与存储数据、利用分布式节点共识算法来生成和更新数据、利用密码学的方式保证数据传输和访问的安全、利用由自动化脚本代码组成的智能合约来编程和操作数据的一种全新的分布式基础架构与计算范式。

区块链架构下的信用机制示意图如图 2-4 所示。

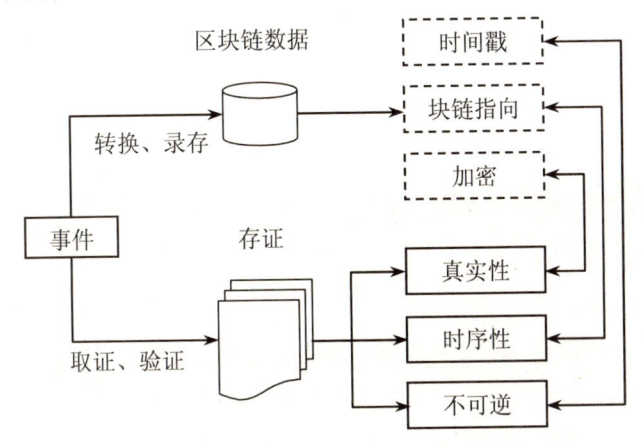

图 2-4 区块链架构下的信用机制示意图

在图 2-4 中，区块链技术的思想正是按同构逻辑，以加密（不可篡改）、时间戳（时序性）的机制来形成虚拟世界中的信息的，使得虚拟世界具有反映现实事件的结构与内涵。区块链架构下的数据结构与现实世界的秩序性，可实现严格的同构性。

分布式数据库是区块链的物理载体，区块链是交易的逻辑载体，所有核心节点都应包含该条区块链数据的全副本区块链按时间序列化的区块，并且区块链是整个网络交易数据的唯一主体。区块链只对添加有效，对其他操作无效。基于少数服从多数的原则，整体节点维护的数据本身客观反映了交换历史。

第 3 章

供应链结构、信用与融资

3.1 供应链的系统边界与结构

供应链金融（供应链融资）定位为服务于大多数中小企业的金融服务，其基本结构以企业信息化、供应链信息化为基础，特别是在 ERP 普及到制造与流通领域后，围绕单个核心企业展开，将核心企业高等级的信用优势依托于信息化整合供应链的商流、信息流、物流及资金流，从而实现信贷全方位注入供应链多数节点。核心企业信用、供应链结构与信用机制是供应链金融的内在逻辑。

3.1.1 供应链系统边界

供应链具有一般系统的所有属性。一般系统是由若干个（两个或两个以上）相互联系、相互依赖、相互制约、相互作用的元素组成的具有某种特定功能的有机整体。供应链系统具有整体性、关联性、开放性、自组织性、等级结构性、动态平衡性、时序性等特点。供应链作为功能系统，还具有明确的指向性（目的性）、可控性、环境的适应性等特性。

系统理论认为，边界是系统构成关系从起作用到不起作用的界限。现实世界的主体都存在边界，即存在或发生在一定范围空间和时间范围之内，即便是主体的边界存在模糊性，也不存在大到无边的主体。供应链是由多个企业组成的链式结构系统，把供应链与其环境区分开来的界限，是供应链的系统边界；供应链之外的事物或系统的总和称为供应链的外部环境。

供应链金融架构于供应链系统之中，供应链系统边界对金融行为具有边界约束，超出供应链系统边界的行为则不受供应链系统的影响。供应链金融作为研究对象，而供应链系统是供应链金融的载体，确定供应链系统边界是分析供应链系统结构的重要步骤，有助于理清容易混淆的抽象概念。

供应链系统最基本的构成关系是供需关系，反映在财务上是产权的转移、债务的形成。除此之外，还存在管理、战略伙伴、地域等系统边界。因此，供应链系统边界可分为物理边界、管理边界、战略边界和地域边界等类别。

供应链系统物理边界的范围最为广泛，涵盖产品生产与消费的全过程；供应链系统管理边界的范围取决于供应链管理模式；供应链系统的战略边界则取决于供应链伙伴关系，其范围更有限。在供应链系统中，各类边界的范围如图 3-1 所示。

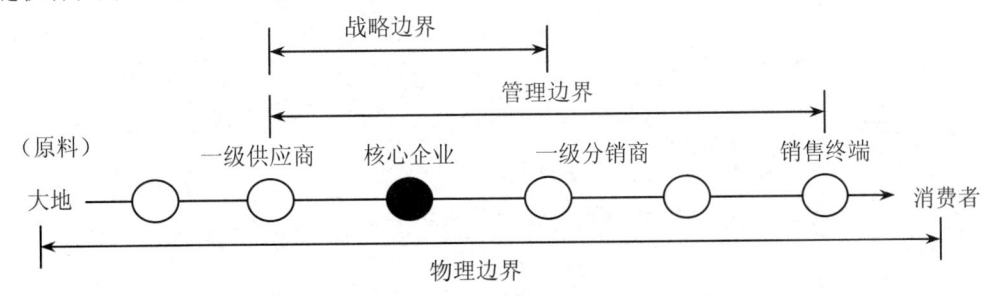

图 3-1　供应链系统边界范围示意图

图 3-1 中的相关概念解释如下。

1. 战略边界

供应链系统的战略边界形成核心企业与战略伙伴的节点集合，战略边界之外的节点与核心企业为非战略伙伴关系。核心企业一般选择一级供应商作为核心供应商，选择一级分销商等作为战略伙伴。

例如，早期供应商参与（Early Supplier Involvement，ESI）就是一种典型的供应链战略。ESI 可缩短产品研发周期、改进产品质量、提升研发创新水平。供应商参与的层次可分为：提供信息、设计反馈、零部件开发、部件或组件整体开发、子系统开发等。在系统化供货和模块化装配等制造模式下，ESI 使得一级供应商与核心企业形成紧密的战略伙伴关系，核心企业信用能够有效传递给一级供应商（通过订购量、承诺付款来实现）。ESI 运作模式如图 3-2 所示。

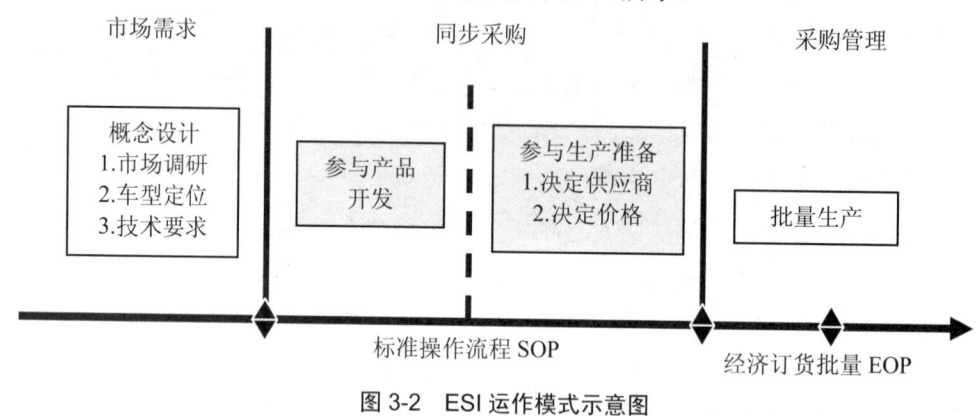

图 3-2　ESI 运作模式示意图

在图 3-2 中，供应商在批量生产之前，参与产品开发和生产准备，即同步采购。另外，随着传统链式的价值创造模式逐步演变为网络式的价值创造模式，供应链战略的内涵变得十分丰富，物流供应商、银行、软件服务商、交易平台等可以作为核心企业的战略伙伴，超出"竞合关系"所表示的意义。

在供应链战略关系下，核心企业与核心供应商密切合作，核心企业高等级的信用通过采购合作自然传递给核心供应商，这是供应链金融业务比较容易开展的融资场景。

2. 管理边界

供应链系统的物理边界具有客观性，但供应链系统的管理边界则属于主观范畴。供应链节点之间的关系、供应链的系统目标、供应链的价值创造过程都属于供应链管理的内容。但受制于供应链管理能力和管理方法，使得供应链管理范围局限于向核心企业两端扩展，管理环节的集合形成供应链管理边界。

供应链管理能力决定管理范围。对供应链所有节点、所有环节进行全面而深入的管理是供应链管理能力的最大值，管理边界最大可以拓展到物理边界，即全链管理。

传统供应链管理以核心企业为管理主体，管理能力与管理边界较为有限，管理范围以核心企业为中心，主要对企业上游和下游关系进行管理，包括供应商的选择与绩效评估、库存管理，管理范围比供应链的物理边界要狭窄得多。新型供应链服务外包与互联网商业模式,大幅扩充了供应链管理的范围。

供应链服务外包以供应链管理中的业务流程外包为基础,是一套相对独立的商业模式,常见的业务流程包括:进出口关务、国内分销执行、国内采购执行、境外采购执行、境外分销执行、转口贸易等。供应链服务外包企业,以"渗透、打通、交融"深度介入商业价值创造过程,业务流程外包作为供应链服务外包的基础单元,在供应链服务模式的发展过程中,流程外包通过"渗透"切入商业价值链中,以更高的效率、更低的成本"打通"跨国企业的商业流程,进而以"金融、方案咨询、设计"等知识外包深度介入企业的价值链中,并结合互联网商业模式,实现供应链企业与跨国企业的深度融合。

而以知识为核心的业务流程外包,是供应链服务外包的升级。依据自身的优势,将自身的资金能力、物流能力、分销代理能力、整合服务能力等展示出来,并呈现给客户以真正的价值和优化供应链绩效,体现"价值整合"理念。目前,知识流程外包越来越多地加入供应链中。例如,供应链服务外包企业可提供财务筹划、税务优化、人力资源、数据调研等知识性很强的业务。

供应链服务外包平台、电子商务平台、外贸出口平台、互联网金融等平台快速发展。基于网络架构的供应链管理使得管理范围得到极大的扩充,形成以平台为中心、连接几乎所有供应链节点企业的管理平台,这为供应链金融商业模式的创新提供了广阔的空间。

可见,供应链的管理能力具有动态变化性,动态的能力导致模糊的动态管理边界。供应链的管理边界具有主观性、动态性、交叉性、模糊性的特点。

3. 物理边界

John.William(2002)根据供应链的复杂性提出三种供应链:① 简单的供应链;② 扩展的供应链;③ 完整的供应链。完整的供应链结构如图3-3所示。

在如图3-3所示的模型中,链式的供求关系构成供应链系统。人类绝大部分商品的最初资源皆取自大地,经过开采、冶炼、加工、组装等生产过程形成最终产品,再经过产品存储、批发、消费者使用等,直至产品报废、处置或变成垃圾。考虑到产品生命周期结束后的回收再处理等问题,产品生命周期的整个过程为供应链物理边界。

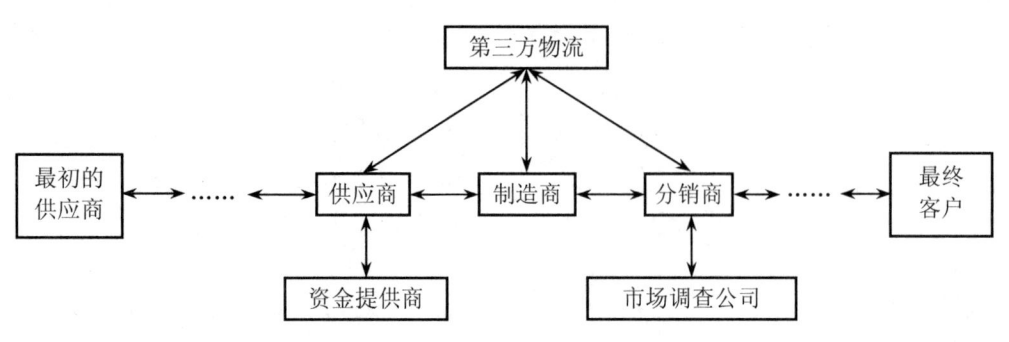

```
                        第三方物流
                       ↗    ↑    ↖
最初的        供应商 ← → 制造商 ← → 分销商          最终
供应商 ←→……←→                              ←→……←→  客户
              ↕                    ↕
           资金提供商           市场调查公司
```

图 3-3 完整的供应链模型示意图

供应链系统的物理边界是客观的、可见的、明确的。物流运作受供应链物理边界的限制。为控制对象不产生超出边界的行为，GPS、FRID 等技术广泛应用于实体运作。未来，物联网成为供应链系统控制的重要方式，可控的供应链系统是供应链金融的基础。

4．地域边界

供应链成员企业及最终客户分布在一定的地理范围内，地理范围的大小可以是城市、区域、国内或全球，称之为供应链系统的地域边界。结构复杂的国际供应链实施全球化制造、参与全球化市场竞争，制造、销售分别在不同的国家（地区），地域边界最广。供应链系统的地域边界是客观的、可见的。

由于供应链金融业务架构中存在大量的线下服务，因此不能完全依托互联网来实现线上运营，而线下服务具有很强的地域性，也决定了供应链金融商业化项目仍然具有很强的地域性。

5．小结

综上所述，由于竞争加剧、信息技术及互联网应用等，供应链系统边界与结构日益呈现动态可变性和虚拟化的特征。供应链系统结构具有一定的稳定性，但同时也具有一定的动态性。例如，供应链的一些节点企业因缺少竞争力而被其他企业所代替；核心企业实施战略采购，缩减供应商的数量等。

管理的虚拟化使得供应链管理的范围得到极大的扩展，网络化信息系统是管理虚拟化的平台与工具，如产业电商平台、网络支付、协同商务、协同制造等。这是管理从现实世界进入虚拟世界，进而在虚拟与现实之间进行交互的新模式。

3.1.2 核心企业竞争优势——供应链信用之源

理解核心企业竞争优势的形成逻辑，有助于理解核心企业在供应链融资方面的独特作用：

（1）在供应链竞争的时代，核心企业是供应链竞争优势的主导者；

（2）供应链信用来自核心企业高等级的信用；

（3）核心企业的竞争优势是供应链信用的背书，是供应链信用之锚；

（4）缺少竞争优势的核心企业，因缺少信用之锚而难以得到银行的青睐。

1. 核心企业竞争优势

核心企业多为研发与市场营销的主导者，在细分产品市场具有品牌、销量、市场占有率等优先地位，对供应链的战略制定、运营绩效、竞争力、伙伴关系形成、利益分配等具有重大影响。传统制造业中的核心企业一般为组装企业（如整车生产商、电视整机生产商）；耐克是虚拟企业模式的代表，以品牌、营销、研发为中心，实施 OEM 生产方式；消费电商则以电子商务平台为核心企业（如京东、天猫等平台）。

企业竞争优势的形成逻辑、竞争战略理论大致可归纳为以下过程：企业竞争的目的是获得超额利润和提升市场地位，前提是企业必须获得竞争优势；竞争优势是企业所有战略的核心所在，也是企业立足于市场的根本；企业具有竞争力是竞争优势的前提，通过制定、实施特定的战略来获得竞争力；战略的制定与实施建立在企业关键资源的基础上，关键资源是起决定作用的要素和资源。

以上逻辑关系可简化为：关键资源→战略规划→竞争力→竞争优势→超额利润。关键资源是超额利润、竞争优势最根本的来源，对关键资源认识的差异是不同学派的分水岭。目前，企业竞争优势的两个主要学术流派为"产业组织学派"（Industrial Organization，IO）和"资源基础学派"（Resource-Based View，RBV）。产业组织学派认为关键资源为企业的"外在市场结构"，资源基础学派认为关键资源是企业的"内在资源"。以关键资料为基础，如何获得超额利润，两个学派给出了不同的战略管理模型。

（1）超额利润的产业组织模型（IO 模型）

产业组织学派认为关键资源具有规模经济、多元化、产品差异化及公司集中度等产业结构特点。企业必须先找到潜在利润最高的行业；在实施了适用于整体环境、行业环境和竞争环境特征的战略后，企业业绩才会得到提高，并获得竞争优势及超额利润；反之则会失败。有吸引力的行业通常具有较高的进入门槛，从而可避免企业战略的雷同。IO 模型的战略管理过程如下：

① 研究外部环境、尤其是行业环境；

② 选择超额利润潜力较大的市场；

③ 确定此行业获得超额利润所需的战略；

④ 培养或购买实施战略所需的资产或技能；

⑤ 利用企业优势（培养或购买的资产和技能）实施战略。

（2）超额利润的资源基础模型（RBV 模型）

IO 模型虽然对企业"可能做的"方面进行了透彻的分析和说明，但对企业"能够做的"方面没有明确说明，可见其理论体系并不完整。资源基础学派回答了企业"能够做的"方面。资源基础学派以培养企业内部异质的、稀缺的、难以模仿的、难以替代的专有资源（包括核心能力）为核心，在哲学层次上以企业自身为竞争对象，不断思考企业的自身成长与资源累积。

RBV 模型的战略管理过程如下：

① 研究自身对于竞争者而言的资源优势与资源劣势；

② 确定企业的能力，何种能力可以使企业战胜竞争对手；

③ 从竞争优势的角度，确定企业的资源与能力潜力；

④ 选择有吸引力的行业；

⑤ 选择能使企业最大限度地利用其资源和能力来发掘外部环境机会的战略。

（3）IO 模型和 RBV 模型的整合

虽然 IO 模型与 RBV 模型从两个完全不同的角度来分析企业竞争优势的来源，但两个模型本质上并不矛盾，甚至是可以整合的。从长期来看，产业环境与企业资源皆影响着企业的业绩，对企业的战略至关重要，企业被视为市场行为和资源的组合；在战略实践中，当企业在考虑或准备进入某一行业时，主要利用产业组织模型；而当企业在一个行业中经营时，企业战略的重要内容是利用资源基础模型的核心思想来创造战略资源、积累核心能力。

综上所述,企业竞争优势来自于企业的外部条件或内部条件;利润不仅是行业条件的函数,而且也是相对于竞争者创造价值的函数,组织只有在具备创造超过竞争者的总价值的能力时,才能获得竞争优势。

2. 核心企业的位置变化

随着供应链的发展,"核心企业"的概念发生了变化。商业模式的多样化及平台商业模式的发展,使得传统的组装企业在供应链中的核心作用开始减弱,出现了非组装企业主导市场的情况,可称之为"龙头企业"。是否为龙头企业,并不是由企业规模大小及在供应链中的位置来决定的,而是遵循以下两项重要标准:① 掌握最终产品市场的顾客需求及需求的动态变化;② 有效地使供应链运作以顾客需求为导向。例如,耐克是营销企业而非生产企业,其核心能力为掌握顾客需求并创造顾客需求;沃尔玛为经销商,拥有庞大的终端网络,其核心能力也是掌握顾客需求并能够有效实现顾客需求。可见,耐克和沃尔玛是其所在供应链的龙头企业。

龙头企业模式比核心企业模式更强调以市场为导向,龙头企业模式更适合于供应链竞争。按照龙头企业的两项标准,目前拥有核心企业的供应链所占比例较高,而拥有龙头企业的供应链所占比例则较低。从中国一些制造业的整合情况来看,从制造整合者到超级经销商的出现,再到目前出现的超级卖场(如苏宁、国美)、航母级电商平台(如阿里巴巴、京东),以及以怡亚通为代表的供应链服务外包平台、以一达通为代表的外贸服务平台等,发挥主导作用的环节越来越靠近顾客端。

龙头企业作为供应链主导企业,在供应链竞争中的重要性越来越大。一方面,龙头企业可以通过设立行业标准、共享技术和资源,以及控制核心环节等多种方式,拥有构建供应链的主导权,也基本决定供应链整体的竞争优势和发展前景。另一方面,从竞争的角度看,龙头企业领导供应链进行顾客价值创造活动。强调龙头企业的重要性并非强调龙头企业对供应链的控制,龙头企业的关键作用是有利于形成供应链整体的协同效应。

3.1.3 核心企业与供应链金融的关系

供应链节点企业的现金流问题与核心企业的强势谈判地位密切相关。

在市场经济中，普遍存在核心企业依靠其主体地位对围绕其生产节点的企业进行利润挤压的现象，因为核心企业在谈判中具有地位优势。核心企业不仅在利润上挤压节点企业的生存空间，而且在资金流上挤占节点的现金流，"占款行为"主要表现为应付的延期、应收的预付，核心企业采用赊账的方式挤占上游节点企业的现金流，以预付款的形式挤占下游节点企业的现金流。

因此，缓解上下游节点企业的现金流问题，实质上是应对"占款行为"的负面作用。从这个角度上来看，核心企业在道义上负有积极推广供应链金融的责任。同时，核心企业在供应链融资中，具有功能上的核心节点作用，对于降低借贷双方信息不对称具有重要作用。核心企业是供应链的信息集中地、物流运作中心、支付结算中心，多年的持续经营使得核心企业对节点企业的经营状况、信用水平甚至企业负责人的信用水平，都有较充分的信息，而这类信息正是金融机构在短时间内难以获得的关键融资数据。核心企业共享这类信息，可有效降低金融机构的信用信息成本、制订个性化金融方案，减少融资服务的导入时间。

但实践中，部分核心企业在供应链融资中，当作为债务人为上下游的中小企业做信用背书时，过分考虑自身的风险而忽略供应链整体的利益，导致核心企业对开展供应链融资的动力不足，是金融机构推广供应链金融服务首先需要克服的障碍。核心企业在供应链金融中，可获得以下重要价值。

（1）改善资本结构

节点企业的应收账款以商业信贷的形式实现，实质是金融机构对核心企业的应付账款进行垫付，相当于核心企业获得无息贷款。核心企业只需要为节点企业提供风险极低的支付承诺，而不增加自身的信用额度，降低了核心企业的融资成本，改善了资产负债表。

（2）优化供应链结构

核心企业为节点企业的增信行为能够加强与节点企业的战略合作伙伴关系，降低节点企业因资金流断裂的风险，避免供应链结构上的剧烈变化，实际上也是降低核心企业的经营风险。

核心企业通过供应链金融掌握节点企业的真实信用水平，可以在合作伙伴选择上结合节点企业的信用进行有目的的筛选。同时，供应链金融服务对于节点企业也是一种比较优势上的约束关系，合作型节点企业获得核心企业信用背书的机会更多。

（3）非零和博弈

核心企业与节点企业在供应链融资中属于非零和博弈关系。供应链金融的实施，间接提高核心企业与节点企业的黏合度，避免产业链结构的急剧变化，降低核心企业与节点企业的战略合作成本。双方都因信用分享而获得价值，强化核心企业的谈判地位和上下游企业的控制力度，在整体受益的情况下，供应链金融成为提升产业链整体竞争力的重要一环。

3.1.4 供应链金融的分类：基于信用机制

1. 供应链金融、物流金融、融资性贸易

目前，供应链金融的内涵变得十分丰富，实体经济中所有涉及供应链相关的融资行为，几乎皆可纳入供应链金融内涵中。这是广义的供应链金融概念，随着供应链金融创新的持续化，其内涵仍然在不断扩充中。

狭义的供应链金融内涵比较明确，服务对象是含有优质核心企业的供应链节点群，特点是依赖核心企业信用的结构化授信，融资服务的最大范围是全链内的所有中小企业，最小范围是核心企业的一级供应商和一级分销商。核心企业是否参与、参与程度与方法，决定了供应链金融的划分标准。

动产质押结合核心企业的信用背书（保证、担保），掌握供应链运营数据来实施风险管理，这是狭义应链金融概念的核心内涵。

狭义供应链金融业务与传统银行业务的区别如下。

（1）银行不再以财务能力、财务报表来对企业作信用评价，而是以核心企业的黏性、交易历史、链内地位、市场能力及供应链管理的效率等评估企业信用。

（2）银行选择核心企业信用能够顺利传递的节点企业（紧密合作型关系）进行融资，相对松散型的合作企业则因风险厌恶而使银行惜贷。

企业动产主要为应收账款与存货（股权也是动产），其特点是具有可预期的未来现金流，是动产作为质押品的前提条件。应收账款为一种权利（非物质性），存货作为实物存在于确定的物理空间中。

物流金融是以"物权、货权"为中心的，依托第三方物流企业来实现物权质押融资：对象是有存货的企业，特点是银行委托第三方物流企业监管，受信企业的数量有限。核心企业、供应链结构都不是物流金融的构成要素，因为信用机制为质押。

融资性贸易所包括的范围更为广泛：当企业缺乏足够资信，无法从银行获得资金时，通过第三方并以第三方名义与贸易相对人签订贸易合同，从第三方处取得融资，企业销售货物后返还本金和一定手续费给第三方[①]。2017年5月，国务院国资委发文，明确禁止国有企业开展融资性贸易。

2. 供应链金融的分类

一般流动资产在供应链中的位置分为预付、库存和应收类。按融资需求在供应链中位置的分类方法，难以有效覆盖目前不断增多的供应链金融新形态、新类别。信用机制是供应链金融分类的基础，再结合资金端参与的方法，可以有效区分多种类型的供应链金融服务。

"文沥供应链金融分类法"[②]给出了供应链金融的详细分类，如图3-4所示。

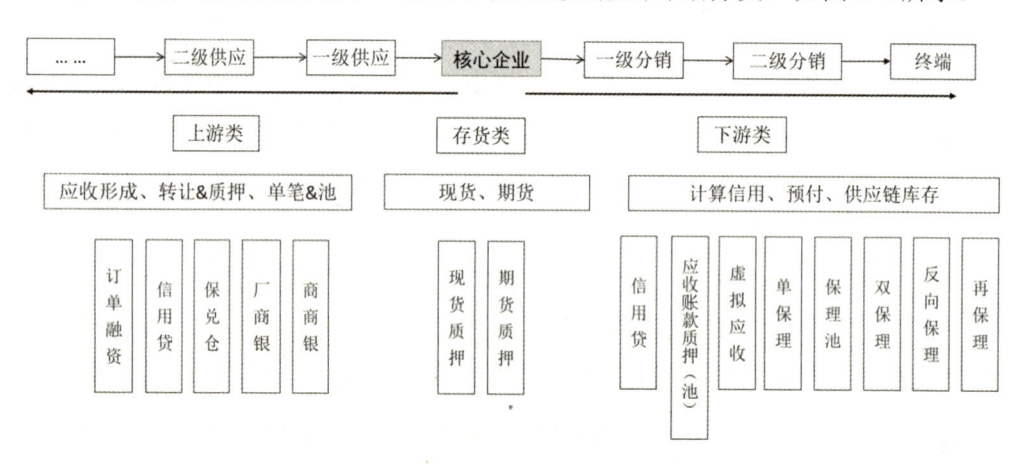

图3-4　供应链金融分类结构示意图

在图3-4中，依据供应链结构的交易关系将大类分为上游类、下游类及存货类。上游类面向上游供应商（一级、二级等）、代工方、服务商；下游类面向经销商（一级、二级等）、服务商；存货类具有普遍性，可以出现在上游类、下游类或单纯的交

---

① 朱灵芝. 国有企业融资性贸易及风险防范. 法制与经济旬刊, 2013 (9).
② 文沥供应链金融方法论连载九之供应链金融模式划分, 万联网

易关系中（非供应链节点）。存货包括现货、期货或货权资产。

（1）上游类

供应商依托与核心企业的交易关系而获得信用支持，包括合同、订单、应收账款等。核心企业的支付承诺增加信用，在核心企业不参与的情况下，可以通过计算信用来为节点企业授信。上游供应链金融分类如表3-1所示。

表3-1 上游供应链金融分类一览表

应收资产是否形成	资产管理方式	操作方式	分类	备注
未形成	信用	按经营周期	信用贷	依据在供应链内的交易历史数据进行计算
已形成	转让	单笔	单保理	单笔应收账款为融资标的，转让给资金端
	转让	池	保理池融资	周期内的应收账款资产入池，循环使用
	转让	单笔、池	虚拟应收	分拆债项，对应应收账款
	转让	N/A	双保理	分国内、国际两个保理商参与
	转让	N/A	反保理	供应商转让债权
	质押	单笔	应收账款质押	债权质押

（2）存货类

物流金融主要依托质物本身的信用（价值），而质物的信用涉及标准化、流动性、可质押性、残值等，所以质物为大宗商品流通中产生的仓储存货、期货。存货类供应链金融分类如表3-2所示。

表3-2 存货类供应链金融分类一览表

资产属性	资产管理方式	操作方式	分类	备注
现货	质押/监管	特定化或动态化	现货质押	依托第三方物流企业实施监管
期货	质押	单笔	期货质押	仓单质押（标准、非标准）

（3）下游类

保兑仓、厂商银等依托存货质押，但与物流金融的存货有本质区别，前者属于供应链库存，金融机构先于融资方取得货权，再以发货控制、结算工具控制风险，所以归为下游（预付类）类更为合理。下游供应链金融分类如表3-3所示。

3. 供应链金融与物流金融的区别

供应链金融与物流金融存在内涵与边界的区别，但在实际运营中，两者又是密切结合的，两者的异同如下。

表 3-3　下游供应链金融分类一览表

资产属性	资产管理方式	分　类	备　注
预付	信用	订单融资	核心企业的订单
信用	信用	信用贷	渠道中的经销商，计算信用
预付	库存监管/质押	保兑仓	四方参与：银行、买方、卖方和第三方物流
预付	库存监管	厂商银	核心企业承诺回收，融资人缴纳保证金
预付	库存监管	商商银	核心企业下游综合授信

（1）贷款的去向不同。存货质押融资是以固定批次、特定化的货物做质押，得到的贷款仍需服务于这笔业务，到期还款后才能重新取得这批货物的产权和使用权，有"专款专用"的性质。应收账款多形成于交易发生之后，获得银行的质押贷款，企业可以自行支配，相当于对未来现金流的折现。

（2）还款来源都具有自偿性。物流金融在质物出售后，获得回款以偿还贷款。而应收账款则是到期后，债务人的还款则用于借款人偿还银行。自偿性就是以动产质押获得贷款，再以动产的未来现金流（发生在未来，不是现在）偿还，借贷与偿还都依托动产而发生。所以，动产就是信用工具。

（3）风控对象不同。对于存货质押，银行作为质权人，要考虑到坏账发生后，质物的残值（例如，在市场上卖出）能否覆盖损失，不至于损失本金。所以，银行对质物的要求是苛刻的，质物必须具有较高的流动性，且质物的市场价值在可控范围之内。对于应收账款质押，风险为债务人偿还能力和还款意愿，贷款的偿还来源具有唯一性，债项与交易的真实性是风控的重点。

（4）都以质押率作为重要的风控措施。银行在不损失本金的经营底线下，要求质物处置后获得的残值必须大于损失。为降低风险，银行倾向于较低质押率，使得残值能大于贷款金额（假设还款额为零），但过低的质押率可能使得企业获得的贷款额度不足。

（5）都以真实性为风险控制的关键因素。物流金融要求质权无瑕疵、单证真实无伪假、质量证明真实等，如果存在虚假，将给还款带来极大的风险。应收账款质押则要求债权真实、合同真实、时效性明确、不存在重复质押。

（6）两者的目标存在差别。虽然两者都能解决节点企业短期流动资金不足的问题，但供应链的客户价值还在于供应链整体的金融效应，需要以金融手段为供应链配置资源实现整体的优化。

(7) 银行选择客户的策略不同。供应链金融在选择客户时，首先看重的是行业（避免较高的系统性风险），再选择该行业内的优质供应链（该供应链一般存在优质的核心企业），最后选择具体的目标客户（借款人）。

供应链金融与物流金融的详细比较如表 3-4 所示。

表 3-4 供应链金融与物流金融比较一览表

比较项	供应链金融	物流金融
主体对象	供应链整体与链内企业	单个企业
授信机制	债项评级、闭环运作	控货
授信形式	动产质押、货权质押均可	仓单、库存质押
还款来源	应收账款	借款人，质物残值
风险控制	动态参与、全程管理	阶段性关注，异常时干预
风险程度	风险分散、较低	风险集中、较高
服务产品	涉及多个业务领域	范围小

4．融资性贸易的风险分析

融资性贸易风险主要表现在如下方面：

（1）隐含极大的资金风险；

（2）存在较大的法律风险；

（3）存在虚开增值税发票的风险。融资性贸易本质上是为融资而开展的非真实交易（目的不为交换价值），实质为通过以贸易增信的形式来实现融资。

贸易性融资分为：

（1）买卖型融资性贸易，含托盘、循环贸易、委托采购和销售；

（2）增信型融资性贸易，含质押监管、仓储保管、保兑仓、保理。

这两者的区别在于资金方（国企主体或外部资金）是否直接放款。国企开展融资性贸易的动力在于国企的融资利率低，将资金输出给资金成本较高的民营企业获得息差收入。

融资性贸易多以大宗商品为主、单笔交易金额大，隐含极大的信用风险；部分为虚假贸易单证，不存在真实交易的贸易空单；大宗商品市场波动幅度极大，大宗原料价格存在下跌 50%的可能性；参与机构的道德风险，容易发生监守自盗行为；

系统性风险大,宏观经济下行中委托客户及其上下游面临严重的经营风险。贸易性融资本质上是金融行为,需要专业的金融风险控制能力,而国企一般不具有金融专业级别的业务水准和风险系统建制,所以禁止国企开展类似银行的业务是恰当的管制措施。

变相对外借款融资性贸易结构如图 3-5 所示。

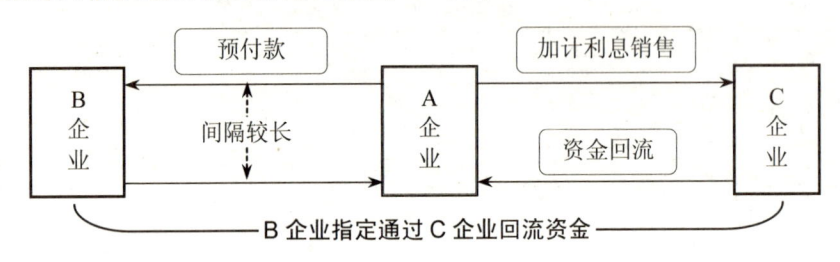

图 3-5 变相对外借款融资性贸易结构示意图

在图 3-5 中,A 企业(具有资金成本较低的优势)支付预付款给 B 企业,使其长期占用,约定资金占用利率(A 企业获得较大息差)。结算时 A 企业将利息加入销售价格并开发票给 B 企业指定的 C 企业(C 企业往往为 B 企业实质控制的企业),资金通过 C 企业回流。贸易过程中无实物流转,实质为 A 企业向外部企业提供借款。

3.1.5 交易银行

目前交易银行在我国属于处于初步发展阶段的新事物。银行设立交易业务部门,以客户群为中心,将客户部门、产品部门和服务部门整合在交易业务部门。银行提供标准化的交易平台,各种产品和服务实行菜单化管理,客户自行选择所需的服务。交易银行业务设计针对中小微企业成长过程中面临的融资痛点,基于互联网和云技术构建在线综合服务平台。

目前除招商银行、中信银行和浦发银行外,越来越多的股份制银行开始布局交易银行业务,平安银行、民生银行等多家银行在 2016 年年报中明确提出,要将公司业务向交易银行体系转型,聚焦交易银行的市场机会和市场地位。

交易银行业务增加对客户的黏性,通过对客户流动性融资的个性设计与流程支持,将服务向供应链上游、下游拓展,更有利于对风险的全面控制,属于从单一的融资服务转向综合化的服务方案。业务设计的重点在于围绕客户之间的商品交易和服务贸易，对原有和创新的产品、服务、流程、信息化系统、外包或协作平台等内外部资源进行系统解构，重新组合配置服务资源，为客户提供更契合、更便利其交易生态的解决方案。提供的产品除贸易结算和融资外，还包括为便利交易交割而提供的货币兑换服务、为客户对冲交易风险提供的衍生金融工具。

交易银行的服务主要满足客户资产负债表中的流动性资产与负债部分，即流动性管理和现金管理的需求，信用管理原则从担保本位转向自偿性或现金流驱动。银行取得的债权或资产，多数为低风险、低资本占用的贸易融资和供应链融资，如票据贴现、信用证议付、保理、买方或卖方贷款，标准化程度较其他一般流动性贷款相对更高，容易通过同业买卖或证券化的形式流转或交易，即具有良好的市场流动性。

交易银行从满足客户需求向创造价值的关系型银行演化。对客户价值的定位，提供超越满足融资需求、能创造额外价值的产品与服务，从而激励客户的重复购买行为，即用户黏性。国际先进的交易银行不仅能够为单一客户或细分客户群体创造价值，而且还能根据环境变化和银行自身的能力状况，不定期地调整客户的服务定位，与客户、产业链及供应链上下游成员共同构建更紧密的生态伙伴关系。服务平台则采用更专业化、智慧化的技术提供创新性行业解决方案，将价值创造活动扩展到生态圈甚至其他利益相关方，形成客户开发的规模效应，并以供应链和产业生态链来形成客户黏性。[1]

交易银行从传统的资产型投向偏好，回归到自偿性的贸易融资和供应链融资中。在创新型经济的驱动下，大量轻资产的新兴行业和快速成长性科技型中小企业，缺少资产担保而难以获得正常成本的信用贷款，但这些信用较低的企业在与国际产业链上的大企业、核心企业的交易中，能够获得具有较高信用支撑的应收账款，借助大企业信用或基于供应链的大数据信用，实现债权质押融资且具有较高的便利。可见，自偿性也来自于核心企业更高等级信用的增信支持。

交易银行的风险管理理念从担保驱动转变为现金流驱动，资产配置从持有较长期限、较大风险和较差流动性的中长期资产转向期限较短、风险较小、流动性强的资产类别。例如，中信银行的交易银行业务范围包括国内支付结算、现金管理、国

---

[1] 宋亮华. 全球交易银行模式创新及我国银行业的推行路径——基于服务实体经济供给端的分析. 南方金融, 2016（6）: 10-19.

际贸易融资和结算、供应链金融、托管业务等，可全面覆盖企业在交易过程中的结算与融资需求。

供应链金融是国内交易银行发展的重点市场，在信用技术创新的驱动下，银行可进一步扩大供应链金融服务的内容与范围。

3.1.6 【案例分析3-1】深圳的供应链服务外包产业[①]

1. 概况

30多年来，我国由计划经济向市场经济转换和对外开放的过程中，深圳扮演着对外窗口的特殊角色。同时，我国政府以非凡的勇气与资源整合能力，集中力量迅速完善沿海工业基础设施，在全球化市场中顺利地接过制造业转移这一棒，成为制造业大国。在全球化经济模式下，跨国企业在世界经济的发展中起到"领养羊"作用，进而催生出提供业务流程外包（BPO）、信息技术和金融服务等多方位的供应链服务外包市场。

深圳供应链产业正是在这种经济环境下孕育而生的。2014年深圳市"营改增"统计显示，公司名称中含"物流"字样的公司有11678家，含"供应链"字样的供应链服务公司有320家，含"进出口"字样的公司有315家（多数为供应链服务企业）。近年来，深圳诞生了我国80%的供应链服务公司，行业体量增长迅速。本文在分析深圳供应链产业发展过程的基础上，提出供应链服务类型，并对主要发展动因进行分析。

2. 深圳供应链服务外包企业的兴起与发展

深圳供应链企业的出现已经有十几年的时间，其中产生多种不同业务类型和商业模式的企业。按供应链服务对象进行划分，可分为以下三种典型的供应链类型。

（1）项目型供应链

跨国企业在进入我国市场的过程中，将其非核心业务进行外包，从而产生了早期的深圳供应链企业，称之为"项目型供应链"。该供应链服务的典型特征是供应链

[①] 段伟常，梁超杰. 深圳供应链产业发展研究. 物流技术，2015，34（15）：224-227.

中某一个或几个环节服务外包,以业务流程外包(BPO)为主要模式。

其中,怡亚通在深圳供应链产业发展模式中具有代表性。20 世纪 90 年代,在深圳与中国香港之间从事元器件批发存在高额利润,是典型的梯度经济现象。其后,部分熟悉产品采购的人士,成立企业从事收取固定服务费费率的代理采购业务,将运输业务外包给市场上的物流公司。2003 年,跨国企业思科公司将代理采购外包给怡亚通,象征着供应链行业的诞生。采购代理服务商的业务包括境外提货、境内配送,以及办理国际运输、国际进口通关、付汇等手续。思科、GE、IBM、飞利浦等跨国企业陆续成为怡亚通的主要客户,怡亚通因此获得了快速发展。怡亚通于 2007 年 11 月上市,是这类企业发展的标志性事件。

项目型供应链按提供的服务内容的不同,还可分为三种子类型。

①"物流—报关"型,利用专业团队为企业提供平台式报关服务,承揽"全球港口—中国主要港口"进口清关物流业务,为集团型企业、项目工程等提供大宗进口物流服务,典型企业如"宇恒供应链"。

②"外贸—进出口"型,以承接跨国企业的非核心业务流程外包为主,主要针对电子行业,根据企业的个性化需求,量身定制供应链服务方案,典型企业如"怡亚通"。

③"资本—资产"型,依托较强的资本(资产)实力来构建供应链服务外包平台,如"飞马供应链"。该公司前身从事客运、介入中石油的国际总包服务,承接国家重点工程材料的国际货运业务、快线快运,有较强的资产与资本实力。

(2)平台型供应链

平台型供应链的特点是供应链服务于多个关联产业,业务综合性强、体量大、提供金融服务。供应链平台掌握客户信用数据、实现资金链闭环运作,在链内实现信用创造和信用增级,在一定程度上能降低企业的短期融资难度和融资成本。平台供应链的构建与运作依托互联网架构,业务体量巨大而产生的经济效应是经济学的"规模经济""学习曲线"等原理的体现。业务流程标准化、固化,借助信息化、线上化、网络化,从而实现规模经济效应。以下两个平台的发展具有代表性。

① 怡亚通 380 平台,是深度分销功能的平台化。怡亚通在分销执行过程中,建立我国范围内由企业到各类卖场、终端零售店的供应链服务网络及平台,包括深度物流及深度商务。平台能为不同行业供应厂商、代理商与终端零售商提供一站式直

接分销执行服务与采购执行服务。平台以标准化SOP实现快速消费品在全国渠道中的快速导入。通过打造覆盖我国一线至六线城镇的380个平台，来帮助品牌企业高效分销，快速覆盖我国所有终端网点。平台实现深度物流，根据终端订单执行指令顺畅实现与物流作业的衔接，即时完成深度配送。同时，平台实现深度商务功能（企业深度分销环节的订单全过程处理）和深度结算功能（企业深度分销环节的结算全过程处理）。

② 一达通平台。服务于海量的中小微企业，一站式提供所有进出口环节服务，在此基础上叠加融资服务，2013年贸易额达40亿美元，融资贷款达55亿元，客户数量达15 000家。融资功能是该平台的核心竞争力所在，因为出口退税对我国企业的盈利性非常重要，特别是在目前融资利率处在高位的情况下。

（3）生态型供应链

近年来，一些专注于特定产业的供应链平台持续升级，在原有"平台+金融"的基础上，通过覆盖全产业链（生态链），结合线下服务（知识流程外包KPO），在区域性的产业集群基础上，构建行业级的供应链服务平台，为区域产业提供服务。

典型案例为创捷手机产业供应链平台。手机行业以敏捷供应链管理为主。深圳拥有完整的手机产业集群。国际知名市场调研机构IDC公布2016年全球智能手机总销量为14.7亿部，80%以上产自中国，深圳的手机生产量占中国生产产量的一半。创捷供应链初步构建深圳手机产业生态圈，为生态圈内企业提供系统化的供应链管理服务，一批手机企业在生态圈内迅速成长，成为进出口的"小航母"。

协同效应体现为效率，以深圳创捷的手机产业链为例，所建立的生态化协同平台打通整个手机产业链。手机接单企业需要对市场需求变化做出快速反应。但接单后，只能通过供应链整体效率才能体现出优势（成本、交货速度）；没有成员企业之间的整体协作，无论接单企业或其他任何单个成员，皆不能实现对市场需求变化的快速反应。

3. 深圳供应链产业发展动因

在影响深圳供应链产业发展的诸多因素中，以下几点为关键发展动因。

（1）中国香港与深圳、内地的梯度差异催生贸易服务外包

中国香港拥有丰富的资金、技术、人才和管理经验；中国香港经济以服务业为主，与服务贸易有关的主要行业包括旅游和旅游业、与贸易相关的服务、运输服务、

金融和银行服务及专业服务。内地自然资源、劳动力资源丰富，且随着经济的快速发展，内地有着巨大的消费市场。深圳与内地、中国香港之间的经济结构明显不同，有显著的梯度差异，是专业化的服务专业分工的前提。而深圳地处珠江三角洲前沿，是连接中国香港和内地的纽带和桥梁，在我国高新技术产业、金融服务、外贸出口、海洋运输、创意文化等多方面占有重要地位。

知识梯度、经济梯度使得贸易链的分工出现。知识梯度使得面向全球的知识型服务留在中国香港，利用中国香港在语言、金融等全球化方面的优势；经济梯度使得操作型、事务型服务转移到深圳进行，进而形成深圳供应链服务外包的雏形。随着深圳产业化水平的提升，深圳向全球化企业和向内地企业提供供应链创新服务，从服务外包走向以金融、知识管理为特征的供应链管理模式。可以预见，深圳供应链产业积累的服务经验将为内地的产业结构优化提供先进模式和先导式服务。

（2）进出品货物的快进快出需求

进出品货物的快进、快出需求，是深圳供应链服务外包的基础性业务。改革开放初期，深圳与中国香港作为我国货物进出口的核心地带，货物进出口需求快速增长，催生了以"关务"为中心的服务模式。随着我国对外开放程度和承接产业转移的深入，中国香港与深圳经济贸易关系经历了以贸易合作为先导、以制造业带动为基础的产业合作模式，向金融和服务领域逐步深化提升的过程，最后形成了贸易、制造业、金融业、旅游业、商业和运输业等全方位、多层次的经济合作格局。紧密的经济联系使得进出关口的业务量大增。同时，涉及对企业影响极大的"出口退税"业务，进出口在供应链管理中的最基础、最核心的业务是关务，这是进出口企业选择关务外包的主要动因，是催生供应链企业的种子业务。

（3）供应链金融的深度介入

在我国的非国有经济系统中，大量中小制造企业、流通企业、消费者的金融需求难以得到正规金融机构的重视，使他们成为金融市场的蓝海，近年来获得互联网金融的青睐。部分中小银行的"投行化"战略，开始选择以供应链融资为服务对象，重视开展蓝海市场。随着我国政府对金融创新的支持、监管到位，以及行业生态的改善，预计互联网这类"普惠金融"将成为供应链大系统中的关键角色。

4. 深圳供应链服务模式如何应用于内地企业

深圳供应链产业的发展具有一定的历史特殊性。目前已经开始服务于国内及国际市场。内地产业如何充分学习深圳供应链模式，培育出类似的供应链产业，值得业界思考。供应链产业模式在内地市场发育的基本条件与要求，应具备以下条件。

（1）该产业在区域内具有较高的产业集中度，在全球市场具有较高的竞争力，部分业务外包形态开始出现，产业生态环境较为稳定。

（2）该产业具有一定的体量（产业规模），符合规模经济的最低业务量要求。如果企业数量或业务过少，将导致供应链服务外包难以形成规模效应。另外，市场中的融资需求量也要达到一定规模，需求总量过低不利于导入金融服务。目前融资规模的总量达到50亿元左右才适合导入金融服务。

（3）在该产业集群中，企业的信息化程度较高，产业配套基本完善，物流基础设施完善。另外，特别要求核心企业必须具有较高的管理水平，应容易导入供应链服务。

（4）从金融角度看，该产业链中存在应付、应收和存货融资需求。我国制造业转型与升级面临人工成本和供应链成本上升的压力，有效实施供应链产业化是促进我国制造业转型升级的重要战略。深圳供应链产业产生于特定区位条件及社会经济历史条件下，但它的产生不是对现有经济模式的简单适应，而是一种全新的商业模式、管理技术与竞争战术。在我国经济的新常态下，供应链产业将从深圳走向全国、乃至世界；在与金融、互联网模式的交叉创新下，供应链服务的内容也将越来越丰富化和创新化。

深圳聚集了全国80%以上的供应链公司，基于"四流合一"的创新模式成为珠三角乃至全国对外贸易的幕后推手。目前，大数据、云计算、移动互联网等技术正在对供应链管理产生巨大的影响，区块链技术将为这种变革铸造坚实的主框架。

3.2 供应链信用

3.2.1 信用的内涵

《牛津法律大辞典》对信用解释是："信用（Credit），指在得到或提供货物或服务后并不立即而是允诺在将来付给报酬的做法"。信用的基本要义是对借的偿还，按约定进行的还本付息就是信用的内涵,偿还滞后于债务的形成,体现出货币的时间价值(贷款的本和息)。

信用的反义是违约,量化表达为大数定律意义上的违约率。大数定律是指在随机试验中,每次出现的结果不同,但是大量重复试验出现的结果的平均值却几乎总是接近于某个确定的值。所以,在经营周期内,只有当贷款数量基数(样本)比较大时,违约率才趋近于某一个确定的数值。单笔贷款或少数几笔贷款,都难以用违约率来衡量。信用或违约率客观上取决于债务人的偿还能力,主观上取决于债务人的偿还意愿,当然债务人失信则需要承受来自司法的压力。

信用是以偿还为条件的特殊价值运动。在法律关系上,失信、违约是对债权人财产权利的侵犯。信用反映的是债权人和债务人之间的经济关系,是产权关系的延伸,深刻地反映出相互之间的利益博弈关系。在现实中,由于信息不对称、逆向选择和道德风险等因素的存在,债务人基于自身利益最大化的动机而选择违约。信用的要素包括:授信人、受信人、贷款期限、利率、信用工具(商业票据、银行票据)、信用风险。

商业信用与银行信用是两种最常见的信用。商业信用是工商企业法人之间交易的信用形式,包括赊销、分期付款、预付、延期付款等形式,属于直接信用。银行信用属于间接信用,是以银行或其他金融机构为中介,以货币形态提供的信用。银行信用弥补商业信用的局限性,可满足企业长、中、短期的融资需求,除以货币方式提供的信贷外,还包括非信贷信用,如担保、承诺及其他形式。

对主体信用进行评估即信用评级,是对债务人如期足额偿还债务本息的能力和还款意愿进行评价,并用简单的评级符号表示其违约风险和损失的严重程度,企业信用评估的信用等级通常采用国际通行的"四等十级制"评级等级,即AAA、AA、A、B、BB、BBB、CCC、CC、C、D。例如,大型央企一般可评为AAA,地方上比较著名的企业可评为AA。

3.2.2 核心企业信用

核心企业是品牌的创立者和市场竞争的主角,是供应链竞争的主角,也是供应链信用的背书人。核心企业信用是供应链金融的逻辑起点,是节点企业信用的来源,也是供应链信用之锚。

核心企业信用是供应链金融业务开展首要的关注焦点，也是项目开展的先决条件，其稳定的信用水平是其他节点企业信用的保障，对整个供应链金融生态的构建、良好的信贷循环起到关键作用。信用不足的核心企业，供应链将难以得到银行信贷的支持。

解决核心企业上游、下游节点的流动资金问题，也等于解决了核心企业的流动资金问题。为核心企业的众多上游节点企业提供信贷，相当于减少了核心企业因采购而发生的资金流出；给众多下游节点企业提供信贷，相当于核心企业可以更快地回收销售货款或提高销售的速度（分销节点企业有充足的资金进货）。所以，给供应链上下游节点企业全面提供信贷，是从根本上解决核心企业的流动资金问题。

核心企业自身融资需求的满足并不是难题。在一个相对成熟的市场，市场竞争的结果是形成由数量不多的企业（品牌）瓜分主要市场份额的态势，经济学上称之为垄断竞争。核心企业作为产品市场中的垄断竞争者，具有较为稳定的、可预期的盈利水平，例如上市公司多为核心企业，则该行业中的龙头企业（市场占有率靠前）有可评估的有形资产和无形资产（如专利），容易得到正规金融的信贷。所以，核心企业的贷款利率一般接近于国家规定的贷款利率水平。与核心企业在贷款方面的优势相比，中小企业贷款利率高企，现代金融体系的不足也略见一斑。

供应链金融的出发点并非为核心企业提供直接的信贷支持，而是为大量上下游节点企业提供信贷支持。核心企业在流动资金方面的问题并非缺少银行信贷的支持，关键在于大量上下游节点企业因难以获得银行的信贷支持，而导致核心企业的采购支付过多过快、销售资金回流慢等，从而影响核心企业的财务表现。

3.2.3 节点信用

节点信用，指节点企业的经营状态、还贷能力与还款意愿。其中，财务状况决定还款能力，是客观的；还款意愿是主观意愿，借款人极易受到外部环境的压力，使主观臆断快速变化，在我国个人信用体系构建还需要假以时日的情况下，使得银行缺少准确判断还款意愿的方法。节点信用可采用违约率或坏账率来量化表达。

传统以财务报表为主信用评级方法，节点企业作为中小企业，难以达到银行认可的授信水平,实际获得银行信用贷款支持的比例仅为20%左右。原因是多方面的,具体如下。

(1)中小企业普遍缺少金融机构认可的抵押资产。中小企业在经营状况、盈利能力上具有较大不确定性,信用评级难以达到金融机构的授信标准。例如,较高倒闭率(平均寿命短),高违约率(合同平均履约率约为50%),还款意愿具有较高的不确定性,甚至会恶意拖欠贷款。

(2)中小企业融资需求具有"短、频、快、急"的特点,而金融机构从接受企业的贷款申请、审查、审批到放款,流程和效率难以匹配中小企业的融资需求。

(3)银行管理成本占比过高也导致其对中小企业的惜贷。银行对中小企业贷款的信息成本和管理成本是对大企业投入成本的5~8倍。

(4)核心企业在追求利润最大化、美化自身的财务报表等动机的驱使下,将供应链中应收账款平均回收天数(DSO)不断延长。

中小企业信用不足属于天然弱质性,其融资需求难以匹配银行的信贷配给,使得融资的便利性及融资成本问题更为突出。

供应链金融的信用创造机制,有效解决传统信贷视角的节点企业信用不足的问题。在经营周期内,节点企业的直接收入(一级供应商)或间接收入(一级供应商的供应商等)来自于核心企业的采购订单,节点信用是核心企业信用的延伸或衍生,核心企业信用可以将节点企业的经营风险、财务风险隔离开,从而为节点企业提供信贷支持。

3.2.4 系统性风险

Gertler 和 Gilchrist[1]在对制造业小企业的研究中发现,宏观的货币紧缩政策对中小企业的冲击远大于大企业,抵押贷款在小企业融资中占有更重要的地位,所以小型制造业企业不仅对利率反应敏感,而且还深受经济周期的间接影响。

宏观经济周期的影响是通过产业结构传递到核心企业的,再传递到供应链节点。

---

[1] M. Gertler, S. Gilchrist. Monetary policy, business cycles and the behavior of small manufacturing firms. The Quarterly Journal of Economics, 1994: 109(2): 309-340.

在宏观经济周期开始下行、行业陷入低迷时，商业信用传递水平高的行业企业受到的影响最大，由于其商业信用作为营运资本的主要来源，当商业信用受行业影响而大幅下降时，就很容易陷入因资金链断裂而产生的经营危机，所以急需获得信贷金融的支持。金融主管部门可以出台相应的信贷政策，对于这些行业给予一定的支持，避免出现行业性财务危机。

根据供应链金融的业务特征，可以将系统性风险因素归纳为以下几点。

(1) 行业性风险

行业性风险主要体现为行业景气度的波动风险。供应链的中小企业容易受到行业景气度波动的影响，实践中需要重点关注产业特点，分析融资企业在行业和市场中所处位置，分析不同景气指数下行业风险暴露风险敞口的极大值。具体分析指标包括行业周期分析、产业竞争程度分析、供应链结构的稳定性等。一般地，产业体量较少的行业更容易受到行业景气度的影响，而产业空间大、基础条件较好的产业链，如房地产、汽车、医药等传统型产业受行业波动的影响较为有限。

(2) 核心企业的断裂风险

由于核心企业存在信用风险，所以供应链整体存在供应链断裂风险。供应链金融主要依赖核心企业的信用，核心企业在供应链融资中担当刚性支撑的作用，在较短的周期内难以发生严重的风险事件，但从中长期来看，核心企业的发展前景、行业竞争力与经营状况决定供应链大量企业的生存和发展空间。在供应链整体化融资模式中，结合融资工具向供应链上下游企业延展，核心企业信用出现不可控风险因素，这种风险也就必然会随着交易链条快速扩散到供应链系统中，进而可能表现为系统性风险。

(3) 异常事件风险（如虚假贸易）

由于供应链金融必须建立在真实的贸易背景之上（存在真实的价值交换），对交易真实性的证明是供应链金融业务的核心环节。但如果出现重大的异常事件（如虚拟贸易）而形成较大的风险敞口，则有可能引发系统性风险。

当系统性危机发生时，整个产业链的上下游企业都开始收缩信用，需要加大银行信贷对产业链中小企业的支持，使得产业链内资金不出现短板和断裂的风险，从而有效缓解因商业信用收缩而形成的交易量急剧收缩，将链式交易维持在一定的活力水平之上，商业信用得以有效传递。相反，若将信贷主要投放于核心企业一端，则核心企业的信用并不能快速而有效地传递到上下游,因为核心企业因较长的应付账期和较低的预付额度,使得商业信用传递缓慢,注入的资金不能在整个产业链内快速流动而使得上游节点企业陷入流动资金不足的处境。[1][2]

3.3 供应链信用结构

3.3.1 供应链信用及特点

供应链不是主体机构,也不是法人机构,而是一组企业的集合,这使得供应链金融的内涵具有特殊性。供应链金融对供应链整体进行结构化融资,对供应链整体的信用评价,可称之为供应链信用。

供应链信用是供应链整体表现出来的商业信贷还款能力和还款意愿,是开展供应链金融业务、可量化的重要指标。从系统观来看,供应链信用的形成是依据"债项—交易—节点信用—核心企业信用—整体信用"的逻辑关系而构建的系统信用。

供应链金融的基本逻辑为:虽然节点信用难以达到授信标准,但依托于供应链结构,动产(一般存货和应收账款)具有可抵押、可评估、流动性较好的特点,以质押或保理形成可预期的未来现金流,以偿还本息。

供应链信用由核心企业信用与所有节点企业信用之和构成,这不是简单的加和关系,而是具有非线性的系统特征。供应链节点之间的信任关系相比一般性交易关系的企业关系更为牢固、可信,但节点企业是独立的经济实体,节点企业之间的利益冲突和信息不对称,以及决策人的有限理性,使供应链内部存在相互制约、相互协调的复杂关系。每个企业都存在着信用风险,供应链信用风险形成于由各节点企业信用风险相互传递的复杂网络。

供应链信用的系统特征包括以下几个方面的内涵。

(1)核心企业信用是刚性的

核心企业的竞争优势和相对稳定的经营,使得核心企业信用具有刚性,可为供

---

[1] 陈艺云. 违约传染与供应链金融的信用风险测度. 统计与决策,2012(1):33-35.
[2] 赵荣. 供应链信用风险传导机制研究. 中国矿业大学(北京),2011.

应链信用提供刚性的支持,是母信用,是节点信用的锚点。银行在某个区域市场开展业务时,优先选择该区域行业内的优质核心企业作为市场拓展的目标。上游节点企业的应收账款期限一般在3~6个月之内,在实际中很少见到核心企业会在这么短的时间内倒闭或破产的例子。但同时,核心企业信用的变化,可引发结构化的信用链发生剧烈的信用变化,从而引发供应链整体的信用风险。为避免核心企业信用变化而引起其他节点信用的巨大波动,应将核心企业的信用管理列为重点管理对象,这也是供应链信用管理的难点。

(2)节点的信用风险具有普遍性

例如不可抗拒力量、事件导致企业无法正常经营,最终不能按时偿付;经营管理不善,发生财务危机而无力偿付;信息接受迟滞,沟通不畅;产品出现质量不达标或争议而无法协调;恶意违约。在节点信用风险发生且无力承受时,信用风险将在供应链上进行传导、放大。节点信用必须依赖核心企业或供应链结构,否则难以达到银行的授信标准。

(3)供应链信用风险存在的"牛鞭效应"

供应链信用风险具有传染性、突变性等特点,对初始条件具有敏感依赖性的传染效应,是"牛鞭效应"的形成机制。信用风险有传递性,呈现非线性特点,影响着整个供应链的风险水平。各节点企业之间形成单线或混合的网络状结构,供应链系统不是机械系统,每一个节点的决策者都是"有限理性人",节点的决策者在评估来自上一节点的风险因素时,决策者可能采取超出预测的行动,从而逐级放大风险,当风险达到一定的阈值时,决策者过激行为可引发系统性风险。

(4)供应链信用变化是风控管理的重点

节点企业类型众多,各自的决策目标与方法不同,节点企业的决策者容易受到链外企业和社会环境的直接影响。节点企业的信用变化、负面消息,也有可能迅速传染到全链。在互联网时代,负面消息的传播具有放大效应,从而对特定的群体产生极大的刺激,进而产生过激行为而放大风险,即"黑天鹅"事件。

(5)及时干预是有效控制风险的重要前提

金融科技的创新价值在于以信息技术切入金融的信用管理,通过及时掌握对信用、权益变化的真实信息,以最快的速度及时干预信用变化,从而大幅降低风险的发生概率,控制风险敞口的形成和扩大。例如,当核心企业现金流不足时,延迟支付上游企业货款（风险传染），上游企业将立即产生资金压力，此时应及时注入流动性资金，防止压力过大。

最后，供应链信用决定项目的可行性（商业价值）。供应链信用决定项目的业务量（可贷出的资金总额）、操作成本、风控成本，而当业务量小于盈亏平衡点的业务量时，项目不可行。

3.3.2 交易

交易产生融资需求，真实的交易产生真实的融资需求；虚假的交易产生不真实的融资需求，是信用风险、道德风险滋生的温床，重大风险事件的背后很可能存在虚假的交易行为。

在制造与流通业中，交易是指上游、下游节点企业之间，以合同、订单的方式进行的价值交换，且以货币为媒介，涉及产权交换。以制造业采购为例，交易结构如图3-6所示，供应节点B可视为一个系统，即"输入输出系统"，输入为订单、物料，输出为产品。同时，交易的形成、执行和完成形成商流、资金流、物流、信息流及融资需求。制造业采购交易的结构如图3-6所示。

在图3-6中，交易形成的要件除合同、订单、支付、交付产品等外，围绕交易的其他影响因素解释如下。

（1）商流

合同形式。主要合同形式包括框架合同、一般性合同。节点之间形成稳定的供应关系，并签定框架合同（基础合同），可视为战略伙伴关系，规定特定时期合同的标准条款，不再采用竞争程序，供应商据此条件供货，具体的交易细节在框架合同的基础上再细化成正式的合同。

预测期（提前期）。供应节点B为了均衡生产，需要对一定时间段的订单进行预测，并按实际订单交货日提前启动采购（向上游节点企业进行采购，一般不可撤销）。

（2）资金流

付款方式。单次支付，可分为现金支付和其他方式支付（如电子支付）；定期支付结算为月结(如 1 个月结算一次、3 个月结算一次等);延期支付则为一定账期(如 3 个月)的应收账款。

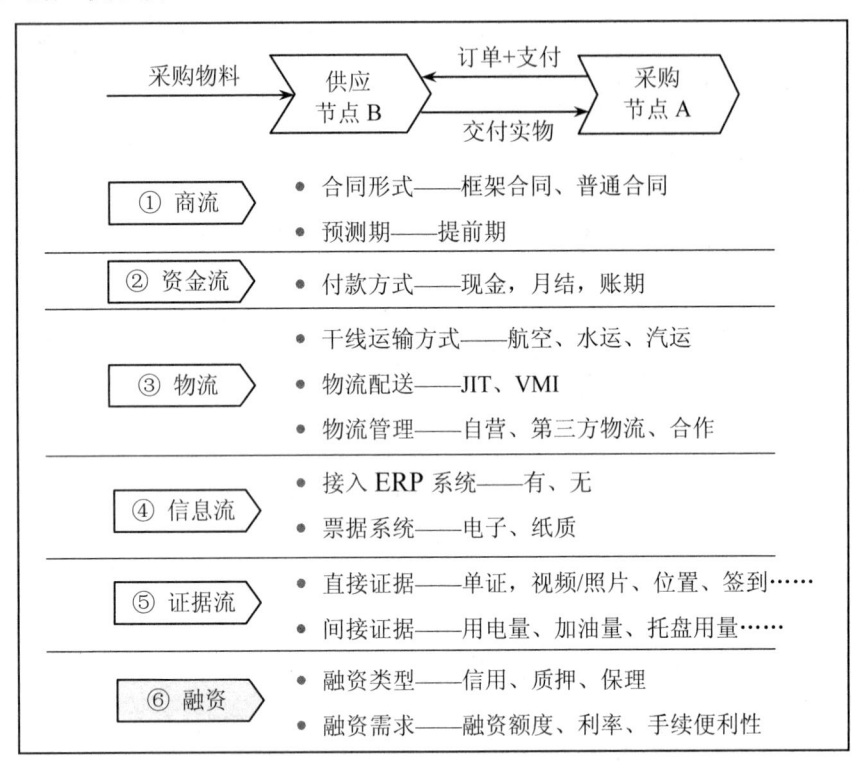

```
采购物料 → 供应节点 B  ──订单+支付──▶  采购节点 A
                     ◀──交付实物──

① 商流
  • 合同形式——框架合同、普通合同
  • 预测期——提前期

② 资金流
  • 付款方式——现金,月结,账期

③ 物流
  • 干线运输方式——航空、水运、汽运
  • 物流配送——JIT、VMI
  • 物流管理——自营、第三方物流、合作

④ 信息流
  • 接入 ERP 系统——有、无
  • 票据系统——电子、纸质

⑤ 证据流
  • 直接证据——单证,视频/照片、位置、签到……
  • 间接证据——用电量、加油量、托盘用量……

⑥ 融资
  • 融资类型——信用、质押、保理
  • 融资需求——融资额度、利率、手续便利性
```

图 3-6 制造业采购交易的结构示意图

(3)物流

干线运输。干线运输一般为公路、航空、水运等。

物流配送包括 VMI、JIT 配送等。

物流管理方式包括自营物流、第三方物流管理、合作式。

(4)信息流

接入系统。供应节点 B 能否接入采购节点 A 的信息系统(如 ERP),对运作有较大影响。下单方式包括手工、电子下单方式。发票开具方式包括纸质、电子方式,电子方式的时效性更高。

(5)证据流

直接证据。与交易直接相关的证据，可以直接证明交易的真实性，如收货时的视频、库存照片、运输车辆的位置信息、司机的签到单等。

间接证据。与交易间接相关的证据，可以间接证明交易的真实性，如企业加工的电费、货运车辆的用油量等。

（6）融资

融资类型。有票据贴现、保理等方式。

融资需求。主要体现在融资额度的大小、对利率的敏感度、对融资手续的便利性要求等。

交易真实性证明，采用人工的手段进行验证，存在成本高、效率低下的巨大不足，大型企业供应链在快速运作中，人工验证难以实施。所以，解决供应链金融的核心问题之一是交易的真实性，需要在虚拟环境下，从交易网络中实施或及时取得各类信息，进行信息的"交叉验证"来检验交易的真实性，成为供应链金融目前的关键技术之一。

信息交叉验证是通过算法来遍历交易网络中的各级数据，包括以下几点。

（1）链上交易节点数据的遍历并检验交易链数据的合理性。

（2）交易网络中数据遍历，包括物流、商流、信息流、资金流与证据流，验证数据的逻辑合理性。

（3）时序关系的数据遍历（历史、当前、未来），验证数据的逻辑合理性。

以上三重数据交叉验证，全面检验交易的真实性，可以获得可信度极高的计算信用结果。

数据的获得需要在各节点的计算机系统、操作现场、社会信用系统（税务、电力局等）等进行数据截取。中间件、硬件（GPS、RFID等）等获得节点数据，可形成由点到线、再到网络的交易证明系统。

3.3.3 债项

债项是不可分割的最小融资业务单元，也就是一笔债项对应一笔借款；不可分割是指债项的权益构成同质化，有利于融资管理。债项的真实性、权益完备性、相关支持单证等构成供应链金融信用管理的基础,是建立信用风控体系的逻辑出发点。

债权产生于真实的交易,是商品产权转移的结果。债项的形成是债务和权益的形成,具有明确的法律边界。在实践中,单一债项的财务确认应符合以下条件:

(1) 同一个交易合同项下;

(2) 同一个买方;

(3) 同一类交易标的,同样的交易条件;

(4) 同一天到期(出具日期不同的多张发票满足上述要求,可归集为一笔债项)。

特定性即用于质押的标的资产要素均应当明确、具体、特定化,比如金额、期限、支付方式、债务人的名称和地址、产生应收账款的基础合同、基础合同的履行程度等。

假设双方约定确认交货即债务成立,那么必须约定具体交货条件、质检机构,在交货地点不同时,要做到以下几点:

(1) 起运点(如仓库),完成装车并签收即完成交货;

(2) 不移动,当前库存地确认后即完成交货;

(3) 终运点入仓确认后即完成交货。

三种交货方式形成不同的债项(对应不同的责任)。

以应收账款质押为例,标的资产质押给银行后,形成质权人(银行)、出质人(银行的债权人、供应方、融资方)与次债务人(出质人的债务人、采购方、还款人),以及第三债务人(次债务人的债务人)等多方形成的链式结构。作为应收账款的两个经济主体,债务人、次债务人、第三债务人等互为上、下游关系,各自的信用水平存在差异性。应收的收款对象就是债务人,信用评价主要为债务人的还款能力和坏账处理的残值。供应链债项结构如图3-7所示。

在图3-7中,债项的基本要素包括:

(1) 应收账款的经济价值,用金额明确表示;

(2) 应收账款的时效性,必须有明确的开始时间和诉讼时效;

(3) 债项的过程单证,如发货单、验收单、收货单、发票等;

(4) 债项的基础合同;

（5）债项的"转让通知"具有明确的法律效力，要求相关债务人签回"债权转让同意书"。

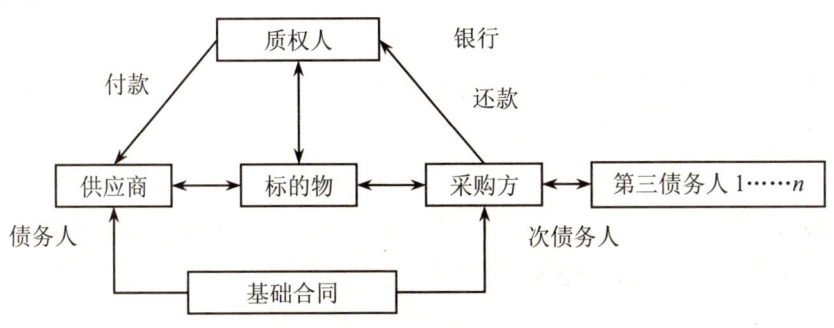

图 3-7 供应链债项结构示意图

质押合同订立并登记后，应该通知次债务人、第三债务人等。我国的应收账款质押登记后，次债务人向债务人偿还债务（不论善意与否）均导致债务人与次债务人之间的债务有效消灭；坏账产生后，出质人可以向第三债务人主张偿还，但不受国家强制力的保护（自然债权），除非第三债务人自愿清偿。

真实性是债权成立的前提，也是质押融资的前提和要件。虚假交易产生的债项，其质权对应的是虚假的资产，是质押风险的最大诱因。

债项的真实性的形成，涉及主体、合同、交易、票据等要素，如图 3-8 所示。

主体真实 → 合同真实 → 交易真实 → 票据真实 → 债项真实

图 3-8 债项真实性的形成逻辑主线示意图

在图 3-8 中，债项真实性的逻辑关系解释如下：

（1）主体的真实性，出质人、次债务人是真实、合法的主体；

（2）合同的真实性，即基础合同的真实、合法，如果签名、公章为伪造，则属于虚假合同；

（3）交易的真实性，发生实质上的资产交易。如果合同是真实的，但没有发生真实的交易，目的在于获取银行资金，则为虚假交易；

（4）票据的真实性，票据及内容（如数量、金额）正确记录、反映交易的事实。如果交易真实，但票据不实，虚开票据以获取银行资金，则为虚假票据；

（5）债项的真实性，即应收账款由真实的交易产生，与交易金额相符（没有虚报金额），债权完整、无瑕疵。例如没有清偿，清偿则质权不成立（按我国法律规定）。

虚假的合同产生虚假的债项，但真实的合同也可能产生虚假的债项，例如，虚开交易单证或虚报交易金额以获得更多的贷款，就是虚假的债项。所以，以债项为信用管理的最小单元具有合理性。

在线下开展业务时，需要对主体身份进行确认、对合同进行确认、对交易进行验证，对债务进行界定等。但签章的真实性、单证的真实性、债务的真实性等受技术条件的限制，是产生风险的环节。

3.3.4 【案例分析3-2】应收账款质押登记系统不能保证债项的真实性

A 公司提供基础合同，以其对 B 公司的应收账款（金额为 1000 万元）作为质押，申请并获批某银行贷款 6000 万元（质押率为 0.6），银行办理应收账款质押登记手续。借款到期后，A 公司拒还贷款。银行向法院起诉，请求判令 A 公司偿还贷款、利息、违约金等，同时要求判令原告对涉案的应收账款享有优先受偿权。B 公司以第三人身份参与诉讼。但法院查明，基础合同及单证无效，公章属伪造、签名为冒充，且 B 公司直到案发后才得知应收账款质押登记事项。可见，人民银行征信中心的应收账款质押登记系统，仅为登记、公示，不能保证债项的真实性、合法性，其后果由质权人自行承担。

3.3.5 票据

国内企业之间的交易结算大部分采用票据进行支付。银行承兑汇票属于典型的第三方信用机制，即由银行进行交易的审核，并保证支付。银行承兑汇票只能解决核心企业到一级供应商和一级经销商的信用支付问题，若向其他节点延伸则极为困难。另外，使用传统技术手段，金融机构很难有效鉴别票据所对应的贸易的真实性，这也是票据业务容易发生风险的原因之一。

1. 票据质押

票据的质押需要满足三个要件：质押合同、票据交付和质押背书。"背书"是我国票据质押的方式。《票据法》及《最高人民法院关于审理票据纠纷案件若干问题的规定》均规定票据的质押需要"背书"，如果"背书"非法无效，质押便不成立。"背书"的要件是亲笔签章（签名、盖章或者签名加盖章），实操关键在于验证签字人是否是合法当事人的签章。但由于我国印章文化的普遍性，而印章本身的真假性难以保证，这给假票据质押留下了足够的空间。我国《物权法》第 224 条从担保物权的角度出发，规定以汇票、支票、本票、债券、存款单、仓单、提单质押的，需要完成"交付"行为，当事人应当订立"书面合同"。

2. 电子票据

从信息层面到货币层面的过度，货币层面的电子票据是对纸质票据的替代，电子票据涵盖出票、流转、委托收款、质押、贴现、承兑等多个环节，使其承担纸质票据原有的部分流转与支付职能。电子票据以电子签名为基础，再通过电子方式依法发出票据流通和支付指令来完成交易。

电子票据在周转成本、周转速率、流动性方面也表现优秀。纸质票据无法解决的签章作假、票据作假、票据克隆等问题，以电子票据的方式，可以解决这类安全性问题，有效规避遗失、损坏、诈骗等问题。电子票据适应电子商务和网络信息时代的发展，并迅速发展壮大为电子商务交易中一个重要的支付结算工具。

纸质票据是一种权利凭证，但因其具有外在的纸质载体，在设定质权时与动产一样能够被转移占有，能够从物理上判断已经完成了交付，因而具有形式上的效力。但电子票据并不存在于真实世界中，电子票据的交付并非物理上、形式上的转移占有，而是在虚拟世界中的传输过程，真实世界不能感知，其对外界公示的效力弱于纸质票据。如果在线上交易之外，要求线下也走一套相同的纸质交付流程，既增加了交易成本，也使得电子票据的优势不复存在。[①]

电子票据系统的建立和监管具有权威性。电子票据系统是经具有公权性质的中国人民银行批准建立的，并由中国人民银行指定和监管，中国人民银行的身份为电子票据系统增添了公信力，使其具有一定的权威性。

---

① 纪雨萌，陈玲玲. 对电子票据质押问题的思考. 法制博览，2015（14）.

电子票据系统对于当事人的信用具有记录作用，起到一定的维护信用公平的作用。电子票据交易双方两年内的交易信息都将在电子商业汇票系统中保存，这个过程是不可逆、不可更改的。正常的票据交易行为记录为"交易完成"的良好信用记录。反之，如果发生了违约兑付等不诚信的情况，系统将警示标注为"违约"的状态，一定程度倒逼企业提升对信用价值的重视。

总之，电子票据的质押需要在电子票据系统中进行登记，票据质押从登记时设立，以"登记"的形式来代替传统票据的"交付"和"背书"，但出质人与质权人仍然需要签订电子版或纸质版的《质押合同》。

一些供应链金融平台以票据交易中心平台的全电子化流程为技术载体，实现全程全电子化操作，突破传统票据融资的不足，实现电子银行承兑汇票的企业间转让、企业与银行间直贴等业务。以产业链中龙头企业为核心（高信用），其签发的商业承兑汇票基于真实的交易，支付上游供货企业，由银行或其他企业进行贴现和转让交易。①

3.3.6 【案例分析 3-3】某企业理财业务遭遇"萝卜章"骗局

2016年3月22日，某企业4人为办理涉及7亿元的理财项目来到武侯支行办公大楼，由一名自称为"农行成都武侯支行客户经理"的陈某接待，并在行长办公室与"黄行长"进行了洽谈，"黄行长"和"陈经理"对所有提问都应对自如。该企业提出要求当面签署涉及7亿元项目的《承诺函》，"黄行长"拿出公章，核对后盖章。同时还有不少"专业演员"扮演银行职员。直到2017年6月，骗局才被发现。

这场骗局利用银行办公场所，并在该场所进行"角色扮演"，取得了受骗人的信任。从技术角度看，人员、场所、盖章等传统的线下手工方式，仍然不能保证交易和票据的真实性，这使得传统的信用技术遭遇极大的信用危机。在信息化时代，假票据、克隆票据仍旧存在，如何保证虚拟世界中单证及信息的合法、有效性，是网络经济急需解决的关键问题之一。

---

① 任安军. 运用区块链改造我国票据市场的思考. 南方金融，2016（3）：39-42.

3.4 信用链机制

供应链信用在形式上具有结构化,形成于核心企业信用的刚性支撑与链式交易的信用传递。使得核心企业信用具有衍生效应或乘数效应。

3.4.1 信用链结构

供应链的典型结构以核心企业为中心,由供应源、上游供应商、核心企业、分销商、零售商、需求端组成链式结构。节点企业之间的交易关系形成信用传递关系,从而形成信用链。

核心企业作为信用水平最高的节点,是链内信用的注入点,也是其他企业信用的来源。以核心企业为中心,信用链分向上游、下游扩展。信用链是从核心企业出发的单向的链式结构,一般为多个分叉的多向树。信用链结构依附于供应链结构中,但信用链的结构、流向与供应链的结构、流向不同。在制造业中,以核心企业为根节点,供应链中存在两类信用链,即采购信用链和销售信用链。

单核结构供应链(假设链内只有一个核心企业)如图 3-9 所示。

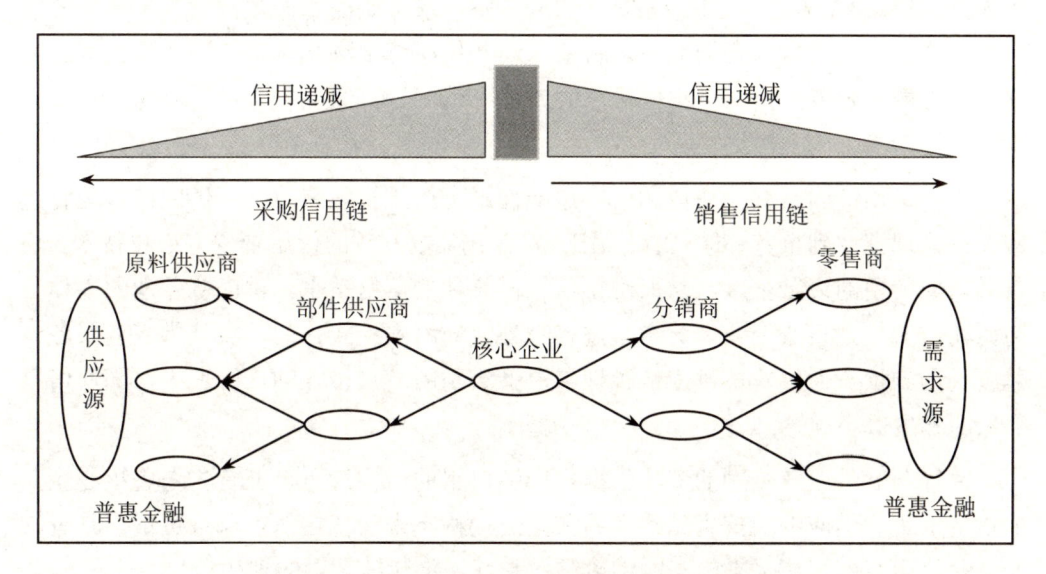

图 3-9 单核结构供应链的信用结构示意图

在图 3-9 中，信用传递及信用链结构特点表述如下。

（1）信用的传递通过供应关系或交易关系传递，且具有衰减性。核心企业为信用水平最高点，信用随着信用链的流向而递减，以核心企业为分水岭，形成中间信用水平高、两边节点信用水平逐渐下降的结构。远离核心企业的节点，信用水平逐步降低。

（2）若供应关系稳定，则信用传递稳定、衰减少。交易关系使得信用从核心企业一直传递到末端，但末端节点企业因信用衰减而信用最低。若核心企业经营出现问题而违约，则链内其他企业的信用会立即受到严重影响，如果出现传染性的支付违约，则有可能出现资金链断裂的极端情况。

（3）信用传递最多的节点是距离核心企业最近的一级供应商（上游）、一级分销商（下游），是拓展供应链金融的主要客户群体。一级供应商、一级分销商因与核心企业存在战略合作关系，能够获得数量稳定的订单和较为稳定的利润，所以信用水平较高。

（4）供应链两端的节点需要普惠金融的支持。供应链的前端与末端信用水平最低，但这类节点（机构或个人）同样存在强烈的融资需求，但更难得到正规金融的支持。满足末端节点的融资需求，对供应链整体的价值创造十分重要。普惠金融应当大力支持这类节点。例如，在农业供应链中，最上游的农民是信用水平较低的自然人，难以得到正规金融的服务。目前，一些供应链金融案例中能够体现出普惠的理念，为最上游节点提供小额信贷（如 2 万～5 万元），采用资金池、互保、巨灾保险等风控措施。

（5）信用链因衰减而造成的信用递减性，可通过管理来改善。供应链管理将供应关系管理延伸到全链（最上游、最下游），并采取有效的信用管理方法和技术，可有效降低信用的衰减强度，从而维持供应链整体的信用水平。供应链管理的主体分为两类：一类是核心企业，对全链进行管理，如海尔模式；另一类是供应链服务外包模式，如怡亚通模式。供应链管理将更多级别的节点企业纳入管理中，降低信用衰减的梯度。

银行开展供应链金融业务，依据供应链信用的结构特点，应首先考虑核心企业的信用水平、供应链的信用结构，并依据结构特点来设计授信和风险策略。具有核心企业信用高、管理水平较高的供应链，是开展供应链金融的理想对象。

3.4.2 信用传递

信用传递是供应链金融的产品设计、风险控制的核心机制,由供应链结构和运营特点所决定。采购方支付订金或预付,供应方按时间、质量等要求交货,验收合格后采购方支付全部货款(3~6个月内支付)。这样,供应方通过交易将信用传递到供应方。

1. 信用传递机制

链式交易实现信用的连续传递。核心企业的生产计划(推式供应链)或订单(拉式供应链)驱动供应链运营,是有"计划"、有目的的交易,而非临时性、随机的采购行为,采购驱动信用依次向上游节点传递。除非核心企业的计划与订单发生异常,或者节点企业自身的原因(不按时交货、质量不合格)等,否则链式交易将正常执行,信用传递顺畅。

下面给出三级采购交易的信用传递机制,如图 3-10 所示。

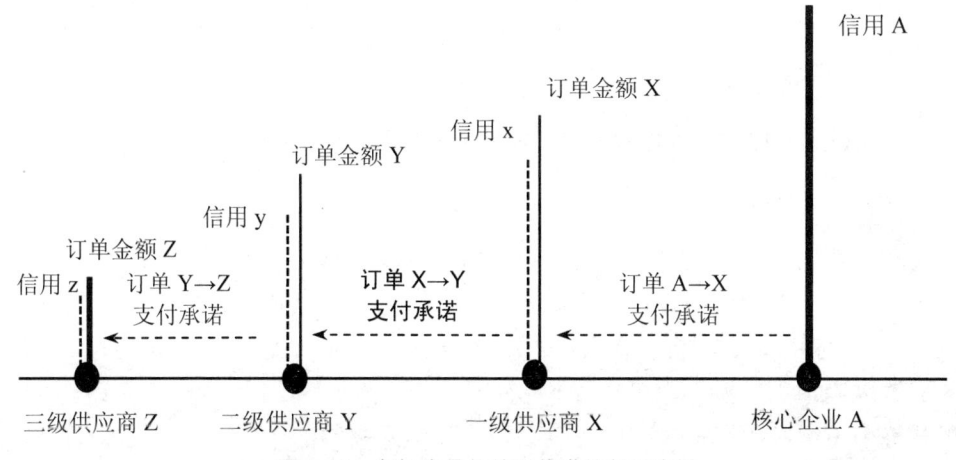

图 3-10 多级交易的信用传递机制示意图

在图 3-10 中,核心企业的信用为 A(例如一个生产计划或订单),然后向上游进行采购,进而形成由三个链式关系的订单形成的交易链,即订单 A→X、订单 X→Y、订单 Y→Z。核心企业的信用以"链"的方式将信用传递给下游节点企业。

订单让供应链节点获得订单金额,在采购方的"支付承诺"下(自偿),订单金额形成一项"应收账款",即债权;供应节点向银行申请"应收账款质押融资",银行对该"债项"进行评估后，给定一个质押率（如70%），那么节点的信用为（订单金融×质押率K）。

（1）"核心企业A——一级供应商X"，订单A→X，核心企业承诺收购和支付（核心企业的信用为刚性），核心企业信用A就通过交易以承诺方式传递给一级供应商，一级供应链的信用额度为X×K_1，质押率设为K_1。

（2）"一级供应商X——二级供应商Y"交易，订单X→Y，一级供应商承诺收购和支付（一级供应商的信用是真实、有效的），订单金额X就以信用的方式传递给二级供应商Y；二级供应链的信用额度为Y×K_2，质押率设为K_2。

（3）"二级供应商Y——三级供应商Z"交易，订单Y→Z，二级供应商承诺收购和支付（二级供应商的信用是真实、有效的），订单金额Y就以信用的方式传递给三级供应商Z；三级供应链Z的信用额度为Z×K_3，质押率设为K_3。

经过三次链式的接力式采购交易，使得系统中形成信用，考虑到质押率，则供应链整体的信用额度为：B=X×K_1+Y×K_2+Z×K_3。

【算例1】核心企业确认某个生产计划，开始执行采购和生产，采购额为100万元，即信用A形成。订单A→X的金额X为80万元，订单X→Y的金额Y为60万元，订单Y→Z的金额Z为40万元。质押率全部设为80%。

计算供应链信用：B=80×80%+60×80%+40×80%=144（万元）。

2．商业信用传递

核心企业的回购契约是覆盖银行风险敞口的最有效方法，激励银行提供更高的质押率，使得下游零售商获得更多的贷款额，核心企业获得更多的回款。当核心企业承诺：贷款到期时，未售存货全部由核心企业存货100%以批发价回购时，银行面临的贷款风险最小，质押率可设置到最大值。一级供应商的存货质押率上升，将大幅提升整个下游链的存货量和融资金融，这是信用乘数的作用。

设置质押率的函数变量包括核心企业回购价、回购率，以及期末产品的处置价、银行风险规避系数（风险厌恶程度）等。它们存在以下规律：节点企业之间的商业信用（赊销关系），其供给与获取之间的比例关系主要取决于赊购赊销比例、应收和应付款项的周转速度比例、商品毛利率及外购物资成本占总成本的比例等。在正常经营过程中，上述各变量都不会发生太大的变化，因此商业信用供给与获取之间的比例就可以视为一个比较稳定的比值。

商业信用传递是由供应链结构决定的。订单作为拉式供应链的驱动源（消费者需求拉动），带动下游的销售速度提高、核心企业的回款速度加快；带动上游销量增长，导致订货量增长，应收账款增长，从而带动整个供应链对资金需求的增加。

企业财务管理一般要求企业的营运资本净额（即流动资产减去流动负债）保持相对的稳定。假定在企业流动资产中，应收账款为 R，其他流动资产为 M；在流动负债中，应付账款为 P，银行借款为 B，其他负债为 L。

营运资本净额 X 的计算公式如下，$X=(R+M)-(P+B+L)$

当信贷政策处于扩张阶段时，核心企业更容易以较低利率获得银行信贷支持，考虑到银行信用成本（8%）小于商业信用成本（12%~20%），企业会尽可能利用银行借款来支持赊销扩张；若信贷政策处于收缩阶段，核心企业难以获得商业银行借款支持，则获取供应商的信用成为扩大赊销的主要资本来源。当信贷政策处于收缩阶段时，企业会扩大商业信用获取，减少商业信用提供，导致商业信用传递水平降低，此时供应链更需要提供流动性支持。[①]

3.4.3 乘数效应

在【算例 1】中，供应链信用 B（节点信用之和）大于核心企业信用 A，供应链结构使得核心企业信用放大了，即乘数效应。这是供应链金融所谓的"结构化授信"的量化表达。乘数效应使得银行的规模效应更为显著，从经营角度看，乘数效应的放大作用使得供应链金融的投资回报率可以超过传统信贷的收益水平，为银行开创蓝海战略开辟了一条新路。

影响供应链信用 B 的变量包括核心企业信用、质押率、采购金额。其中，核心企业信用为关键变量，其变化显著影响供应链信用。

接着【算例 1】，假设核心企业信用为 90 万元，采购额依次为 72 万元、54 万元、36 万元，则计算供应链信用：

$$B=72\times80\%+54\times80\%+36\times80\%=129.6（万元）$$

---

① 张西征，刘志远. 中国上市公司商业信用周期性变化的宏观经济动因研究. 经济理论与经济管理. 2014, 34（6）: 41-56.

可得：ΔA=100−90=10，ΔB=144−129.6=14.4

结果：ΔA=10，ΔB=15，ΔB 相对于 ΔA 有明显增长。

上述结果说明核心企业的信用变化对供应链信用的影响具有放大效应。供应链信用的乘数效应，表示核心企业信用作为供应链信用的关键变量，其增减将引起供应链信用总量的连锁反应。当核心企业的信用下降时，可能引起供应链信用的急剧收缩，引发信用风险传递的"牛鞭效应"，即供应链信用对核心企业信用具有初值敏感效应。

如果不存在核心企业的信用传递，那么所有节点企业就会因为缺少核心企业刚性的信用支持，所有的债项无法从企业经营风险中隔离出来，对银行来说，供应链信用近乎为零。若一级供应商没有核心企业的支付承诺或收购承诺（担保），则银行无法将一级供应商的债项从该节点的信用风险中隔离开来，即银行将承担该节点所有的经营风险、道德风险，银行在高风险水平下会采取惜贷对策，因为一级供应商的应收账款（债项）缺少核心企业的刚性兑付。同理，若二级供应商没有一级供应商的支付承诺与收购承诺（担保），则二级供应商的债项无法实现风险隔离与刚性兑付。

即便节点企业（具有竞争力的企业）具有信用，但由于其信用是独立的，银行也会担心供应链结构性风险对节点有影响，单个企业信用的简单叠加难以形成整体信用效应，银行也不愿意对单个企业授信。可见，供应链的结构化才是银行真正的兴趣所在。

供应链结构和核心企业的信用注入，如同接力赛一样，信用传递是供应链信用的核心机制。信用传递机制下的信用求和（多数或所有节点），形成供应链的结构化信用，而供应链信用之源是核心企业。

供应链结构具有相对的稳定性，即节点企业与核心企业之间为战略合作伙伴关系，共同研发（供应商前期参与研发，ESI）、供应商库存管理（VMI）、联合库存管理（JMI）、JIT 精益配送等策略，有利于形成长期合作、风险共担、利益同享的关系，使得一定时期内的交易和盈利具有较强的稳定性。

但核心企业也有供应商选择、评估、发展与淘汰机制，甄选优秀者，淘汰不达标者，以维持供应链的竞争力。

当核心企业信用水平下降时，信用波动也意味着风险传递。当上一级节点的信用水平下降时，会传递到下一级节点，使得下一级节点的信用水平下降，最终致使供应链信用水平快速下降。

在供应链金融管理中，要遵循供应链信用管理的特点，促进节点信用上升并有效传递，防止节点信用下降并阻断信用的快速下降，这是风险管理的关键原则之一。

3.4.4 链式交易的信用自证

传统的主体信用证明需要借助第三方机构，属于他证方式，其中一个主要原因在于主体机构会主动隐藏对自己不利的信息，释放或篡改成对自己有利的信息。若采用一种机制，使信息不能被篡改，并且可以相互验证信息的真实性，这将使得主体信用的自证成为可能。

1. 链式交易的全景结构

节点之间的关联性交易，即结构化的链式交易形成供应链。供应链中的采购与供应关系具有结构化的关联性，体现为在核心企业的订单驱动下，根据产品结构（BOM）、生产计划、销售计划等逐步推进，而非随意性、临时性的采购与供应关系。

某电子产品交易链的全景结构如图3-11所示。

供应链	原材料生产商	零部件生产商	代工厂	品牌商	经销商	零售商
商流	• 预测提前6个月 • 订单合并	• 8周滚动预测 • 定期下订单	• 框架合同 • 6周滚动预测 • 定期下订单	• 框架合同 • 普通订单	• 框架合同 • 普通订单	
资金流	• 现金/提前买断	• 平均月结60~90天	• 平均月结30~90天	• 现金交易	• 平均账期60~90天	
物流	• 航空运输 • 供应商选择物流方式	• VMI+JIT • 供应商选择物流方式	• 航空运输 • 第三方物流+自有物流	• 汽车运输 • 第三方物流+自有物流	• 汽车运输 • 第三方物流+自有物流	
信息流	• 接入系统 • 电子下单、电子发票	• 接入代工/品牌商系统 • 电子下单、电子+纸质发票	• 接入品牌商系统 • 电子下单、电子+纸质发票	• 接入品牌商系统 • 纸质订单、纸质发票	• 经销商接入零售商系统 • 电子下单、纸质发票	
融资	• 额度最大 • 利率敏感度中 • 便利性中	• 额度中等 • 利率敏感度高 • 便利性高	• 额度中等 • 利率敏感度高 • 便利性高	• 额度最大 • 利率敏感度中 • 便利性中	• 额度最大 • 利率敏感度中 • 便利性高	

图3-11 某电子产品链式交易全景结构示意图

在图3-11中，结构化的交易链具有高度的严密性，上一级节点的采购被下一级节点的订单所驱动,上一级节点的交易输出为下一级节点的交易输入;所有交易来自核心企业(品牌商)订单的驱动,环环相扣,形成高速运转的供应链系统。在供应链紧密运作的环境下,节点在供应链中的战略是尽量满足采购订单的交货与质量要求,以获得节点企业在供应链中的位置(不被采购商替换)。

链式交易与数据交叉验证形成链式交易的信用自证。链式关系的重要价值在于,交易本身可以证明交易的真实性,真实性的价值体现为债项的真实性,从而可以大大减少第三方机构来参与交易真实性的证明或增信。

"全景视角"的链式交易,交易的真实性和债项的形成路径真实、清晰、明了。从全景视角审视真实性,是解决动产质押融资中交易真实性问题的最有效、成本最低的方法,甚至无须第三方信用介入。

2. 交易网格

每一个交易网络的支撑存在多个辅助节点的参与,从而形成多条主链、多条辅链的网状结构。多条平行结构的辅链,在多个节点上与其他辅链交叉,形成交易网络。

交易网络全景结构如图 3-12 所示。

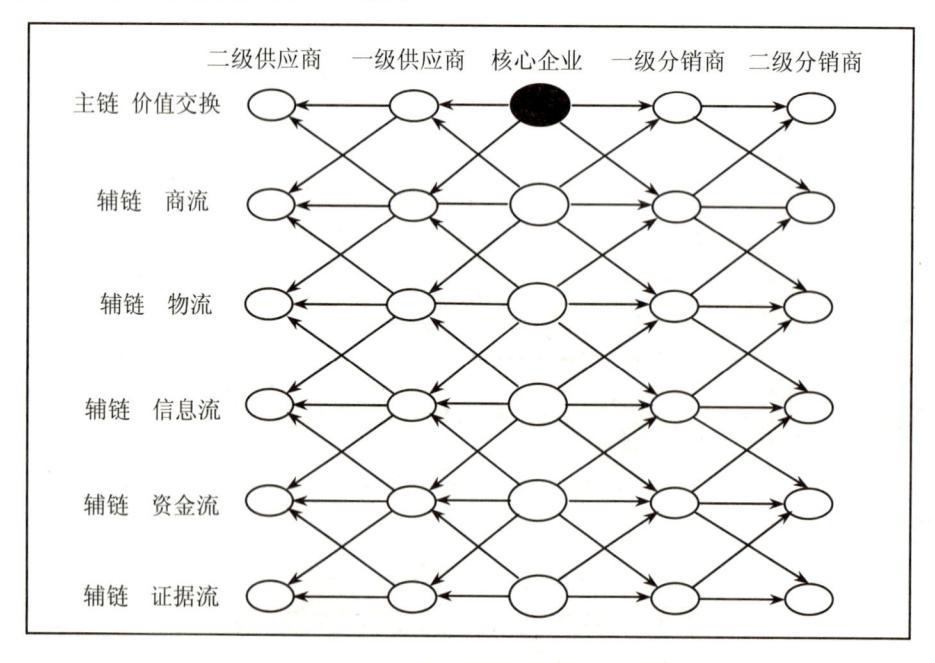

图 3-12 交易网络全景结构示意图

在图 3-12 的网格状的交易结构中，信用（守信行为）、主体（主节点、辅节点）和商业环境之间互为因果关系，主体在环境中通过改变自身的信用来适应环境，同时也影响和改变着所处的环境，环境因主体的信用变化而产生不断变化与演进；主体为了适应商业环境而主动改变信用水平，而信用的变化又导致了主体之外在商业环境中的变化。可见，信用、主体、环境三者之间不是固定的因果关系，而是呈现螺旋状的交互上升、共同进化的特征。

在全景交易的网格模式下，这种信用自证的机制解释如下。

(1) 链式交易与产品具有高度的同构性

产品是严格按照 BOM（物料清单）来进行采购、加工、组装的，BOM 与订单实现所有节点的联系与沟通。拉式供应链的下游也是严格按照销售计划进行进货、库存、出货的链式流程。

(2) 链式关系使得虚假交易的操作难度提高，作假成本高

在核心企业不参与虚假交易的情况下，虚假交易链的形成难度极高，三个节点以上的虚假交易的难度远高于两个节点的合谋作假。所以，依据交易链的内在联系，以互相验证的方式，形成可信度极高的真实交易、真实债项。

(3) 相对稳定的交易关系抑制道德风险

链内企业关系相对稳定，一定时期内替换节点企业的比例较低，降低了检验交易真实性的技术难度，有利于信用自证，稳定的关系也极大抑制了节点企业的违约冲动。结构化供应链节点企业的守信动机是，节点企业的首要经营目标在于维持自身在供应链中的位置（生存为经营第一目标）。

(4) 信用自证以机器计算的形式来实现

计算信用可以达到极高的置信水平，特别是借助区块链技术，以加密的方式来形成不可篡改的单证，以共识机制、参与者共同确认的方式来杜绝参与者作假行为。基于计算的信用自证，与大数据计算的思路不同，信用自证是依据交易内在逻辑关系的自我证明，而大数据则是根据已经发生的行为来描述未来行为的可能性。

(5) 基础单证的真实性是计算信用的关键

信用计算的依据来自基础单证与数据输入，再辅以信息流、物流的过程信息（订货单、入库单），实现对信用的精确计算。原始单证、原始输入数据的有效性、真实

性，难以由计算机进行验证。确保单据的真实，防止人为对原始单证作假，智能化技术将发挥关键作用。例如，入库单由物联网技术来实现，确认入库系统即生成入库单，无须人工干预，具有真实性、及时性，是形成高信用基础数据的技术保证。

在虚拟世界中，高信用与环境、其他企业之间相互协作，由被动的信用关系转换为主动的信用关系，是供应链在虚拟世界中获得协同效率的基础。信用自证技术为构建高信用的虚拟世界提供了前提和基础。例如，GPS、RFID等智能化技术在物流领域的应用，极大地提高了交易的可信度。

3. 计算方法

在网络化的"主链—多重辅链"结构下，主链与辅链之间、节点与节点之间、主体与环境的关系越来越密切，频繁互动产生高度相关的信息集合，使得原来单纯的上游、下游关系（信用关系）转化为网络化的信用链关系，信用链结构产生延长、交叉现象，复杂度进一步提高，使得节点与环境处于高度动态整合状态中，传统的静态信用计算模式不再适合动态的、网络化、系统化的信用计算模式。

目前采用新一代的计算信用的方法如下。

（1）信用传递多链交叉。任意节点企业（非核心企业）的信用，来自于本链与其他链的节点企业的信用传递之和，要计算单一节点的信用，就需要掌握多条辅链的信用数据和业务逻辑。

（2）交易真实性的计算与验证，需要以全网数据为计算对象，依据业务逻辑来进行交叉验证。

由于供应链管理的复杂性，金融机构不能搭建支持底层业务逻辑的复杂辅链管理平台，缺少对交易的全面管理，就难以掌握所有节点的信用水平及验证交易的真实性。对此，金融机构的平衡策略是对平台进行整体授信，由历史数据来支持对节点的信用评估和授信。

3.4.5 风险（违约）传染

有研究表明[①]，决定信用风险的核心变量是违约率（借款人出现违约风险），即

---

① 李晓庆，郑垂勇．违约率：理论方法及实证研究综述．经济评论，2006（5）：153-160．

信用水平的量化指标是违约率。供应链信用有别于单个企业的信用。一条供应链的违约率也受核心企业和非核心企业的违约率的双重影响，使得该供应链的违约率不小于核心企业的违约率，不大于链上其他节点企业的违约率。供应链的违约率是指链上的所有合作伙伴相互协调形成的整体表现出来的违约率。

供应链节点企业的违约风险来源于三个方面：

（1）特有风险，产生于企业自身，如财务问题、质量问题等；

（2）节点企业的交易对手违约而导致节点企业违约；

（3）违约传染效应，突发性事件（如核心企业支付违约、链内出现现金流断裂节点）和大概率事件（如宏观经济下滑）导致核心企业信用出现大幅波动，从而带动全链的信用发生巨大变化。

核心企业违约的传染效应具有初始条件敏感效应，导致节点企业的违约强度出现跳跃，变化强度取决于节点与核心企业的相关度。若节点与交易节点的相关性较小，那么其他节点违约导致的交易节点风险所带来的影响就比较小，甚至可以忽略；若节点之间的相关性较大，则节点违约对另一个交易节点的风险影响就会较大。

非核心节点之间的相关性及由此带来的交易节点违约，仍然会引起违约传染。核心企业信用对供应链信用具有支点作用，但当以产品组合向非核心节点提供综合授信时，节点之间的交互关系更为复杂，风险的传染效应也更为复杂。在整体信用评价及核心企业信用担保的机制下，节点的违约风险并不因此而消除，相反在某些情况下还会放大。因此，在实践中必须加强对节点违约风险传染的管理。

3.4.6 供应链普惠金融

普惠金融（Inclusive Finance）这个概念由联合国在 2005 年提出，是指以可负担的成本为有金融服务需求的社会各阶层和群体提供适当、有效的金融服务，例如，小微企业、农民、城镇低收入人群等弱势群体是其重点服务对象。在金融业越来越开放的背景下，普惠金融的社会价值在于让所有人共享金融发展成果。

金融机构的风险厌恶性和趋利性，使得众多小微机构即使愿意支付较高的利息，也会因为信息不对称而不能取得贷款。加之我国社会信用体系建设仍然任重道远，专门服务于普惠目标群体的金融机构并不多，农村地区、西部地区、初创企业等弱势群体，虽然融资需求旺盛，但难以得到满足。

发展普惠金融也具有重要意义。在供应链中，供应链金融服务仍然只覆盖信用水平较高的节点，而大量的前端、末端节点，仍然因信用缺乏而无法获得金融服务，这在农业产业中（包括农、林、牧、副、渔）普遍存在，在制造业中也普遍存在。供应链中的大量源头、末端节点得不到金融的支持，最终会影响到供应链整体的运营绩效。

近年来，结合"互联网+"模式，一些供应链金融案例已经出现普惠金融的性质，取得了良好的社会效益和经济效益。而在供应链中逐步消除金融排斥，真正实现金融的全面性、包容性具有现实意义。普惠金融需要创新，并且具有丰富的内涵，需要重新审视供应链的信用结构，从主体、工具等多个层面开展创新。

3.5 供应链金融的经营决策

3.5.1 成功要素

供应链的信用梯度结构决定供应链融资需求存在的基础。核心企业与中小企业之间的信用差是供应链金融存在的要件。当核心企业与节点企业的信用水平相当时，核心企业无法为节点企业提供信用支持服务，供应链金融服务无法导入。

同时，供应链金融项目的成功，还需要银行对市场客户进行选择，选择标准为：

（1）市场体量大、"大产业"、国民经济的支柱产业是首选；

（2）优质核心企业，产业的前十名（大产业）或前三名（小产业）是首选；

（3）存在显著的信用差，上下游企业相对较弱，难以从银行获得低息贷款；

（4）可实施强控制，数据可得性好、控货性良好，要求全链信用化水平较高；

（5）低成本运作的条件，可实施标准化的流程，具有标准化的质物，大宗商品是首选。

3.5.2 经营逻辑

资金具有稀缺性，利率是资金的价格。目前，银行仍然是供应链金融资金端的主角，供应链金融经营决策的基本准则如下。

（1）即便发生风险（最坏情况），抵押物处理后的残值仍能覆盖风险敞口。投入的资金到期必须连本带息安全收回，这是银行（资金端）经营决策的基本准则。

借贷是一种信用活动，是以偿还本金和支付利息为条件的。在借贷中，信用就是借款人的还贷能力和还贷意愿。风险具有不确定性，借款就必然存在风险。风险控制的主要方式是担保物权，且抵押物处理后的残值仍能覆盖风险敞口，一般需要设置质押率。资金端与供应链管理对资产的要求不同，如表3-5所示。

表3-5 资金端与供应链管理对资产的要求一览表

资产项	资金端	供应链管理
应收	确权	应收债权的形成与分类；结构化的应收比例、风险结构
库存	估值、流动性	各级库存平衡，防止"牛鞭效应"
预付	能否控货	历史平均值，受信人的自偿性

（2）当开展供应金融的收益率高于其他业务类型的收益率时，银行才有发展供应链金融业务的动力。

资金具有稀缺性，商业银行追求收益最大化（风险可控的前提下），资金将主要投向收益率最高的业务领域。

（3）借助供应链结构进行信用创造是供应链金融综合授信方案设计的要点。

借贷业务的经营决策主要受制于两个因素，即风险和收益。在市场经济条件下，低风险和高收益往往存在效益背反。高风险对应高收益，低风险对应低收益；既要获得较高的收益，又要有效地控制风险，那么"信用创造技术"是达成经营目标的关键。

（4）单一债项（例如一笔独立的应收账款）是风险控制的业务单元。

业务单元风险控制的逻辑是：当该笔贷款发生坏账时，坏账处理的残值能够覆盖风险敞口，可以简单理解为，银行在最坏的情况下能够保本。在实际中，单独的一笔贷款难以计算其风险概率或坏账率，往往选择一个经营周期（如1年或1个季度），将所有债项作为统计样本，以大数定律来获得较为准确的坏账率。

（5）坏账风险的控制。

以行业平均坏账率、上一个经营周期坏账率、预估等为参考标准来确定坏账率，采用"拨备计提"来覆盖风险敞口。拨备计提能覆盖多少占比的预计坏账，就叫风险覆盖率。

3.5.3 客户拓展策略

信贷行业属于客户流失率很高的市场，客户忠诚率低，服务同质化情况比较严重。而供应链金融以全链捆绑方式、将供应链上下游企业的资金依托于一家金融机构，给单个客户的退出（选择其他机构的信贷产品）形成极高的门槛。

所以，一个完整的供应链金融项目往往具有极高的客户忠诚度（客户黏性），若客户的信贷量不断增长，银行的操作成本下降（在学习曲线与规模效应的作用下），则项目的收益率将不断提高。

这是供应链金融项目后期的回报大于前期的回报的原因，也是供应链金融不同于一般信贷产品的魅力所在。

一个完整的供应链金融项目是一项系统工程，存在准备期、实施期和成熟期三个过程，如图3-13所示。

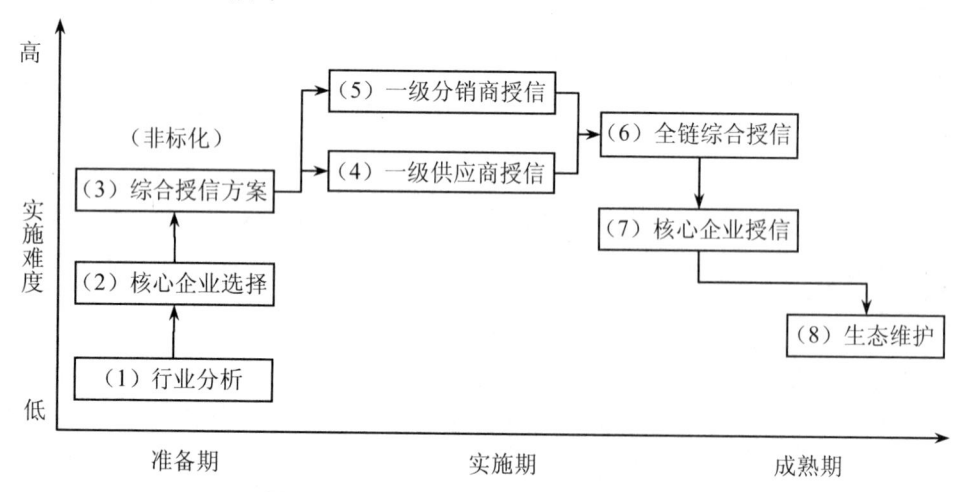

图 3-13 供应链金融项目客户拓展策略示意图

供应链金融项目客户拓展策略主要步骤解释如下。

（1）行业分析

选择经营稳定、市场体量较大、产品标准化且具有流动性的市场。大宗产品市场（如钢铁、石油等）和经营稳定的支柱产业（如汽车、家电、医疗、地产等）是市场的首选。

（2）核心企业选择

核心企业的信用评价是项目可行的前提，也是供应链获得综合授信的敲门砖。核心企业信用是其他节点企业信用的保障，对整个供应链金融生态的构建、良好的信贷循环起到关键作用。体量大的行业一般选择行业的前十名企业作为拓展目标，体量较小的行业选择行业的前三名企业作为拓展目标。

（3）综合授信方案

综合授信方案是指销售供应链金融的服务方案，是针对客户特点设计的个性化较强的方案，即非标准化的信贷产品。了解供应链内不同节点类型的融资需求特点，对症下药，准确给出匹配需求的产品组合，提出一揽子的金融服务方案，最大程度地满足客户的需求，从而形成客户价值、获得客户的依赖度和忠诚度（客户黏性）。

（4）一级供应商授信、一级分销商授信

依托核心企业的信用开展的结构化授信，如应收账款质押、保税仓等方式。

（5）全链综合授信

根据供应链结构的特点为二级、三级以上的节点提供综合授信，从而全面改善供应链的流动资金状况。

（6）核心企业授信

核心企业自身也需要融资，是银行竞相争取的优质客户。对此，银行在捕获核心企业的上下游企业作为银行的客户后，会依托供应链全面金融服务方案，进而争取核心企业成为银行的信贷客户，属于"农村包围城市"的策略。

3.5.4 授信策略

银行的经营目标是提高收入、授信最大化，这就需要综合核心企业的信用、供应链信用、质押率、授信产品等，通过信用传递的乘数效应，实现信用额度的最大化。同时，银行应提高承担的风险，增加服务内容，收入也会相应地增加。例如，应收账款保理，为买方提供融资、商业资信调查、应收账款管理及信用风险担保等一体化金融服务，收入明显高于应收账款质押业务。

按信用额度、利率水平对产品进行划分，如图 3-14 所示。

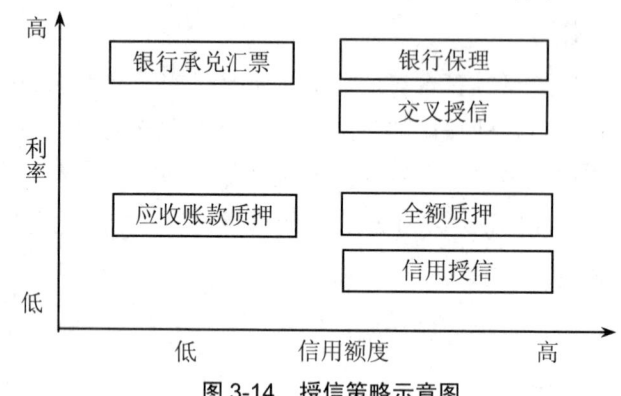

图 3-14　授信策略示意图

图 3-14 中的主要步骤解释如下。

（1）提高质押率，当债项评级水平低时，要求企业购买保险或用其他存款、资产作为担保，或者由核心企业提供回购担保，从而实现最多为全额的质押。

（2）增加单笔业务的收入，银行可提供银行承况汇票、保理（买断质权）等，以增加服务内容的方式来获得更高的收入。

（3）交叉授信。当节点企业使用某一个授信产品后，尽量让该企业使用其他配套产品，既提高了客户的黏性，也增加了收入。

（4）信用授信。当获得客户信用的准确判断后，转质押授信为信用授信，降低业务成本，从而变相增加收入。

在实践中，需要从核心企业和供应商两个角度来判定授信的边界值（预警线），包括账款余额、逾期天数、预期比率、坏账比率、授信总额等，并通过历史数据分析支撑预警线的动态调整，严控授信红线。对于历史数据或经验数据，需要总结出与预警值密切相关的高频诱发因素，以提前发现风险源并采取相应措施。

行业经验同样重要，在实践中不可能完全依赖系统的自动预警来支持业务决策，在刚开始进入一个行业的经营中时，在数据深度、广度、完整性等较差或不完整的情况下，需要经验丰富的从业人员主观确定规模上限、模型计算标准、风控制度和执行策略，是一种较为保险的策略。

3.5.5 项目可行性决策

供应链金融以项目的方式进行经营,以经营周期(一般以一年为计算周期)来计算项目的价值。假设银行开展供应链金融服务的税前收益率要达到3%以上(与其他业务相比较),项目才具有可行性(投资价值),且假设利率在经营周期内不变化,那么项目收益(税前)的计算公式如下:

(1)项目收益=平均贷款额×(利率-资金成本利率)-计提比率-可变成本-固定成本

(2)项目收益率=项目收益÷平均贷款额

根据以上公式,可行性策略如下。

(1)固定成本使得项目存在盈亏平衡点(最小的业务量)

当项目的贷款额度小于盈亏平衡点时,项目不具有投资价值。所以,银行多选择资金需求规模较大的供应链,例如世界500强企业、汽车行业、大宗商品供应链等。固定成本是在经营周期内不受业务量增减变动的影响而能保持不变的成本,如办公室租金、后勤、信息系统平台等产生的成本。

(2)可变成本包括贷前、贷后、贷中的管理成本

可变成本是供应金融运营的关键成本。可变成本大量发生在工作人员对单证进行处理的环节,包括单证的获取、单证真实性验证、单证核对,异常情况的调查取证等。若采用线上模式,单证处理成本可以大幅降低,但仍然需要大量的验证、核对等工作。商业银行业务开展的痛点在于债项的真实性确认与操作成本。区块链技术应用于单证处理,且将发挥重要作用,经过区块链处理的单证无须进行严格的审查,可大幅降低操作成本。

(3)计提比率(风险准备金):按比例提取作为坏账的准备

坏账是银行无法收回或收回的可能性极小的贷款,一般用坏账率来表示。坏账率是银行风控能力、风控水平的直接体现。在风险控制中,获得坏账债项信息的及时性、全面性是全面掌握事件发展动向和止损的关键。区块链技术全面应用供应链金融的各个环节,可以为风险管理提供全面、真实、及时的信息,改进银行风控水平。

(4)利率主要取决于行业平均利率

3.5.6 垄断定价

当核心企业或供应链平台选择与银行合作时,由于双方要投入大量的沉没成本,使得双方都不愿意轻易更换供应商或退出市场,从而使得双方构建的融资平台具有自然垄断属性,垄断定价原理如图 3-15 所示,市场需求曲线 D 与银行融资收入曲线 AR 重合。银行为了防止其他竞争者进入,势必进行垄断定价 P_m,此时边际收益(MR)等于边际成本(MC),即 $MR=MC$,满足的需求量为 Q_m。

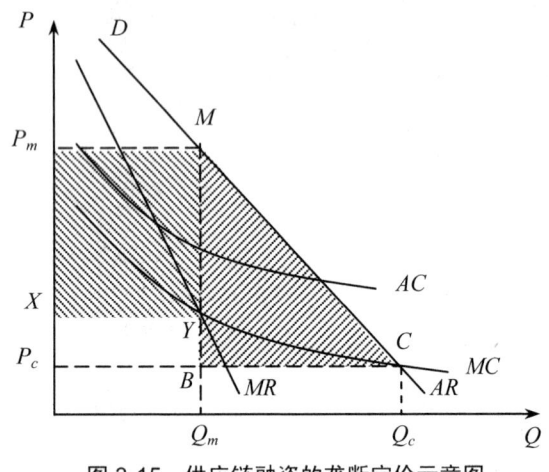

图 3-15 供应链融资的垄断定价示意图

在图 3-15 中,以满足较大市场需求量为目标进行定价 $P=MC=P_c$,能满足供应链内大部分节点的融资需求,但银行获得的总利润低,节点融资支出也相当低,这是平台和节点最想达到的供应链整体融资效应,此时供应链获得成本优势的可能性较大。

若银行采用垄断定价 P_m,则只有部分节点的融资需求得到满足,但银行能够获得最高的利润(矩形 P_mMYX),相应地供应链融资成本支出最大(三角形 MCB),部分节点因受高息的影响,将改为自有资金经营或寻求从其他渠道获得资金,产生"帕累托低效"。如果其他金融机构的利率高于银行的利率,当节点企业难以寻找到融资替代品,且融资需求刚性时,节点企业将不得不接受较高的垄断定价。

如果平台与资金双方都花费了较大的接入成本(沉没成本),形成较高的退出障碍,资金端可能会利用这个关系寻租:利息较高,平台端也可能收取较高的服务费,最终将融资转嫁给借款人。所以,以较低的沉没成本构建系统,并为外部的资金端提供标准化的接入，可以对接不同的资金端，使得资金端产生竞争关系，有利于防止垄断的形成。

供应链金融的垄断定价不利于供应链获得竞争优势。垄断使得融资效率受损，如果银行将其获得利润的一部分花费在维持其垄断地位的活动上，而非用于生产性活动中，将导致资源配置无效率。核心企业作为供应链所有节点利益的代表，应考虑节点的利益最大化（社会福利净损失最小），即通过金融资源的最优配置来降低融资成本和融资效率，必须就利率同银行进行谈判，以维护市场竞争的有效性和公平性。为了实现这个目标，核心企业可以采取多种方法，既可以参与融资经营（例如掌握融资平台、信息平台的所有权和控制权），也可以对银行利率进行限价谈判，以帮助节点企业获得最优惠的融资利率。

按照以上分析，最佳的模式是：融资服务平台完全由核心企业或供应链管理平台进行投资开发，并掌握其经营权，要求银行或其他资金提供者以 P_c 的价格来为节点企业提供融资服务。但这属于最理想的情况，其重要条件是核心企业或供应链管理平台拥有开发能力、足够的投入资金、专业管理能力等所有必要的资源。从专业性和外包策略来看，供应链金融服务平台开发的技术创新和开发成本等，应该由专业的供应链金融服务公司来完成。

未来，供应链金融服务公司作为技术型公司，可能是继供应链服务外包之后，又一个极具发展潜力的科技金融子产业。

3.5.7 【案例分析 3-4】核心企业提供供应链融资服务，属于"趁火打劫"吗[①]

核心企业一方面对上游供应商延期付款，另一方面又通过核心企业的财务公司为上游供应商提供供应链融资，即核心企业经营自己的应付、预付账款业务而获得高息收益，这合理吗？

由于我国不少产业存在较为严重的产能过剩，便于核心企业在供应链中的地位得到进一步加强。核心企业在采购议价、延期付款等方面具有绝对优势。一些财务

---

① 宋华. 不要流氓式的"供应链金融"，万联网，2016-12-27

状况较好的核心企业为了降低财务成本,欲从供应链金融环节分得利率不低的收益,核心企业利用自身"良好信誉"的优势有意识延长账期或采用远期商业汇票结算,使得供应商的流动资金周转压力增加。

对此,核心企业又通过自身的财务公司给供应商贴现或者给应收账款保理,供应商需要支付一定的利息和手续费。有些核心企业利用自身优势、以不讲理的方式获得不应该获得的"收益",等于用拖欠供应商的资金来为供应商提供信用贷款,这在商业伦理上有悖于常理和公平原则。

短期看,这样的核心企业达到了收益最大化目标,但长期来看不利于核心企业和供应链整体竞争力的提高。供应商需要实现自己的预期收益目标,融资成本支出过高的部分,供应链以提高供应价格的方式,使得融资成本最终归集到核心企业的供应成本中,核心企业并未因此而获得实质收益的提高,反而引起供应商的不满。

核心企业发展供应链金融业务具有先天的优势,其掌握上下游企业的数据不需要付出太多的代价,对节点企业的信用与交易历史非常了解,且直接掌握应收、应付账款的支付权,可谓万事俱备。比如,海尔集团、迪信通等行业龙头成立了自己的供应链金融公司来开展融资业务。

核心企业自建供应链金融体系也具有极大的局限性,只能在本行业甚至自己的产业链条上开展融资服务,市场体量有限,且平台自身发展受限。

3.5.8 竞争战略选择

在我国,中小企业获得正规金融机构的信贷支持比例约为20%,另外80%比例的中小企业仍然是供应链金融的蓝海。中小商业银行对供应链金融市场的开拓是开创无人争抢的市场空间,是对传统信贷红海市场竞争的超越。

但蓝海市场并不是无竞争对手的市场。在拓展供应链金融市场的过程中,金融机构之间存在竞争关系,利用自身优势来占领市场,需要实施竞争战略。竞争战略以一个基本原则为基础:银行通过向顾客提供他们想要的(或需要的)、比竞争对手更好的(或更有效的)产品或服务,并且提供产品或服务的方式又是竞争对手难以模仿的,这样才可能获得竞争优势。

金融机构经营以利润最大化为目标,市场规模是经营决策的关键参数(存在最低市场规模限制),且以金融服务的成本最小化为导向。市场规模的大小(规模效应)和金融服务个性化程度的高低(低成本)是影响金融机构经营决策的两个主要变量,金融机构采用的竞争策略可以概括为 8 种组合,下面参考波曼(1996)的战略时钟,得到供应链金融的竞争策略,如图 3-16 所示。

图 3-16 供应链金融的竞争策略

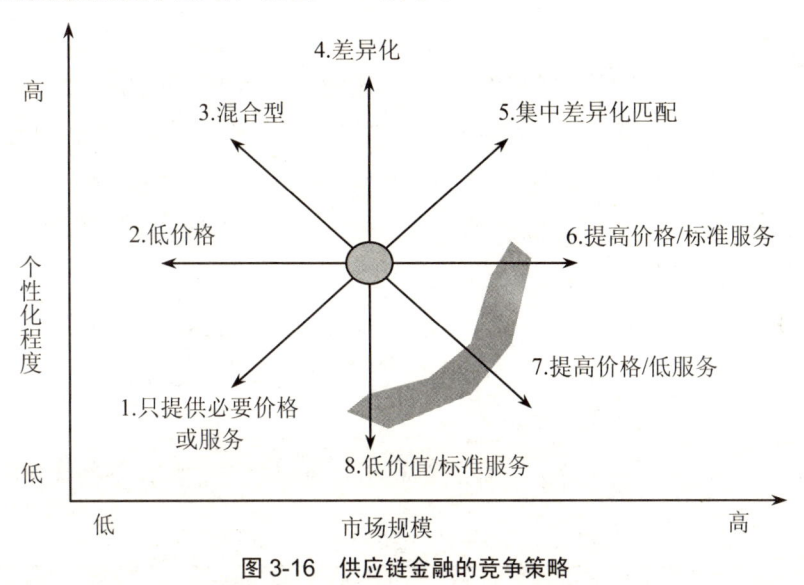

图 3-16 中的 8 种竞争策略并不完全正确,下面先分析以上路径中必然要失败的战略组合。

(1)策略"6.提高价格/标准服务"是市场规模较大、个性化程度中等,采取提高价格(高于市场平均利率)的策略。虽然可以暂时获得超额利润,但由于缺少对市场的垄断性,将面临失去客户的风险(客户更换银行)。

(2)策略"7.提高价格/低服务"具有灾难性——在提高价格的同时降低了服务水平,客户会迅速终止合作。

(3)策略"8.低价值/标准服务",在保持价格不变的同时降低了服务水平,将面临损失市场份额的高风险。

还有一种情况是公司不清楚其战略是什么,以致"困在中央",只能坐以待毙。所以,以上三种策略,以及缺少竞争的战略都是注定失败的战略。

策略"1.只提供必要价格或服务"和策略"2.低价格"是以价格为基础的战略(低

于市场平均利率）。策略 1 只适用于特定的细分市场，客户无力购买或不愿意购买质量更好的产品。策略 2 是低价战略，以低于竞争对手的价格提供融资服务。这两种战略应匹配市场规模不大、对个性化服务要求不高的供应链，否则将引发价格战（个性化要求不高，进入壁垒低）与较低利润风险（利率较低时，不能提供高水平的个性化服务）。

策略"3.混合型"是指在实现差异化（个性化服务水平高）的同时，价格又低于竞争对手，盈利不多，要求匹配高效率的管理平台，否则将引发较低利润的风险。

策略"4.差异化"是以高水平的个性化服务（增值服务实现差异化竞争）采取高利息的战略，目的是获得较高的盈利，要求市场规模不能过大，否则将引发竞争者快速进入，因为超额利润会迅速引来竞争者。

策略"5.集中差异化匹配"是指向某一个选定的细分市场提供较高的个性化服务，并收取较高的价格。由于市场规模有限，需要匹配效率较高的管理能力，否则将引发成本过高和利润过低的风险。

根据以上原理，分析几个典型平台的供应链金融竞争策略，如表 3-6 所示。

表 3-6　典型平台的供应链金融竞争策略

序号	平台名称	客户	市场特点	竞争战略
1	怡亚通	零售百货	市场规模大、个性化要求低	策略 3
2	找钢网	分销企业	市场规模大、个性化要求低	策略 3
3	找铅网	回收点	市场规模中、个性化要求高	策略 4
4	海尔橙 e 网	海尔供应链	市场规模中、个性化要求高	策略 4
5	创捷供应链	手机供应链	市场规模中、个性化要求高	策略 4
6	阿里小贷	天猫供应商	市场规模大、个性化要求低	策略 3
7	郑明物流	农业	市场规模中、个性化要求低	策略 1
8	南储物流	中小企业	市场规模中、个性化要求高	策略 5

随着供应链管理水平的快速提高，以及智能化技术的发展，使得信息处理成本快速下降，细分的供应链金融市场竞争不断加剧。"互联网+"模式也使得细分市场规模迅速变大（长尾效应），为避免引来竞争对手的加入，平台不得不采取较高的个性化服务水平，以利率中等或偏低的方式，提高竞争优势和市场进入的壁垒，同时要求平台不断降低运营成本，其中，实施更有效率的金融科技成为必须的选择。

区块链技术是以金融科技快速降低运营成本、提高运营效率的利器，在开发技术日益走向成熟和成本可控的情况下，大量平台将积极引进区块链技术，以迅速获得竞争优势。同时，区块链技术将创造一个新的蓝海市场，将传统第三方信用模式切换到计算信用的时代，信用技术公司是潜力巨大的新市场。

适时的战略转换才能最大限度地规避风险，培育企业核心竞争力是经营决策者必须面对的问题。

3.5.9 动态竞争策略与战略转换

由于竞争对手的模仿和技术创新，银行不能长期静态地采用单一化战略来经营供应链金融或开拓新市场。在目前市场竞争日趋激烈的情况下，要求在市场发展过程中采用动态的战略，以动态战略匹配市场与客户需求的变化。

战略转换与供应链金融模式的匹配关系如图 3-17 所示。

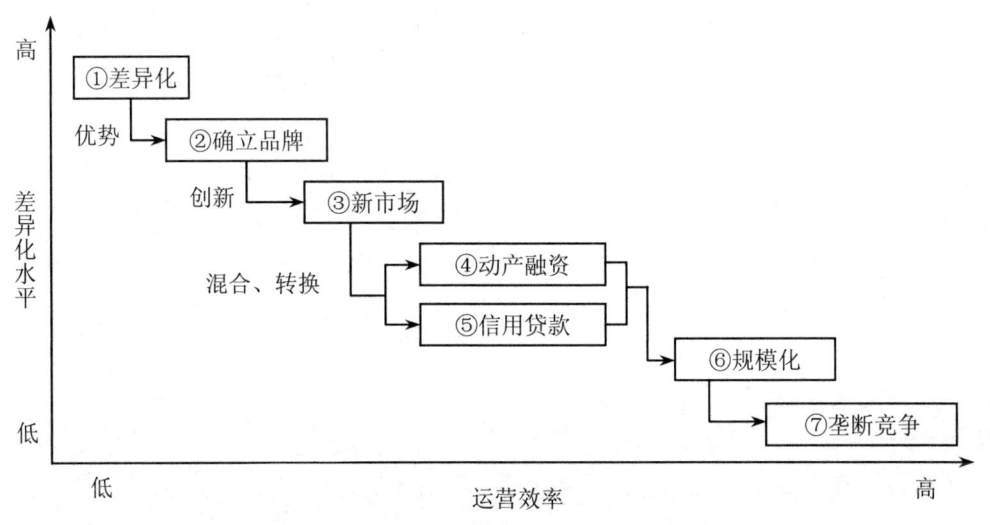

图 3-17　战略转换与供应链金融模式的匹配关系

战略转换与供应链金融模式的匹配关系的解释如下。

金融机构早期在进入应收账款融资业务时，开发出差异化的产品，以"①差异化"获得暂时的竞争优势。

但是，这种模式很快被模仿，公司又试图设置壁垒，如"②确立品牌"。

在技术发展迅速的情况下,品牌优势难以维持;接着公司可能会延伸其资源和能力,进入一个供应链金融"③新市场"。

但在竞争对手的跟随下,公司尝试降低成本,采取差异化(例如"④动产融资")和低价策略(例如"⑤信用贷款")的混合型战略。

竞争对手也降低了价格,银行会以多种方式实现规模经济,即"⑥规模化",一般会选择与国内的重要物流驻点、大企业合作,或者利用"互联网+""物联网+"来整合碎片化市场。

最后,竞争的结果是细分市场上形成垄断竞争格局,即"⑦垄断竞争",为数不多的几个大型金融机构获得较大的市场份额,彼此之间竞争优势相近,收益率较为平均。

在竞争战略的升级过程中,供应链金融越来越追求效率,其中以新技术来降低运营成本是效果最显著的策略。这是诸如人工智能、大数据、区块链等金融科技将大行其道的战略背景。

结合以上分析,下面给出供应链金融经营的发展建议。

(1)基于产品的价格竞争转变为平台的个性化服务竞争

供应链金融最终表现为信用产品,市场的产品同质化程度高,供应链金融仅依靠价值竞争难以获得长期的竞争优势。为提高竞争力和客户黏度,银行开始搭建供应链金融的线上服务平台,用以整合供应链上的资金流、物流、商流和信息流,利用科技手段特别是互联网技术,提升业务操作的便利性和作业效率,降低业务运营成本。银行需要深入分析节点企业日常生产经营和销售的特点,针对性设计个性化产品,通过实现客户价值来获得更高的客户忠诚度,打造服务能力并将其作为竞争优势。

(2)主体之间为促进供应链生态而谋求合作

客户价值最大化在于一体化的供应链服务(包括融资服务),需要核心企业、资金端、物流外包商、供应链服务外包商、技术服务商、交易平台、电商平台等形成伙伴关系,将各自相对独立的业务链交织起来,共同打造供应链一体化服务功能。主体之间业务的互相嵌套、合作共赢才能最终达到整体竞争力。例如,平安银行同技术服务商共同开展的"物联网+供应链金融"新模式,就是物流与银行深入合作的典型案例。

(3) 利用大数据提升计算信用

商业数据的积累和数据处理技术的革新，运用商流的海量信息来进行决策上的支持，这在互联网金融模式中已经大量应用。大数据应用于供应链金融，可使得融资便利性再上台阶，实现快捷、简便的高效率服务。银行平台直接连接核心企业、供应商、经销商的实时运营数据，经过大数据分析，可形成对节点企业授信关键信息的核定，有利于简化流程、快速放款，使风险预警的实时性得到加强。

(4) 全链授信

目前，受限于供应链管理、信息化等因素，供应链金融将授信服务拓展到全链的比例很低。在融资服务上将国际业务与国内业务分离、制造供应链与电商供应链分离等，便利供应链金融大多局限在单个环节，组合产品并非有机结合客户需求，极少能实现对供应链全链的融资支持。另外，国际化采购业务、海外分销业务仍然是行业的痛点。实现主要供应链流程、将授信服务延伸到全链（境内、境外），可以进一步提高客户黏性和客户价值，这使得对供应链信用的掌握更为全面、透明，信用计算与授信策略更为精确，实现信贷总量增加和收入增加。

(5) 分销渠道的授信需要深耕细作

分销渠道中的交易节点包括交易市场（实体批发与电子交易）、电商平台、物流驻点（枢纽型物流园区、港口物流）等，既是商流与物流集中的节点，也是融资需求集中的节点，节点与渠道还需要其他综合性业务，如现金管理、银企直联、对接 P2P 互联网金融等，结合供应链金融来为客户提供综合服务，可大幅降低产品实施的边际成本。

下面介绍平安银行发展供应链金融的战略思维。

3.5.10 【案例分析3-5】平安银行供应链金融经营分析[①]

1. 引言

"互联网+"和"中国制造2025"国家战略催生了新的经济形态。"互联网+产业+金融"，是指通过互联网在生产要素配置中的优化和集成作用，将互联网的创新成

[①] 资料由万联网提供，该案例曾入选《中国供应链管理蓝皮书（2016）》，有删节

果深度融合于产业环境各领域,将金融服务融合于行业应用,提升产业经济的创新力和生产力,实现产业结构调整、形态转型与互联网金融服务融合发展的动态平衡。

"互联网+"与"中国制造 2025"新形态下的技术创新必然促进生产方式的调整,在信息技术、物联网、产业互联网大规模普及的条件下,生产服务的边际成本趋近于零,产业电商化的经济模式必然颠覆原有的产业要素组织形式,从而驱动商业模式的变革。

- 在产业结构上,将从一对多经济向一对一、多对多经济转变,个人既是消费者,又是商品服务生产者的共享经济模式将扩展到更多产业领域,并成为新的发展引擎。
- 在供需模式上,将从产业链头部需求、静态供需向长尾需求、动态供需 C2B/C2M 和应需服务转变,用户通过网络可以即时获得任何产品和服务。在生产方式上,将从独立生产、结构化生产向外包生产、硬件开源、小制造转变,未来基于材料变革、供需信息打通基础上的个性化、非标准化的生产将逐步接近其甚至赶超规模化生产。在资金配置上,将从积累、融资向众筹、P2P 等融资方式转变,通过互联网把资金拥有方和资金需求方直接匹配,进而实现更加高效的产业链资金流补给。
- 在企业协同管理方式上,将从紧耦合管理向分布式管理、自管理方式转变,网状的企业协同方式将日益流行。企业经营方式也将从传统供应链经营向电商化、数据化经营方式转变。而产业互联网金融需要不断改变服务形态,深度参与产业电商化转型。

供应链金融因为最贴近企业的经营与交易,所以被誉为互联网金融中最具发展潜力的朝阳领域。近年来,平安银行基于互联网系统平台推出供应链金融 3.0 服务——"跳出银行办银行",在"互联网+产业+金融"方面奋力突进,取得了显著进展。"橙 e 网"自 2014 年 7 月上线至今,注册用户将近 200 万人,其中企业用户超过 40 万家。截至 2015 年年末,"橙 e 网"支持近千家各类型企业互联网转型,为传统企业转型嵌入"互联网+金融"能力,赋予各类电商平台"钱包+担保支付+理财"等升级功能,与时俱进地升级商业模式。

2. 平安银行积极变革供应链金融模式概述

平安银行无论是在供应链金融 1.0、2.0 时代,还是在 3.0 时代,其供应链金融自始至终都秉承"因商而融"的理念,依据客户、社会、商业、技术环境的变化创新业务模式,体现出与时俱进的战略思维。

平安银行以供应链金融1.0模式确立其差异化发展模式,再以供应链2.0模式形成供应链金融品牌,成为供应链金融的行业标杆;在业务模式被模仿与创新竞争的驱动下,2013年推出"橙e网"互联网平台,即供应链3.0,以"跳出银行办银行"的思路,在"互联网+产业+金融"多领域交叉创新;其后,"橙e网"成功开拓了海量用户新市场,推出"钱包+担保支付+理财"等升级功能,升级商业模式。

2014年"橙e网"为扩大市场,以提升个性化服务实施与海尔供应链的合作,推出"采购自由贷",借线上平台提供多项金融业务,提升银行综合服务水平。只要是与海尔合作一年以上的经销商,无须任何抵押担保,即可通过"橙e网"申请该贷款产品,实现手续简单、放款快、足额的低成本贷款。经过一个经营周期后,授信人与受信人由陌生人交易变成熟人交易,银行由进入时的保守经营、信用水平获取和大数据计算,获得受信人的行为特征及风险水平,从而转为信用贷款,既降低了成本,又简化了流程。"采购自由贷"整合了平安银行的资金、业务、技术优势,以及海尔集团分销渠道网络、交易数据和物流业务,通过"橙e网"平台和"日日顺"的线下交易记录,将产业与金融通过互联网的方式集合在一起,为海尔经销商提供"以客户为中心"的、不受地域限制的融资授信方案。这种个性化的服务战略形成了较高的竞争壁垒,使得平安银行的竞争对手难以进入。

为形成更大的规模化效应,截至2016年年末,平安银行已在钢铁、汽车等多领域布局"供应链金融+物联网技术"模式,联合感知集团引入感知罩等物联网传感设备和智能监管系统,意在借助物联网技术重新撬动大宗商品融资万亿级的蓝海市场。平安银行物联网金融的战略规划实行三步走:第一阶段是物联网动产融资,第二阶段是物联网仓单,第三阶段是物联网新金融。平安银行物联网智能仓储网络的全国布局初显成效,已累计与近百家重点港口、大型仓储企业、区域重点物流园区等合作伙伴签署了物联网金融合作协议。其中,部分合作单位已陆续启动物联网改造。

3. 平安银行"橙e网"解决方案

(1)供应链从"1+N"转变为"N+N"

无论是在供应链金融1.0、2.0时代,还是在3.0时代,平安银行的供应链金融自始至终都秉承"因商而融"的理念。所谓因商而融,即供应链金融业务的着眼点在于服务供应链上下游企业之间的交易，包括如何通过支付结算、融资、增信、信息撮合等服务，方便交易的达成和最终履行。同时，平安银行在创新具体的业务模式方面与时俱进，适配于当前的社会、商业、技术环境。在供应链金融 1.0 和 2.0 下的"1+N"中的"1"是核心企业，相应的业务也是围绕这个"1"来开展的。在供应链金融 3.0 时代，"1"的主体更加多样化，既包括核心企业，又可以是一个平台，如第三方信息平台、电商平台、供应链协同平台、第三方支付公司、政府机构等。"N"也不再局限于核心企业的上下游企业，也可以泛指平台、支付公司、政府机构等。供应链金融 3.0 适应当前互联互通的时代，将传统"1+N"的模式推广到围绕中小企业自身交易的"N+N"模式。

平安银行"橙 e 网"以任意一个企业为核心的"N+N"模式，依托企业间或第三方交易平台掌握的交易数据，试行"交易信息+信用"的全新供应链融资，在风控理念方面有新的突破。随着银行同业竞争日趋激烈，利率市场化的步伐日趋临近，依赖传统业务模式生存的市场空间越来越小。所以，各家银行都在实施客户下沉战略，发力中小微企业客户群体，把供应链金融业务的触角延伸到核心企业上下游的多级供销体系中，或者直接切入经销商、供应商的上下游企业，并为其提供金融服务。

在此理念上，平安银行推出了创新产品"商超发票贷"与"海尔自由贷"，商超发票贷从中小供应商这类客户群体出发，综合考虑了其多渠道经营的现实，将中小供应商多个渠道的应收账款纳入授信额度，极大地提高了供应商的可融资金额。同时，在发票数据的提供上也充分运用互联网技术进行创新。商超发票贷通过与具有提供税务发票增值服务资质的公司合作，经过企业的授权，以线上的手段提供发票数据，在线核定融资金额，大大提升了融资的便利性和客户体验。

"海尔自由贷"只要是与海尔公司合作一年以上的经销商，无须任何抵押担保，即可通过"橙 e 网"申请该贷款产品。该模式主要考量海尔及其供应链的稳定性和持续积累的交易数据，银行通过海尔平台系统持续跟踪经销商的经营情况来防范风险。整合了平安银行的资金、业务、技术优势及海尔集团分销渠道网络、交易数据和物流业务。

"橙 e 网"的"互联网+供应链融资"解决方案，志在实现全产业链的金融服务覆盖，被冠以"网链平安"系列融资服务，将平安银行在供应链金融领域深耕十多年的实践，借助互联网平台，覆盖到上游供应商、下游经销商；同时服务于更小体量的"1"及其上下游客户。"橙 e 网"更将供应链交易概括为"熟客交易"（区别于阿里平台的"陌生交易"),根据供应链"熟客生意圈"的特点,提供由交易伙伴之间长期形成"商业信用"支撑的不一样的融资安排。

"橙 e 网"全产业链解决方案如图 3-18 所示。

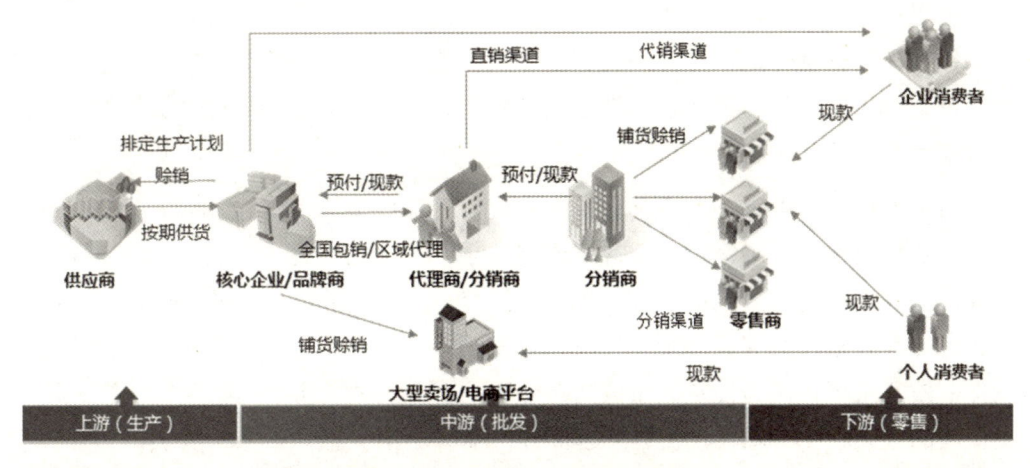

图 3-18 "橙 e 网"全产业链解决方案

"网链平安"系列融资解决方案,纵深贯通全产业链,同时为客户提供融资、结算、理财、商务服务的综合解决方案。"橙 e 网"以企业生意协同为中心,展开融资流程,以全产业链视角促进企业转型升级,通过产业链整合、供应链优化,总成本显著下降,最终受益的是中小企业和终端用户,普惠金融的理念得以实现。

(2) 往云端竞争,围绕"四流合一"开发 SaaS 云服务

平安银行"橙 e 网"基于现有产业链客户群及供应链金融的业务结构,创新"供应链金融+产业基金"的业务运作模式,满足产业链龙头企业/产业生态主要参与者联合开展供应链金融服务、提升链条把控力的需求,借此开拓优质产业链市场,推行供应链金融应用云端化,并围绕"四流合一"的业务构想,开发了"生意管家""发货宝"等免费的 SaaS 云服务,支持中小企业零成本、快速实现电子商务转型升级。

比如,使用平安银行"生意管家"的用户,不管是制造型企业、流通型企业,还是服务型企业,都可以利用"生意管家"在 PC 端和手机端在线管理进销存,在线与上下游客户协同做生意,在线发货,在线支付、融资,实现"订单、运单、收单"与金融服务的一体化。"生意管家"系列整合服务推出一年多时间,已有超过 40 万家小企业下载注册。"生意管家"还与多家云基础应用、企业协同、云通信等

企业云服务提供商组成联盟，更好地为中小企业提供优质的云服务，让中小企业一开始就可以借助互联网云平台体验"互联网+"的真正福利，让其商务活动能够以最快速度、零成本实现企业商务流程的电子化。"橙e收银台"则是平安银行以"橙e网"为电商平台搭建的一个集合多种收付方式的收银服务体系，包括银行网关、快捷支付、PC端和移动端跨行收单、跨行代扣、超级网银、微信支付等当下常见的在线支付方式，实现端口接入、点选开通多种支付方式，银行凭借批量接入的规模优势可以享有更低的手续费优惠。

而平安银行"橙e网"目前推出的发货宝，可以帮助"橙e网"的用户快速找到合适的物流伙伴。对发货方而言，他们可在"橙e网"发货宝上输入收货、发货地址，查看不同物流企业的报价，对比后选择一个合适的物流企业下单，填写相关资料，并对订单进行追踪和最后签收。对于一些贵重货物，发货企业可以直接进行投保，发货宝可快速为发货人生成货运保单，避免一些货主需要单独在保险公司购买保险的烦琐程序。此外，发货宝还将为物流平台合作方（包括物流O2O电商、物流软件提供商等）提供基于各自业务模式的定制金融方案，为物流合作伙伴提供"物流+金融"服务，满足物流平台合作方支付结算、资金管理、资金增值、信用融资等金融方面的需求。

（3）基于"互联网+供应链交易"提供全生命周期服务

平安银行"橙e网"的服务有"创业易""转型易"与"升级易"三大系列，服务于不同发展阶段的客户群体的互联网转型升级需求，为"互联网+"供应-制造-分销全链条的转型升级给予全面的金融支持。

首先，平安银行以创新模式专门为初创型企业提供金融解决方案"橙e•创业易"，联合众多企业云服务提供商为中小企业搭建云服务平台，让"创业、创新"企业借力互联网平台快步前行。"橙e•创业易"推出不到一年时间，已经服务创业型企业超过10 000家，让这些初创型企业在平安银行享用生意管家在线做生意，通过网银与移动支付方便转账结算，依托所在园区申请税金贷等。

其次，为了助力传统企业电子商务转型，"橙e网"以融资、理财、支付、账户管理等金融功能为基础，通过与各类供应链平台联盟合作，整合服务资源，推出了"转型易"服务方案。

最后，平安银行为垂直/综合性电子商务平台、电商第三方服务平台推出了"升级易"服务,支持电商平台商业模式升级:由信息门户升级到交易门户,由交易断点升级到交易闭环,由单一的商业价值链叠加金融价值链。"升级易"内容包括:为国内电商平台提供多银行网上支付和集中收款服务,为平台和用户建立钱包账户体系,提供交易结算见证和担保支付、账户自动增值、电商商户数据信用贷款、电商平台物流发货等一体化服务;为跨境电商提供海关数据的实时传送与对账,并通过与第三方支付公司的对接,提供 7×24 小时的实时结售汇服务。

(4) 引入平台合作,与多方市场主体建立广泛联盟

平安银行"橙e网"遵循开放互联网"流程数字化、产品组件化、服务主动化"的建设原则,打造数据型、标准化、平台化产品,满足全产业链的客户需求。同时,平安银行与多方市场主体建立广泛联盟,强化平台与平台的合作,实现"橙e网"高效赋能、批量获客。

目前,"橙e网"已经与数十家联盟平台、产业链核心企业联盟合作,通过插件式基础金融服务,批量获取大量客户,并且通过联盟合作补偿和提升产业服务能力。未来,"橙e网"一方面将进一步规划和明确网络融资、现金管理与商务支付、电商政务资金管理与账户体系、门户用户体系、商务协同、物流金融等自身核心能力;另一方面,在"金融插件"积累的基础上,通过联盟方式(包括成立电商俱乐部、投行化联盟等方式),迅速扩张"橙e网"的产业服务范围,形成产业金融服务竞争力。伴随产业服务能力的提升,可以吸引的客户群会随之批量增加,最终形成"橙e网"自我运转、相互驱动、持续发展的良性循环。

"橙e网"将在经营产业互联网金融业务的基础上,进一步整合资源,向轻资产运营、用户流量经营和构建数据能力壁垒的业务形态演进,其基础应用结构为依托电商闭环交易数据,连通产业环境中的多方资金、资产端,并以此为基础提供金融服务。

目前,平安银行"橙e网"与数以百计的各类型平台建立了多形式业务合作关系。

4. 平安银行在供应链金融领域的创新案例

平安银行将"互联网金融"定位为银行的四大特色业务模式之一,并在组织架构上单独设立公司网络金融事业部——全行唯一的金融平台事业部,专职于互联网金融产品的创新与推广,在平台建设上搭建了跨条线、跨部门的银行公共平台——橙e平台,与政府、企业、行业协会等广结联盟。"橙e网"通过与众多具有特定商务服务能力的平台合作,不断丰富自身"互联网+供应链金融"的能力,共生平台日

渐生态化，逐渐步入良性聚合发展的良性轨道。基于此，"橙e网"创新实践"共性平台+应用子集"的业务发展机制，全面支持银行各行业事业部、分行与小企业网络金融业务的应用发展。

基于客户日益增长的在线商务需求，"橙e网"提供与之相匹配的在线支付、在线融资、在线增信/见证、在线理财增值和账户管理等一站式服务。"橙e网""跳出银行办银行"，以免费的SaaS云服务方式，支持中小企业快速实现交易、物流的电商化，为中小企业提供在线"订单—运单—收单+综合金融"的交易闭环服务。与此同时，构建立体服务渠道，推出公司业务微信、"橙e网"订阅号，全面、深入经营用户，并与柜面服务打通，形成O2O服务体系，领先布局移动互联网金融服务。以下是平安银行"橙e网"在供应链金融领域的几个典型创新案例。

（1）成都诗岚

成都诗岚是一家渠道供应商，专业提供联想/宏碁电脑全系列产品、行业解决方案。立足于成都，辐射西南，客户累计1400余家，产品SKU（最小库存管理单位）约2000种，年销售额达2亿元。

曾经，诗岚面临库存水平控制难、及时补货难、及时准确结算难、内部响应时间过长、客户满意度下降的困局。诗岚为了在行业内保持优势，使用了平安银行推出的生意管家，通过生意管家进行业务管理：基础数据和信息实行集中管理，确保基础数据的准确性；订单由原来的每月大批量改为按天小批量，并且严格控制日清日结，切实掌控库存与订单进程；运用生意管家进货、销货及仓库功能，进行统一的计划，各部门协调运作、跟踪管理，达到了整体的最优，提高了客户满意度。平安银行生意管家永久免费，无须安装与维护；配置专业团队每月迭代更新；数据库信息安全管理及风险防范级别高；针对企业不同的运作模式，涵盖从采购、销售、库存到财务管理等各个业务环节，整合企业的商流、物流、资金流和信息流，打通上下游供应链组织，在内外部环境等多个环节提高企业运营核心竞争力。

（2）青岛菜源农贸

青岛菜源农贸有限公司是集蔬菜生产、加工、配送一条龙服务的综合发展公司。拥有自有菜园2000多亩，并以"农产品经纪人"身份向各农户采购蔬菜，在青岛各大超市设立专职导购，通过"超市联营"模式，向青岛及周边超市进行供货。

由于"超市联营"与"公司+农户"模式的特性，采购与导购每天都必须在农村与超市高频度下单,在业务不断发展与扩张中,该公司面临以下几个管理难题。

① 派驻在数十个超市的导购员集中在傍晚通过电话向自己的公司下单,由于下单情况过于集中,总部客服人员难以招架。

② 电话下单难以准确描述实际情况,打电话下订单的场景复杂、差错多。

③ 重复了劳动力,员工经常加班到很晚整理数据,苦不堪言。

④ 公司的销售与进货记录依赖手工账本,数据难以准确、及时掌握。

平安银行生意管家帮助青岛菜源农贸有限公司解决了一系列在未使用软件之前遇到的管理难题。

① 整个订单流程全部在平安管家上进行,极大地提高了工作效率。之前,10个导购员通过电话下单需要约 50 分钟,使用平安管家后,10 个导购员可同时下单,且仅需要 5 分钟,效率提高 10 倍。

② 每笔订单都有据可查,自动生成报表,非常方便账目核算。

③ 来自超市导购员的订单数据及时与公司的进货计划进行完美匹配,严格以销定购,避免了盲目采购,很好地满足了客户需求,降低了公司成本。

(3) 金蝶 ERP 数据贷

金蝶公司是国内领先的企业管理软件及 ERP 云服务商。金蝶是平安银行重要的平台战略合作伙伴之一,其目前已打通包括 KIS、友商网、智慧记在内的中小企业 ERP 产品线,完成了针对金蝶中小微 ERR 客户全产品线的标准化建模,建立了产品线之间企业客户财务、进销存数据的无缝衔接及快速共享机制,服务的客户超过 500 万家。

"金蝶 ERP 数据贷"项目的实施,为平安银行引流更多优质客户资源的同时,也为金蝶公司数百万的中小企业客户提供了更丰富的融资、资讯、理财等综合金融服务,提升其自身的 ERP 平台客户服务水平,实现了双方的共赢。

平安银行橙 e 平台通过与金蝶 ERP 平台对接合作,在经客户授权后,取得其使用金蝶 ERP 产品的经营数据。通过对经营数据的分析建模,在平安银行橙 e 体系下,为小企业主提供以小额信用循环授信为核心的,含结算、融资、理财、资讯等多项功能的综合金融服务方案。

"金蝶 ERP 数据贷"产品优势如下。

① 审批效率：额度审批效率高，24 小时可放款，只需提供企业采购、销售和财务数据即可申请，最高额度为 100 万元。

② 简单易用：操作简便，在线申请，随借随还。无须抵押，为信用贷款。

③ 利率优势：相同贷款额度情况下贷款利率较低，年化利率约 12%。

④ 平台优势：以融资作为切入点，依托"橙 e 网"，为客户提供管理、结算、理财、资讯等多方面的综合金融服务。

（4）蘑菇街案例

"橙 e 网"和国内知名的电商平台"蘑菇街"合作，一是通过"电商见证宝"账户服务体系，为"蘑菇街"搭建了一整套涵盖"平台总钱包账户+用户子钱包账户+担保支付钱包账户+其他特定用途核算账户"在内的总分钱包账户体系；二是通过"橙 e 宝"解决用户钱包账户的增值问题，直接提高"蘑菇街"总钱包账户的资金沉淀量；三是通过门户联盟联合营销，实现客户相互引流。用户通过"蘑菇街"注册理财账户，可以直接购买"橙 e 网"的优质"宝宝"类理财产品。而"蘑菇街"借助平安银行的金融支持，可以更便利地为其 9000 万用户提供账户体系和资金增值服务。

此外，"橙 e 网"为国内电商平台提供多银行网上支付和集中收款服务，为平台和用户建立钱包账户体系，提供交易结算见证和担保支付、账户自动增值、电商商户数据信用贷款、电商平台物流发货等一体化服务；为跨境电商提供与海关的数据实时传送与对账，并通过与第三方支付公司的对接，提供 7×24 小时的实时结售汇服务。

第 4 章

区块链架构下的供应链金融创新

4.1 区块链技术基础

4.1.1 区块链简介

将有意义的事件记录下来,是形成人类文明的重要内容之一。《史记》生动地记录和展开了古代社会人们生活广阔的画面,历史价值弥足珍贵。如果从 5000 年前开始,人类就将事件记录下来,并且不能篡改、没有丢失,那么追溯早期人类的社会生活状况就无须现代的考古和历史学研究了。

区块链也是一种记录事件的方式,是记录历史的新形态。区块链技术的本质是通过密码学建立了一个不依赖任何中心的、完全分布式的数据库,要在虚拟的空间创造一种记录数据的方法,记录能被所有节点共享,同时不被任何节点所控制,谁都不能随意删除和修改(但可以增加且持续增长)。

这种公开、共同确认、不可篡改的记录开始具备一种重要的属性——约束参与人的行为且形成可以信赖的预期,即信用。完整的交易历史使得参与人在全体参与人的见证下,以理性克制主体的违约动机。这种弱化第三方强制力、实现成员自觉守信的模式,对于不见面交易、互不信任者之间的交易,具有简便易行、大幅降低交易成本的优势。现实世界中大量的场景都具有这种模式的发挥空间，这是区块链目前被人们寄予厚望的原因所在。

区块链是由多个独立节点参与的分布式数据库系统，也称分布式账簿（Distributed Ledger Technology，DLT），所有参与的节点共同维护账簿，具有不易篡改和伪造、可追溯等特点。完整的分布式记账是对传统的中心记账的颠覆，其含义包括以下几个方面：[①]

（1）分布式记账——会计责任的分散化；

（2）分布式传播——每一次交换都传播到网络中的所有节点；

（3）分布式存储——数据信息的可容错性极高；

（4）完全分布式——任意节点宕机不会导致网络崩溃，也不会导致记录丢失。

链式区块构建区块链数据的基本结构，区块通过特定的哈希指针链接到上一个区块的后面，区块环环相扣形成一个链条，链条节点只能增加、不能删除。

区块链数据结构如图 4-1 所示。

区块链数据结构的关键要素包含以下四点。

（1）块链结构：每一个区块都有时间戳，使用前一个区块的哈希加密信息，对每个交易进行验证。

（2）多个节点独立复制存储：每个节点操作权力平等，都存储同样的数据，且互相之间为独立作业，互相监督。

（3）拜占庭容错：在少于三分之一的节点恶意作弊或被黑客攻击，仍然能保证系统正常工作。

（4）链上代码（chain code），区块链载入的合同或法律文件为可执行的程序，条件满足时自动执行，称为"链上代码"或"智能和约"。把合同执行转换为类似"if…then…"的代码并执行，可以消除合同文本因文字而存在的"二义性"。[②]

要素（1）表示区块链是一个"公共账簿"，要素（2）表示区块链是一个分布式

[①] 蔡维德，郁莲，王荣，刘娜，邓恩艳. 基于区块链的应用系统开发方法研究. 软件学报，2017，28（6）：1474-1487.

[②] 长铗，韩锋. 区块链：从数字货币到信用社会. 北京：中信出版社，2016.

账簿，要素（3）表示区块链是一个"一致性的同步分布式账簿"，要素（4）表示区块链具有可执行的功能。区块链可选择不同的加密方法，如 RSA、我国的国密算法、Ed25519 等签名算法，可达到金融级别的安全性。

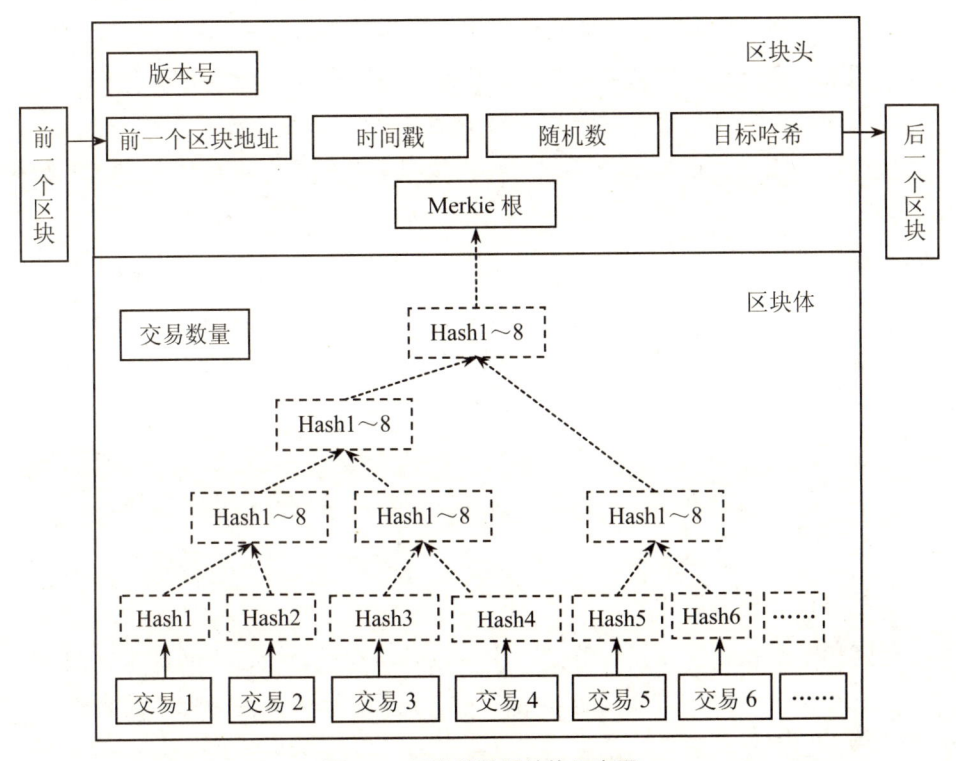

图 4-1　区块链数据结构示意图

区块链的计算架构是以一种比较笨拙的方法，即分布式的、重复的账簿备份，把现有"主—客"架构变成多个平等节点的分布式架构。区块链在存储空间上属于奢侈的行为，但在当今存储成本非常低廉的背景下，可以容忍以牺牲存储空间的方式和通信速度，来实现对安全性和防篡改的社会需求。

节点的最大范围是互联网中所有的人都可以参与。未来，如果区块链作为物联网通信的基础架构之一，物体也作为节点参与，那么节点的范围将大得难以估计。区块链的共识机制，就是所有分布式节点之间怎样达成共识，通过算法生成和更新数据，去认定一个记录的有效性，这既是认定的手段，也是防止篡改的手段。

根据应用的开放程度的不同，分为公有链和许可链，其中许可链又分为联盟链、私有链、企业链。公有链因节点多（例如向全球公开），导致交易速度非常慢，比特币网络交易的速度逐年下降说明了这种机制的不足。

在许可链中，只有被许可的节点才能参与投票、记账、建块，交易速度快，不需要挖矿机制，交易成本低。多数商业应用的参与节点是有限的，经许可才能参与，即半开放状态。许可链采用共识机制，即数据一致性机制，主要使用PBFT（拜占庭容错）和CBFT（区块链建块方法）。PBFT需要3轮投票，采用广播式通信方式，每次通信都需要签名、解签，每笔交易也需要签名和解签，因此，主要算力都花在共识处理机制中。[①]

联盟链（consortium blockchains，共同体区块链）与当前商业领域的生态架构较为相似，存在对等的不信任节点，如企业联盟、供应链节点、商业生态圈、商会、行业协会等。联盟链是本书研究的主要模式，本书没有特别指明的区块链结构即为联盟链，其特点如下。

（1）联盟链中所谓的共同体为半封闭、半开放的生态，可以有新的节点加入，也可以退出，但节点的进入、退出需要按商业组织的规则进行事先选择。

（2）节点之间的关系多由近乎平等的商业交易关系形成，可协商、可谈判，链中不存在绝对控制权的超级节点。

（3）区块链数据在链内是公开的，也可以是节点内部的，参与节点之间的连接状态较好、验证效率较高，交易处理效率高，只需要较低的成本即可维持运行，可扩展性良好，数据具有一定的隐私性。

4.1.2　区块链信用机制

区块链存在于不安全的环境下，即互不信任的节点之间的交易记账规则。反之，在安全环境下、相互信任的节点之间，无须区块链作为解决方案。在本质上，区块链就是一种创造信用的机制：在互不信任的节点的博弈之下，大家至少认可、承认已经共同确认的交易，这是人的理性行为底线。所以，无论何种规则，都是以人的理性为前提、为底线的。

---

① 邹均，曹寅，刘天喜. 区块链技术指南. 北京：机械工业出版社，2016.

在现实社会的商业世界中，大量第三方信用机构的存在就是为交易提供信用服务的。人类因信用付出的成本是极其高昂的，信用成本在多数交易中属于占比最大的成本之一。税收很大一部分用于社会化的第三方信用服务机构，如商检、质检、交易所、律法、法院、仲裁、协会、担保、保险等，大量的人力资源服务于第三方信用机构。

将第三方信用与区块链弱中心化的信用机制进行比较，其区别如表 4-1 所示。

表 4-1　第三方信用与区块链信用机制比较

对比方	第三方信用（以交易所为例）	区块链机制
建设基础	机构信用、特殊资源	规则与共识
核心职能	1. 担保 2. 运营方发行 3. 制定交易规则 4. 信用中介 5. 清算、结算 6. KYC（客户身份验证） 7. 仲裁或第三方仲裁 8. 审核参与者、保证金	1. 信用自证、信用无损传递 2. 发行控制(总量控制) 3. 少数服从多数 4. 点对点交易（无须第三方） 5. 价值传递 6. 会员匿名性 7. 民主仲裁 8. 参与方的信用计算
成本	入场费、会员费、交易提成、托管费（数据、资金）等	系统构建成本

在表 4-1 中，区块链可以减少甚至不需要第三方信用中介的参与，由数字资产的所有交易历史、参与者的共同监督来形成信用，在主体都为理性人的假设下，这种机制使得主体按规则行事，即形成信用。这种机制的主要优点如下。

（1）弱中心化

弱中心化是区块链技术的颠覆性特点，减少交易当事人之外的资源参与交易，达到节约资源、交易自主化、流程简单化的目标，排除被中心化代理控制的风险。传统的交易由于点对点都互不信任，就必须依靠第三方信用的介入，区块链实现了在无中介机构的情况下双方相互转账，比特币就是区块链目前最成功的数字货币实验。

（2）点对点交易

点对点交易具有高效率、大规模、无中心化代理的优点，所有成员参与对价值传递的监督、控制和审计，包括地址、链、公钥、私钥、摘要等几乎所有数据记录的要素，具有全生命周期的信用连续性。同时，所有节点实时同步，谁也无法实现全局控制，且永不宕机。

（3）价值传递

区块链可以完整、"不可篡改"地记录价值转移的全过程，这使得账本证明交易记录具有唯一性，即同一个标的物不可能同时卖给两个人，即避免"双花"问题。

（4）合约的自动执行

将合约的规则由编程固化在代码中，自动判别各节点执行合约的条件和需履行的义务，自动执行满足条件时的合约事项，在没有中心机构的监督下保证合约有序执行，提升执行效率并减少资源浪费。例如，合同条款规定一家公司债权发生转移的条件，转换为区块链中的编码，当条件发生时，智能合约执行定义的合同条款，避免人工干预的不可预期性。[①]

（5）自治性

区块链采用基于协商一致的规范和协议（比如一套公开透明的算法），使得整个系统中的所有节点都能够在去信任的环境下自由而安全地交换数据，使得对"人"的信任变成了对机器的信任，而单一节点对区块链的干预不起作用。

与第三方信用相比较，区块链的信用机制具有巨大优点。但经验告诉我们，世上不可能存在十全十美的事物和规则，目前区块链技术至少存在以下不足。

（1）效率问题

在区块链中，数据的一致性与可用性存在背反性，严格的一致性导致交易时间延长，交易吞吐量降低，因此两者必须平衡。保证数据的一致性是区块链的首要任务，所以平衡的结果必须是适用性的降低。公有链为保证数据一致性，主要使用工作证明 PoW 机制和股权证明 PoS 机制，从而降低了交易速度。

（2）存储成本和处理性能

小规模应用可以不考虑账本的存储成本，但随着大型应用和账本规模的增长，节点的硬件资源门槛必须提高，云存储最终将作为解决方案，这在一定程度上牺牲了节点的安全性。

---

① [美]阿尔文德·纳拉亚南. 区块链：技术驱动金融：数字货币与智能合约技术. 北京：中信出版社，2016.

（3）安全性局限

以比特币为例，采用"工作量证明"，只有在控制了全网超过 51%的记账节点的情况下，才有可能伪造出一条不存在的记录。但这并非不可能，区块链技术的安全问题还有待验证。所以，需要引入大量节点，如果节点太少，那么 51%的攻击则很容易实现。

（4）私钥与终端安全

私钥相当于账号主体的身份证明，私钥可以解开公钥加密的数据，说明付款方确实是当前操作人。私钥必须妥善保存，一旦丢失，就丢失了账户内的所有数据，也包括所有的财产。私钥的存储，物理存在于用户终端，如果私钥被窃取，就可能出现冒名操作和资金损失。

（5）共识机制安全

目前，PoW 和 PoS 共识机制的安全性缺乏严格的科学证明和大规模科学实验。

4.1.3 区块链的应用场景

促进跨组织节点之间形成信用关系，这是区块链商业应用的基本功能。在现实中，凡是具有公正、公平、诚信需求的场景——资产或权益的交易，区块链技术对这类场景具有天然的匹配性。

区块链是建立在非安全环境中的分布式数据库系统（如果是安全环境就没有必要加密了）；作为分布式架构，就必然具有跨组织协调的功能与价值。所以，区块链不适用于具有绝对控制权节点的环境，也不适用于十分安全的环境。[①]

区块链技术如何走向成熟、如何广泛应用于实践，是业界最为关心的问题。

2015 年 12 月，麦肯锡标题为"超越炒作：资本市场中的区块链"的报告，提出区块链技术在金融领域的广泛应用要经历以下四个阶段。

第一阶段（2014—2016 年），技术评估阶段。每一个企业的法人实体将充当分布式总账中的"节点和簿记员"，类似以私有区块链来实现。例如，银行移除人工操作程序来扩展区块链记录，可以改善业务操作的效率。

---

① 胡凯，白晓敏等. 智能合约的形式化验证方法. 信息安全研究，2016（12）：1081-1089.

第二阶段（2016—2018 年），概念验证阶段。金融机构的所有法人实体都联合起来试验区块链技术。

第三阶段（2017—2020 年），基础设施形成阶段，市场由交易中间商主导。

第四阶段（2021 年以后）：全面应用阶段，买卖双方组成公开市场。

总结目前各国正在实践的区块链应用，目前较为清晰的应用及其进程如图 4-2 所示。

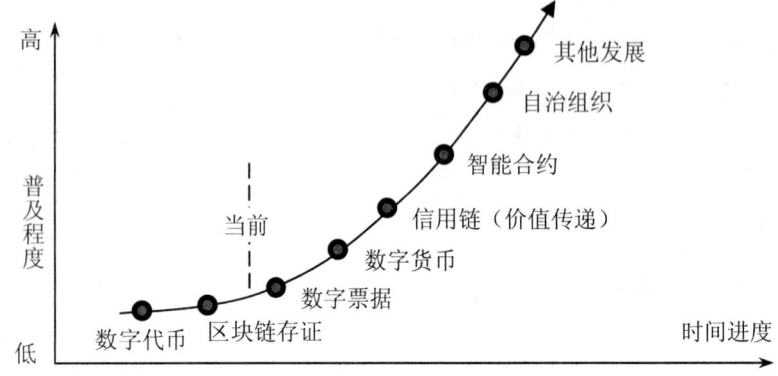

图 4-2　区块链应用发展进程

目前比较成熟的技术和应用是数字代币（ICO）和区块链存证，数字票据和数字货币将是区块链应用的下一个热点领域。

（1）数字代币（ICO）

比特币的大热让人们对数字代币不再陌生，但现有数字代币存在总量一定、价格波动剧烈、没有法律保障或公信力低等缺点。数字代币的应用仍然处在试验阶段，未来将对数字代币政策的制定与实施、支付结算体系、反洗钱等经济金融的多个方面产生一系列深远影响。

（2）区块链存证

商业领域和民生领域的存证应用都具有显著的效果，民生领域在出生证明、精准扶贫、慈善（募捐）、遗嘱、婚姻登记、财产公证和学历证书等领域采用区块链解决方案，可有效解决传统信用中介效力不足的情况，区块链公开记账方式形成公平化、透明化、可查询的公用信息（部分需要依据权限查询），将极大地提高这类社会基础信息的公信力，避免部分不良分子利用信息不公开、难以查证等来进行违法活动，长远来看可以建立起一个集体参与和集体维护的社会治理系统。

商业领域的存证功能，关键在于形成有效的电子证据，将证据的形成时间、签署主体、文件哈希值等数字指纹信息广播到链内所有成员，信息一经存储，任何一方无法篡改，从而达到电子证据的可信性要求。另外，为提高存证的信用级别，使得存证可以直接用于司法审判，可以采用更加完善的"私证+公证+电子签名+区块链"的数据链模式。

（3）数字票据

票据是企业之间支付最常用的方式，传统纸质票据存在诸多不足。当以电子数据的形式存在"区块链+数字票据"时，区块链上持有的票据被各个机构节点所确认、背书，有数据保全的安全性，以点到点的直接交易使得数字票据的交易远比线下交易更为便捷、低成本，且无须清算。

（4）数字货币

数字货币不同于数字代币，前者是国家央行授权发行的真实货币。数字货币应当具有非稀缺性、价值稳定性、低成本或零成本、不可伪造或篡改，以及赢得共同的信仰五大技术特征[1]。只有当数字货币得到应用与推广时，区块链的去中心化价值交易功能才能真正得以实现。但目前对于数字货币，各国央行仍然未能推出实用方案，多数处在研发、试验阶段。

（5）信用链（价值传递）

在数字货币的基础上，通过点对点的机制，以机器信用代替第三方信用，能够在多个节点的链式网络上传递价值，同时能够避免重复支付。

（6）智能合约

尼克·萨博提出"一个智能合约是一套以数字形式定义的承诺，包括合约参与方可以在上面执行这些承诺的协议"[2]。在传统的中心化机制下，合约存在被机构管理者修改、停止的威胁，主观意志可以干预合同的执行。区块链赋予智能合约一个绝佳的执行环境，因为写入区块链的执行条件不能再被修改，参与方不能人为干预合同的执行，合同不以参与人的意志为转移，只要条件满足，合同就执行下去。自动执行可大幅降低交易成本。智能合约可以支持复杂的逻辑计算。

---

[1] 张伟. 数字货币不应有稀缺性. 清华金融评论（公众号），2016-04-15.
[2] 李爽，曹楠. 智能合约的特点及其在债券市场的应用. 债券，2016（12）：49-51.

（7）自治组织

自治组织完全以软件的形式构建，不受人为的影响和控制，被认为是最纯粹的去中心化理念，能够杜绝管理人员在人性上的不足（如自私、腐败）。通过人工智能或智能程序进行工作是去中心化组织的终极模式，自治代理、智能程序、不断进步的人工智能和人工智能算法将提供可自我维持的运作和价值创造。这个设想有待真实的试验来证明。

（8）其他发展

智能合约与自治组织的出现，使得区块链技术将交易成本大幅下降，社会与商业信任关系重构，社会管理效率与商业组织治理模式也将发生巨大变化，这方面的创新将留给人们巨大的想象空间。

下面给出与身份证明有关的案例。

4.1.4 【案例分析4-1】出生证明的区块链存证[①]

2017年8月，美国伊利诺伊州已经开始新的区块链试点，重心是出生证明的数字化，由区块链身份初创企业Evernym开发。婴儿出生时在场的父母和医生正式在许可型区块链上记录其出生。企业和政府可以通过加密访问可验证的声明来验证公民身份。在提议的框架内，现任政府机构可以验证个人的出生信息，加密签署名称、出生日期、血型等在内的个人数据。这些信息存储在防篡改的分布式账本中，只有法定监护人允许才可以访问，直到信息相关人达到法定成年年龄。在试点初期，工作重点是创建用户界面，父母和医生都可以通过这个界面完成出生证明的数字化，同时支持其他后端流程。

4.1.5 "区块链+供应链金融"的价值体现

区块链强化供应链结构的信用价值。区块链记录资产交易的完整记录，对应供应链金融资产的流动过程，所有参与人在线、实时见证，保证交易的真实性、不可抵赖性，无须第三方参与见证；资产的交易过程具有连续而完整的记录，为新的资

---

① http://www.sohu.com/a/169266253_783572，搜狐财经

金参与交易提供有力的证明。从中心化交易模式过渡到去中心化交易模式，由于该记录不可篡改且完整可追溯，系统中代码和算法完全公开，可以立项监管与审计资金流、信息流等，参与业务的各方就不必担心某一方篡改合约、数据库或其他的信息不对称问题，这是解决现在融资模式诸多问题的根本方法。

4.2 区块链与供应链金融的匹配性

供应链金融为互不信任节点之间的资产交易行为，在隔离资产的主体信用存在风险的情形下，具有信用的资产质量（如产权完整性、相关证明、签章）可以根据该项资产的形成过程及其交易历史来验证该项资产的真实性、合法性。

供应链金融是银行、平台、物流公司等多方参与、多角色参与的财富管理与信用创造的过程，每一个角色的行为在融资全部过程中都以法律为行为边界，需要对每一个角色的"责、权、利"做出明确的界定，也需要记录每一个角色的行为轨迹作为日后产生争议的证据。依法办事、按合同约定执行和及时存证，是供应链金融合规和风险防范的基本策略。

供应链金融多属间接金融，是涉及三个或三个以上机构之间的借款行为。金融服务借助于独特的供应链结构、结合动产质押，构建比传统信贷更为复杂的、多样化的资产交易场景，信用的构造更为精密与立体化。

但构建于复杂交易结构之上的信用创新技术，需要金融专业人士深入供应链知识体系中，而供应链金融软件开发者、质押监管者等也需要深入金融专业的知识体系中，业务复杂的知识结构和信用创造的精密结构加大了业务和操作难度。金融科技的发展目标之一是减少业务的复杂度，进而降低融资成本，提高融资便利性，便利供应链金融服务能更大程度地满足市场需求。

区块链技术的特性与供应链金融的特性具有天然的匹配性。区块链应用于供应链金融，最终使得融资的便利性与融资成本方面具有颠覆性的改进。

（1）供应链金融需要区块链来建立P2P（点到点）的强信任关系

随着供应链金融商业模式从1.0、2.0到3.0，参与交易节点的类型与数量剧增，关系更为复杂；在产业供应链金融中，融资链越来越长，单笔融资的数量增大。第三方信用处理这类交易的成本越来越高且效率低下。区块链依据参与节点的结构来布置分布式账本，数据无须单一的中心化机构来统一维护；共识达成的协议具有不可篡改性，节点不可能按照有利于自己的原则来操控数据。因此，区块链建立点对点的关系，将简化供应链金融越来越复杂的业务模式，为供应链金融的高级化提供强信任关系的保证。

（2）供应链金融需要区块链实现一致性、透明的融资账本

在区块链架构下，融资业务驱动的数据在节点进行公开和集中，形成由基础合同、单证、支付等结构严密、完整的交易记录，不同参与者使用一致的数据源，而无须单独去寻找分散在各节点、各系统的数据；避免了重复审查和反复校验的过程，可将人工审核的工作量缩短 60%～80%[①]。在区块链数据的高信用下，数据具有重复使用、可追溯性和实现供应链透明化的优势，有助于构建高效率融资处理的服务平台。

（3）供应链金融需要高级别的数据安全性

区块链加密记录并在参与各方在线签署的情况下，形成不可改变的记录，且这类账本几乎不可能受到损害，达到金融级别的安全性。分布式数据库是全网共有的公开账本，所有运作规则（算法）公开透明，可以随时清算、审计，解决了传统财务体系的痛点。区块链数据的记录不会丢失、无法篡改，解决了现实中存在的单证伪造、遗失等问题。

（4）供应链金融信用自证，避免了人为因素的影响

传统模式为单中心或单节点记账，而区块链没有任何一个节点可以单独记录账目，避免单一记账人的信用风险。在传统的中心化模式下，需要很多中介发挥作用才能保护交易的正常进行。区块链的去中心化架构发挥全局互信机制，以组织链本身来形成互信，参与方越多实现的互信成本越低。同时，区块链作为分布式总账，需要多方参与才能确保分布、时序及不可篡改的特性。所以，区块链技术应用于供应链资产交易是较为理想的应用场景。

（5）有助于形成良好的交易秩序和商业生态

供应链金融是在供应链结构中不断形成价值和传递价值的过程，而区块链依据供应链结构，对价值交易过程进行连续的记账、所有参与人共同见证和监督交易，对供应链金融产生良好的交易秩序和生态具有关键作用。区块链作为机器信用、计算信用，以其分布式、可追溯、自组织性等特性有效弥补供应链金融信用机制的缺陷。

---

① 李翘楚. 区块链技术初析——浅谈在资产管理业务中的应用. 搜狐财经，2017-08-03.

（6）创新供应链金融交易制度

每一笔资产交易都由全网节点共同背书，所以对于参与方的身份审查、交易历史、历史单证的审查都变得没有必要，可以大幅减少征信成本。合同及执行条款通过编程的方式写入区块，以智能合同的方式，使得资产交易与转移这类融资的核心功能，在满足执行条件时机器自动执行，避免人工执行时的延迟和道德风险。智能合约和共识机制将资本计划的投资合规校验整合在区块链上，确保交易满足合同条款、达成共识。机器信用的效率和可靠性，极大地提高了交易双方的信任度和交易效率，是一种交易制度上的创新。

区块链的信用机制革命，首先将对金融领域产生革命性的影响，目前已经出现令人眼花缭乱的商业创新概念。区块链作为供应链金融的基础性技术，可为在复杂场景下的融资业务构建清晰的业务模式，打造高性能与高信用的技术环境，促进商业模式的创新而扩大市场总量，区块链创新促进供应链金融且以更快的速度接近终极发展目标。

4.2.1 "区块链+供应链金融"的应用演化路径

供应链金融发展的终极目标，是实现中小企业唾手可得的融资便利性和趋近于大型机构融资的利率水平。

金融科技应用于供应链金融，以解决中小企业融资难与融资贵问题为导向。逐步缩小中小企业与大型企业之间在融资方面的鸿沟，在金融业越来越开放的背景下，中小企业从融资难中解脱具有重要的社会经济意义。

技术的进步促进商业模式创新，供应链金融 1.0 以传统的手工、线下操作模式为主，进而发展到线上化的供应链金融 2.0，极大地促进了业务效率的提高和融资便利性；供应链 3.0 则以平台经济模式扩大市场体量，结合互联网、大数据应用和物联网，供应链金融服务成为各类平台的竞争利器和核心业务。

生态的繁荣是从生态链的底层开始的，再沿着生态链向上演化。融资便利性和成本是生态繁荣的内驱力，供应链金融的商业生态繁荣始于大量企业采用供应链融资服务。区块链从最基础的数据和信息加密开始，形成区块链数据，进而供应链金融的业务操作也将逐步迁移到区块链数据结构之上，再进行流程和商业模式创造。

对于融资贵问题，区块链降低了金融机构的业务成本，未来更主要依托区块链技术打造标准化、高信用的供应链数字资产，发展直接融资。

区块链技术的应用和推广大致可以分为三个阶段。

第一阶段是"存证增信"。利用区块链技术的分布式账簿特性，为供应链金融的多方交易模式及复杂交易过程增信。

第二阶段是"强制履约"。实施区块链智能合同具有自动执行的强制履约模式，实现交易的自动达成。

第三阶段是"完全可信"。引入数字货币和产品数字化，完成供应链金融的交易系统、交易环境的完全封闭和交易的完全可信。未来，在央行数字货币实施后，引入数字货币可实现自动实时的 DVP 对付、监控资金流向等功能。

其中，第三阶段是区块链技术的深度应用，并且必须配合数字货币的使用，但数字货币的合法流通必须由央行在国家层面进行统一配置。但任何国家引入数字货币都必须经过深入、全面、慎重的考量和规划。因此，目前区块链技术虽然在应用层面具有较为明确的需求，但在宏观层面，社会经济的深层次问题决定了区块链应用仍处于相对初级的阶段，即目前最成熟和应用最多的功能，只能是"增信"层面的应用。

根据以上分析，提出"区块链+供应链金融"将以"单证—交易—生态—票据—证券化"路线，自下而上地演化发展模式，如图4-3所示。

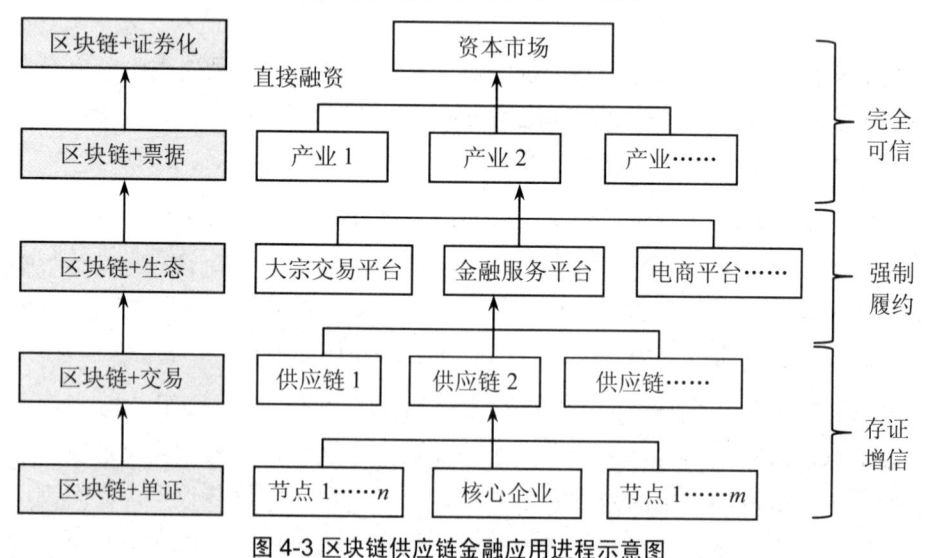

图4-3 区块链供应链金融应用进程示意图

在图 4-3 中，区块链应用的开始以融资业务的单证处理为切入点，解决业务效率与业务成本最基础的问题，在此基础上结合供应链结构和金融服务平台的特点，进行高层次的创新。目前，国内的区块链结合供应链已经出现不少的产品和应用，也出现了数量众多的区块链应用方案，一些平台以区块链解决方案开始走向应用，如"区块链+ERP"对接供应链金融，"区块链+跨境电商平台"对接跨境支付等，未来在资本的作用下，区块链在供应链的应用将百花齐放，因为区块链是供应链运作的基础设施之一。

（1）以"区块链+单证"构建应用基础

供应链金融业务操作的痛点在于单证处理的周期长、费用高。参与者很难鉴定供应链上各种相关凭证的真伪，造成人工审核的时间长、成本高、费用高。

以区块链技术将企业对外的单证转换成区块链记录，具有重要的信用价值，是"区块链+供应链金融"的应用基础。供应链金融作为场外金融，金融机构大量的成本花费在单证审查、重复核对上，而区块链对单证的真实性的保证，使得金融机构从繁重的单证工作解放出来。

（2）以"区块链+交易"构建应用起点

在复杂的交易结构中获取具有逻辑结构的数据和证据，以区块链技术全面而详细地记录交易记录，以信用自证的方式向金融机构展示交易的真实性，是"区块链+供应链金融"的起跑点。区块链的可追溯性使得交易从开始、执行、支付到清算，都可以留存在区块链上，使得数据的质量获得前所未有的强信任背书。交易的真实性对融资业务流程的创新、综合授信等具有重要意义。

（3）以"区块链+生态"促进商业模式创新

去中心化（自组织）为供应链协作与融资模式创造巨大的空间。区块链在链内强信任模式下构建更为先进的商业模式，促进供应链节点之间的价值传递，提高运营效率。增强供应链信用意识、提升供应链管理能力，有利于关系更为紧密的利益链和价值网络。

（4）以"区块链+票据"构建供应链金融大市场

区块链能够进一步规范交易模式与数据的精细化，形成供应链融资的标准化票据体系，再构建适合于供应链金融特色的票据交易市场，可以突破目前以平台为边界的孤岛模式、项目模式（规模有限，资产非标准化），建立起统一的供应链票据资产流通机制,基于区块链的价值转移网络,逐步推动形成国内甚至全球化的供应链票据交易场景。票据市场涉及票据转让、票据贴现交易等业务。

传统票据市场在风险管理方面具有明显的痛点,包括以下几点。

① 操作性风险。票据交易系统为经典的中心化模式,但若中心服务器出现问题,则整个市场瘫痪,节点交易完全依赖于中心平台。

② 信用风险。我国票据市场存在多重的信用风险,例如,2016年涉及金额数亿元以上的风险事件多达7件。

③ 道德风险。市场上普遍存在"一票多卖"、虚假商业汇票、克隆票据、假签章票据等事件。

区块链构架下的票据交易模式,具有弱中介化、系统稳定性、共识机制、不可篡改的特点,形成统一的标准化票据市场,提高交易效率。在票据市场中,通过链上记录的相关凭证、保证商业票据的真实性,减少信息不对称、信用和道德风险。从票据业务来看,从商业、银行承兑票据的出票、承兑、贴现都记录在区块链系统上;当在商业、银行承兑票据在交易时,只需在链上查询票据信息,保证票据的真实性、买卖一次性,降低市场风险和道德风险,并提高了交易效率。

(5)"区块边+证券化"对接资本市场,实现直接融资

"区块边+证券化"对接资本市场,实现直接融资而达到降低融资成本的终极目标。

资产证券化的业务痛点在于无法保证底层资产真假,出现参与主体多、操作环节多、交易透明度低、信息不对称等问题,使得风险难以把控,各参与方之间流转效率不高,无法监控资产的真实情况。

未来,区块链结合人工智能、大数据和物联网,进一步打通真实世界与虚拟世界的藩篱,以物证信、信用自证、智能资产等,产生更高层次的价值创造,最终大幅降低融资交易成本。

资产证券化,从底层资产形成、交易、存续期管理、现金流归集等全流程实现资产真实、信息实时、各方同时监督效果,防范各级金融风险。

4.2.2 应用架构

中心系统的痛点在于系统安全性取决于中心节点的安全性,如果中心系统出现

问题，那么所有的分节点都会瘫痪。例如，供应链金融以核心企业系统为中心，对供应链中的上下游企业、核心企业、物流企业进行贷款发放、收纳和监管；现有票据交易市场系统通过以中央银行为中心的电子商业汇票系统，将央行所有的汇票进行登记和数据交换，其他银行或企业通过直连或代理的方式接入，使得所有票据的承兑、交易、托收都在这套中心化系统上。而现有资产证券化系统以商业银行为中心，通过统一将租赁收入、贷款余额、收费权等有效资产转换为各种可交易的证券类型在市场上流通。

现有资产交易系统都需要第三方增信机构。由于金融企业、机构间在交易业务中互不信任，所以需要第三方信用机构通过增信的手段消除不信任。

区块链要解决的是不安全环境下的多方的互信问题，是对节点之间的行为进行记录和共同监督。与传统应用大量采用的关系型数据库不同，区块链具有数据存储功能，但区块链的强项不是存储数据和对数据进行复杂关系运算，所以不推荐把大量的原始数据放到区块链上。

区块链架构结合供应链平台的应用模式如图4-4所示。

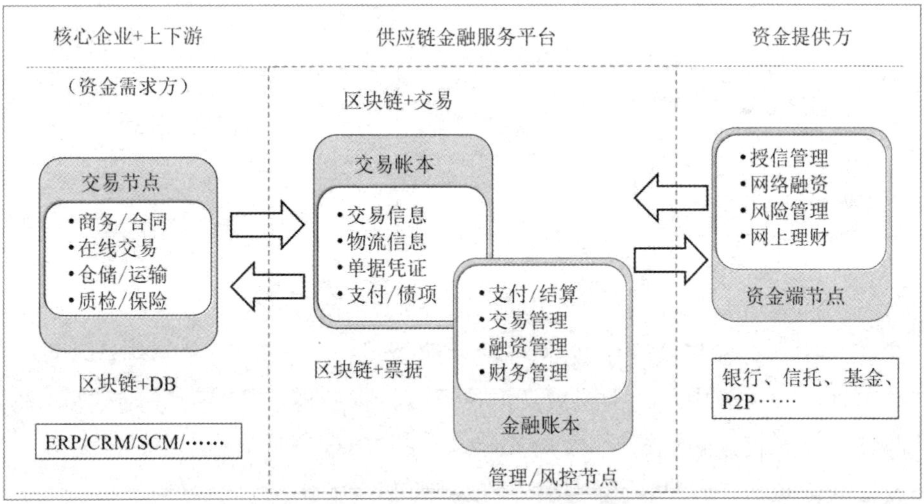

图4-4　区块链架构结合供应链平台的应用模式示意图

在图4-4所示的架构中，核心企业与上下游节点都作为平等的节点参与部署，但用以证明资产交易、信用担保的数据则从现有的ERP、CRM、SCM等系统中进行抽取，即在"区块链+DB"中抽取"区块链+证据"，以形成支持交易真实的"区块链+交易",并形成交易账本。同时,供应链金融服务平台就融资合同、担保和质押操作、支付结算等形成金融账本,而资产端(包括银行、信托、基金、P2P)作为金融账本的节点接入区块链供应链金融系统。

可见,以供应链金融系统与核心企业为中心的信息平台,通过区块链抽取单据或证据来进行链接。

未来,产业级的供应链金融平台,则是在票据交易的基础上,实现标准化的资产交易。供应链票据交易所的大致架构如图 4-5 所示。

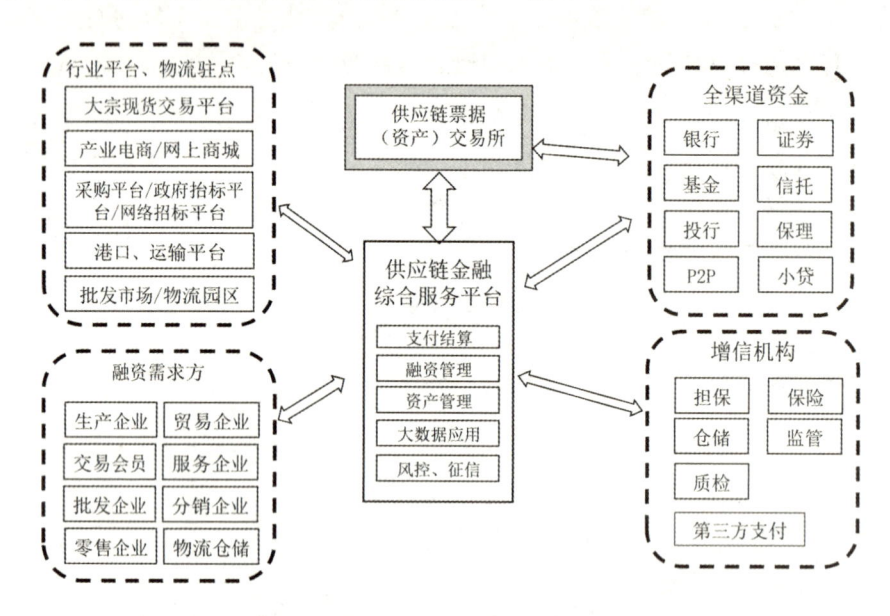

图 4-5 供应链票据交易所架构示意图

图 4-5 中,行业级或区域级的票据交易,包括行业平台、重要物流驻点(如批发中心、物流园区)中形成的票据资产,再结合供应链金融中的融资需求,在增信机构的参与下,构建供应链金融综合平台,并形成供应链票据交易所,对接多种类型的资金端,从而实现供应链票据融资的规模和集中化。

4.3 "区块链+单证"

单证是使用最频繁、问题最多、参与人最多的环节。在单证处理环节中,技术应用首先要帮助用户降低操作成本,这也是系统成功推广的关键。

票据市场规模大、参与方众多,而且业务链条长,是区块链技术极佳的应用场景。单证应用对于区块链技术,同样是检验区块链技术先进性的试金石。

单证是证明交易行为的单据、文件与证书,凭借单证来处理交易的支付、运输、保险、结算等,包括:

(1)资金单据(如汇票、本票和支票);

(2)商业单据(发票、收据);

(3)货运单据(发货单、仓单、提单、运单等);

(4)保险单据;

(5)其他单证(如质检单、原产地证书、寄样证明、装运通知等)。

4.3.1 业务痛点

融资业务的单证处理属于最基础、工作量最多的环节,也是出现问题最多的环节,业务痛点主要是人工处理单证问题存在技术难度,具体如下。

(1)无效单证类型繁多,包括:假票据、克隆票据、伪造签章;无真实贸易背景或贸易背景不清的商业汇票承兑、贴现,如伪造发票、无发票、严重缺发票、发票先开后废、废票重用、陈票新用、重复使用发票等。

(2)支持性单证的真实性,包括:基础合同、相关运输单据、交易出入库单据、检验验收单据等资料的真实性。

(3)串通上下游企业虚构交易开立票据。

(4)跨流程、跨系统、跨部门、跨机构的单证审查,多借助电话、电子邮件等工具来操作,效率低下,极大地影响了融资便利性和放款速度。

银行很难深入调查企业贸易的背景,在多数情况下只能做形式要件的审核,因而对于风控因素的判断存在不足;票据的审验成本及监管对银行时点资产规模的要求,出现市场化的票据掮客,不透明、操作不规范和高杠杆错配等是潜在的风险因素。近年来票据大案频发,暴露了银行票据处理业务的诸多不足,也使得银行收缩了对中小企业票据融资的支持力度。

近年来，一些涉案资金极大的票据问题被媒体曝光，银监会也在不断强化监管、细化管理措施，强制推广电子票系统。据不完全统计，2016 年处罚的全国票据违规事件达到上千件，核心原因在于银行审核交易的真实背景时在技术层面存在较大难度。

4.3.2 区块链存证

法律层面的争议处理，关键在于对证据真实性的确认。证据无法证明其真实性，那么其证明的力度大为减小。在现实中对于证据真实性的判断，常常需要借助第三方的专业意见，例如借条签名的真实性需要通过笔迹鉴定来判断。

在数字化时代，对于电子数据的真实判断是当前虚拟经济的难点。电子数据具有无形性、隐蔽性强、易被破坏的特点，给证据真实性的认定带来较多困难。因此，对电子数据真实性的认定是以电子数据证据原件为前提，无法与原件、原物核对的复印件、复制品是不能单独作为认定的依据的，原始文件的证明力也大于经过复制的文件。目前在司法实践中对电子数据证据真实性的证明，包括公证、可信时间戳认证等，但借助第三方机构可以在一定程度上解决电子数据证据真实性的问题，存在成本高、手续烦琐的问题。

时间戳的存在使得记录不可被篡改。区块链技术作为"创造信任的工具"，具有时间戳认证及加密的功能，并采用分布式账本，在不借助第三方的情况下，提供足以保证证据真实性的证明。以基于区块链技术的比特币为例，中本聪的论文《比特币：一种点对点的电子现金系统》中描述比特币为"时间戳服务器通过对以区块形式存在的一组数据实施随机散列而加上时间戳，并将该随机散列进行广播，就像在新闻或世界性新闻组网络的发帖一样"。

区块链存证具有法律效力，需要具有证据的"三性"：真实性、合法性与关联性。证据的真实性是指证据内容服务于事实的证明，不以人的主观意志为转移，以真实、客观的面目出现于客观世界，且能够为人所认识和理解。证据的合法性是指符合法定的存在形式，并且其获得、提供、审查、保全、认证、质证等证据的适用过程和程序也必须是合乎法律规定的。证据的关联性是指证据必须与待证明的事实之间存在逻辑关系。区块链存证需要符合真实性与合法性要求，关联性则在具体案件中进行判断。

区块链存证的真实性主要依赖区块链的时间戳属性，即电子记录在形成时具有可信的时间证明，并且在证据存在的整个过程中排除人为干涉的可能，即区块链天然具有证明时间的属性。以密码学为基础的时间证明，在现有科技的条件下无法对时间证明进行修改，区块链存证在时间维度上的法律效力是充足的。

区块链存证的合法性，要求以区块链技术所取得的存证，不能以违反法律规定的窃听、偷拍、胁迫或其他违法方式取得。另外，对于证据的保存，区块链技术具有天然的优势，采用分布式的账本技术，在网络节点的同步过程，无须专门的流程就可完成证据保全工作，即所有参与节点都可以提供完全相同的存证记录。

4.3.3 嵌入式存证

现实中大量的单证是人工处理后再录入计算机系统的，具有滞后性、可篡改性，可能出现假票、克隆票据等问题。由于计算机并不能分辨票据的真假，采用技术手段来提高单证的真实性，在线签署与自动生成单证是主要的技术手段。[①]

1. 电子票据的不足

2005年我国颁布《电子签名法》，明确了电子签名的法律地位。

2009年11月电子票据诞生，由中国人民银行（俗称"央行"）设计和主管。电票较纸质票据具有明显的先进性，可以有效地保证票据的真实性。央行数据显示，2013年电票的占比为8.3%，2014年达到16.2%，2015年达到30%。纸票与电子票据的主要区别在于信用环境，票据大案中以纸票为主。未来，数字票据的信用环境将主要构筑在企业与企业之间的贸易环节，通过构造托管于智能合约的票据池，实现实时支付、融资和清算等，可以为中小微企业提供更好的数字普惠金融服务。而由于业务上的强关联性，风险系数将大大降低。

2015年国家税务总局发布《"互联网+税务"行动计划》中明确提出逐步实现纸

---

① 张庆胜，刘海法. 基于区块链的电子发票系统研究. 信息安全研究，2017，3（6）：516-522.

质发票到电子发票的变革。2016年9月，中国人民银行下发《关于规范和促进电子商业汇票业务发展的通知》（银发〔2016〕224号，下称224号文），要求扩大票据转贴现市场参与者，所有金融机构皆可参与，为票交所建立铺路；取消电票贴现贸易背景审查，引导电票使用；一定金额以上强制使用电票。

公共化的电票系统属于金融层面的应用，而供应链金融的信用是需要从业务逻辑的底层开始构建的。所以，大量供应链金融业务系统接入全国唯一的第三方票据平台，形成高度统一的票据系统，这个方案的实施难度极高。全国集中的中心化架构，对于联盟链或私有链，实质上形成了信息孤岛，与企业流程难以衔接，全国票据中心也不能个性化地服务成千上万的供应链系统。

2. 供应链金融的嵌入式存证

供应链金融的存证需要在本系统中进行构建。区块链技术对于供应链金融的业务，强化基于交易活动来形成凭证，再向金融机构来证明交易的真实性和票据的真实性。

供应链金融的嵌入式存证，是嵌套在应用系统中的"区块链+凭证"，一方面可以保证票据在网络传输、本地存储、查询下载等环节都能不被恶意篡改，同时凭证的生成是在真实的服务流程中产生的，以业务逻辑和真实交易作为开立凭证的支撑，可大幅降低人工作假的可能。区块链记录摘要、附加时间戳的方式，基于共同账本解决电子化环境下的信任问题。

在供应链融资中，各方建立稳定的合作关系形成生态圈。在供应链生态圈中建立公共账本，以区块链技术作为底层支撑，形成节点数据共同维护、共同见证和确认、可追踪、减少人工错误的高质量凭证。"区块链+单证"较好地解决了以下业务痛点。

（1）彻底解决电子凭证的真伪性问题，恶意篡改或伪造可能性几乎不存在。

（2）去中心化、不需要第三方托管，直接在业务系统生成凭证，能有效证明业务的真实性，从多个连续的业务环节、按业务逻辑来形成电子凭证，防止人工作假的可能性。

（3）以参与节点见证、共同确认的方式存证，电子凭证附带了企业负责人的信用背书，解决了互信机制问题，交叉的信用背书使得单一环节的作假难度极大。

（4）全程记录电子凭证摘要、流转，使得电子凭证可追溯，满足了融资业务监管和审查的需求。

（5）凭证无纸化和业务逻辑的结合，极大地提高了审查效率和贷后的业务跟踪。

（6）结合物联网等技术，支持证据以技术实时方式采集到系统。如入库时的检验照片、位置信息可以由监控系统、GPS跟踪系统生成并上传到区块链记录，使得交易的支持单证更为全面，为日后的争议处理、信用调查等提供充分的准备。

"区块链+单证"嵌入式存证原理如图4-6所示。

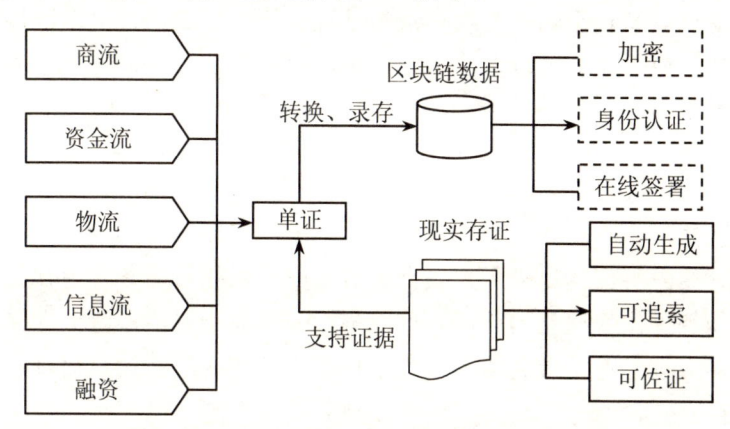

图4-6 "区块链+单证"嵌入式存证原理示意图

在图4-6中，供应链业务具有严格的业务逻辑（如BOM、订单），基于业务逻辑在采用加密（不可篡改）、身份认证（不可抵赖）、在线签署（实时取证）、自动生成等机制来形成虚拟世界中的单证信息，使得虚拟世界具有反映交易真实性和单证真实性的结构与内涵。

由系统自动生成单证或系统确权的单证，其信用高于人为处理、人工确权的单证。供应链金融的相关单证应尽量由系统自动生成，并且不受人为干涉，可极大地提高单证的可信度和处理效率。

在供应链金融中，"区块链+单证"不再需要人工审核、验证相关凭证的真实性，极大地提高凭证的真实性和融资效率。以应收账款为例，应收账款出让方和受让方，从合同签订到仓库收货的整个流程、双方资产情况等凭证都记录在区块链上的智能合约中，并保存在链上金融机构的分布式账本中，在应收账款融资中，只需要应收账款出让方、受让方和对接金融机构在链上查询相关凭证，即可完成融资。

4.3.4 系统实现

1. 设计思路

供应链融资采用联盟链，按业务逻辑设点取证，存储凭证的摘要、时间戳等信息，经节点共识记录到区块链中；需要业务节点共同确认的信息（如合同签署、支付批准），经节点决策人以密钥认证身份登录后确认，记录区块。这使得凭证的信息公开、公正，各参与方以自身信用叠加形成对凭证的公信力，账本实时同步至各节点，业务不受单一节点影响。连续记录的过程化凭证形成后，可以链接到其他业务系统或公有链，使得凭证可以多次重复使用，而无须反复验证凭证来源的真实性，提高业务效率。

2. 存储架构

"区块链+凭证"在供应链环境下各个子系统中生成，采用云存储是比较好的解决方案。云存储为供应链提供更为安全、可靠的凭证托管服务，为社会化机构、平台、金融机构等提供便捷化的凭证查询服务。云存储不仅能够降低存储成本，为将来形成供应链金融生态系统、接入电商平台提供开放式的架构，而且实现从联盟链到公有链的搭建。

3. "物联网+区块链"：电子证物

要达到法律规定的"电子证物"效力，依据我国法律必须要满足下面三个条件。

（1）及时性：数据必须及时收集，并同步于业务操作。

（2）过程性：过程的数据必须被记录，并同步于业务过程，连续记录。

（3）不可篡改性：收集、存储的数据必须证明没有被篡改过。

物联网的核心理念是通过传感器等感知设备将物理世界的隐性数据转换为显性数据，进而从显性数据中获得客观世界的运行规律和相关知识。在需要取证的环节布置传感器对实时信息进行读取，实现对标的物状态信息的取证，并以区块链加密的方式存证，具有证据公开透明、不可伪造、不可篡改、不可撤销的特点，能极大地证明交易的真实性问题。

结合物联网和区块链来获得和存储供应链融资过程的电子证物，将极大地提高账本记录数据的信用力，这将对大额的单笔交易、容易产生争议的交易环节起到巨大的信用支撑作用。物联网技术作为智能化技术，对于计算信用的产生起到关键作用，将物联网技术与产权变动结合，使得系统自动生产的单证及时获得产权变动信息，这对贷后管理极为重要。

可以预见，未来物联网将成为虚拟世界中信用创造的重要角色。

4.4 "区块链+交易"

"区块链+单证"用以验证单个业务环节的真实性，实现该环节对于信用链的支撑。

供应链融资是基于交易真实性的契约架构，"区块链+交易"以单证的真实性、交易业务逻辑和节点交叉验证，来解决金融业务最为关键的交易真实性审查问题。

4.4.1 交易真实性是融资契约的基础

交易真实性证明的价值体现为以下几个方面。

（1）大量减少"可信赖第三方机构"的参与

交易在本质上交换的是价值的所属权，"产权交换"是交易真实性的内涵，区块链支持产权交换的真实性证明、节点参与记账和交易行为的证明，从而绕开特定的独立第三方记账人，为供应链金融创造宽松的信用环境，为金融服务提供有效可靠的所属权证明和相当强的中介担保机制。

（2）交易真实性有效约束主体的道德风险

区块链构建的资产交易系统，账本中记录交易生命周期的历史信息，任何一个节点要发起一个交易行为，都需要将交易行为信息传递到联盟链的所有节点，确保保存于所有节点上的账本都能准确更新并验证这笔交易行为。若违反业务逻辑、节点试图发起虚假的交易，那么它的节点信息将无法和网络其他节点达成共识，因为其他节点不参与作假就不会确认其交易写入账本。

（3）信用自证功能

以弱中心化的形式实现供应链网络、供应链生态内的自我增信，而无须将各类单证由中心化的第三方机构（如合同管理中心、银行、交易中心所等）进行统一的账本记录、更新和验证。交易者在信用自足的真实交易环境下，交易双方无须第三方中介授信即可达成交易。

（4）大幅降低操作成本

在"区块链+交易"的环境下，为导入金融服务提供了简便易行的管理工具，贷前查询可以用少量的人工完成网络化追踪记录存储、检查验证结果等，贷中和贷后也无须以金融机构为中心进行集中管理，对交易各方的数据交换也无须第三方参与，解决融资管理的多个痛点问题。

对于贸易真实性的审查，需要完成以下尽职调查：

① 严格按照权限和程序审查、审批业务，不得绕开审查、审批人，超越、变相超越权限或不按规定流程审批；

② 实地查看，如实报告授信调查掌握的情况，强调风险点，不得主观改变调查结论；

③ 独立审贷，客观公正、充分、准确地分析业务风险，提出降低风险对策；

④ 不得以"低风险"业务为名，不按规定开展贷款三查（贷前调查、贷时审查和贷后检查）。

4.4.2 基本假设

先给出供应链金融的基本假设，作为进一步分析的基础。

（1）假设核心企业守信

核心企业没有必要也不愿意串通节点企业或接受节点企业的串通邀请来进行虚假交易；在实践中，制造业多从核心企业的信息系统中展开融资信用分析。核心企业作为信用源点，一般不对核心企业提供的数据或单证做过多的质疑。否则，供应链金融业务无法找到着力点。

（2）假设节点具有守信的内在动力机制

供应链内部属于重复交易、熟人交易模式，核心企业对失信者的惩罚是失去市场（例如中止、减少采购量），节点为获取长期收益，守信是供方的最佳选择。因此，节点有动力提供真实有效的运营信息，且在相互验证节点数据时采取合作的态度，或者不会轻易与其他节点有作假行为（害怕惩罚）。对于供应链系统内的一般性业务信息，如进货、付款等，无须进行过多的真实验证；借助核心企业的 ERP 系统，基本上可以验证交易的合理性、真实性。

4.4.3 系统确权与系统取证

系统外的观察者无法从系统外部来观察和操作系统内部的运作。金融机构对于供应链金融信息的获取与验证，不能深入供应链系统内部，只能由供应链系统本身提供"输出"（信息）。所以，确保系统内部抽取的信息客观、公正是金融机构的需求所在。

系统取证是在排除人为干扰的情况下，在系统运行过程中，实时抽取关键数据和证据，提交给外部的金融机构，属于系统取证。在系统取证的同时，以区块链加密的方式向外部传送，以保证证据的真实性、原始性和不可篡改性。

系统确权是系统在运行过程中，对涉及当事人权益的变化由系统自动确定，包括所有权的转移、债权的成立、债务的清偿等。系统确权表现为自动生成单证，而无须事先人工确认，且系统确权后具有与现实权益变更相同等的法律地位，系统确权后无须人工再次确认。系统确权的单证，其信用高于人为处理、人工确权的单证。供应链金融的相关单证应尽量由系统自动生成，且不受人为干涉。系统确权采用区块链账本记录，可极大地提高单证的可信度和处理效率。

例如，在食品供应链中，采用区块链技术实时抽取产地信息、鉴定信息、检验信息等，以不可篡改的方式提供给外部的机构，形成数据不可篡改和加盖时间戳的证据，有效防止传统模式下系统内部的道德风险。

而传统的中心化应用模式，无论是源头企业，还是渠道商，在掌握中心化系统的过程中，从自身利润最大化的决策目标出发，当系统记录信息不利于自身时，将可能篡改账本信息或隐藏不利的账本信息，或者消灭账本信息。

另外，目前在供应链系统中，市场参与者（特别是渠道商）各自维护自己独立的账本（进销存系统），采用接口对接或导入数据。对于各自控制的系统与账本，操作者可以对自己的系统进行大面积的篡改，这类系统最终提供的信息完全不能达到溯源的要求。

4.4.4 【案例分析 4-2】Everledger 利用区块链技术管理钻石销售的溯源

区块链在登记结算场景上的实时对账能力，在数据存证场景上的不可篡改和时间戳能力，为溯源、防伪、供应链服务提供了有力的工具。

英国伦敦的区块链初创公司开发了一个知名的溯源项目 Everledger，用于登记钻石身份和记录钻石流转过程，客户是承接钻石偷盗险的保险公司。该系统针对的痛点是宝石销售行业的保险欺诈问题。

保险欺诈令欧美保险公司十分头疼，美国和欧洲的保险公司因为保险欺诈每年要损失 450 亿英镑，保险公司的年度反欺诈支出高达 2 亿英镑，其中 65%的保险欺诈案无法破案。每年约有 1 亿英镑的金额被用于珠宝的失窃赔付。

Everledger 通过和美国、比利时、以色列、印度等地的钻石鉴定机构合作，利用钻石的 4C 信息（颜色、切工、纯净度、克拉），外加 14 个特征数据，为每个钻石生成一个独立编号。通过在区块链上记录这个编号的流转过程，当钻石不幸被窃时，保险公司在 Everledger 上将该钻石标记为被盗。这个钻石无法再次投保，如果被用于抵押也很容易被接受抵押的机构在 Everledger 上查找到，同时还为执法机构追寻赃物提供了方便。

4.4.5 交易真实性证明的应用原理

交易真实性证明依据供应链中的交易链结构，获取关键环节数据，参与人确认，结合区块链的时间戳机制与数据不可篡改性，从根本上解决传统方式难以实现的交易背景真实性的审查。

从供应商、核心企业、分销商到承运人、仓储监管公司、供应链平台、金融机构等其他参与者，基于区块链架构共享各自交易结构的信息，信息通过全网认定，使得各节点获得高信用，无须反复审核验证的信用，业务开展和责任的界定趋于简单化，这对于贷后管理也提供了有力的支持。

确保交易的真实性是风险控制的出发点。供应链金融的业务处理是将人工操作、纸质单证及流程转换为数字化、网络化作业的过程，将现实世界与债务有关的操作，在虚拟世界与真实世界中交替操作。

交易真实性具有如下内涵。

（1）交易是真实的

交易真实性的判断来自于采购或分销等行为，有业务单据的支持和驱动（如订单、预付款），有多方参与人的确认（签字、盖章）；有与交易有关的物流发生（如入库单），有第三方物流、供应链服务商的参与。记录这些方面的信息，并且有核心企业的信用背书（核心企业不参与虚假交易），那么交易的真实性可信度高。

（2）单证的真实性

单证是交易过程中的人工产物，是债务或债权成立、支付成立、资产转移成立等环节的证明。单证也能由系统自动产生，并且系统信用将高于人工信用（避免道德风险）；单证由利益相关者在线签署，且不能被篡改，那么单证的可信度高。

（3）已经确认、记录的交易，单证信息不能被篡改

如同现实世界的事件发生后不能再被篡改一样（时间永远向前），虚拟世界中的交易信息同样不能被篡改，使得虚拟世界与现实世界具有一致性。

现实世界的交易是按时间序列不断发生的且不可逆的事件序列。区块链技术记录并反映交易事件的时序性和不可逆性，在同构的基础上进行记录存储。区块链以加密、共同账本、分布式存储机制构建去中心化、不可篡改的"共享"信息，以相互信任的方式形成金融业务所需要的业务数据平台。

以采购为例，假设采购交易从签订合同开始，合同文本需要双方或多方签署，预付、订货单、发票、发货单、验货单、入库单等，构成一个完整的记录序列。

采购交易的区块链记录原理有四个步骤（合同签订、发订货单、预付货款、入库单），如图4-7所示。

在图4-7中，现实中的真实交易将产生一系列按时序发生的事件，并形成资产关系的变化。

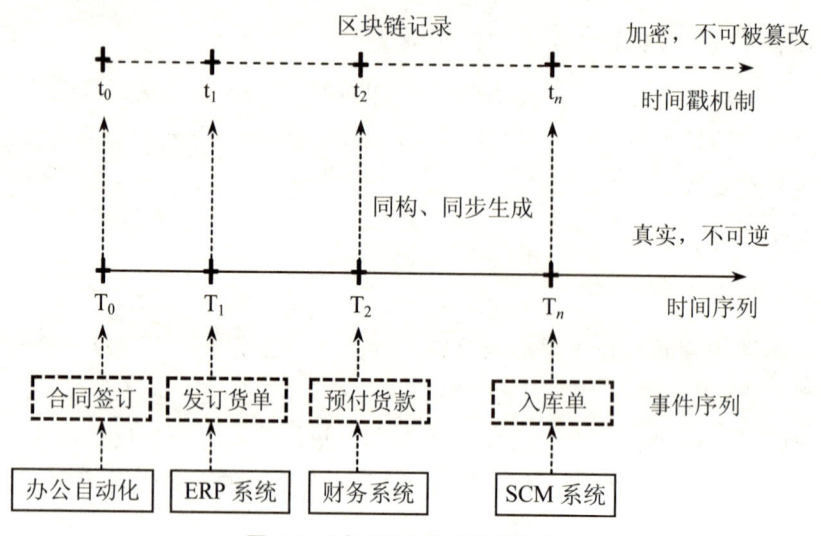

图 4-7 采购交易的区块链记录原理

（1）T_0 时刻"合同签订"，表明双方债权利关系的确立，法律关系成立，合同签订事件从办公自动化系统中抽取出来，形成区块链的 t_0 记录，不可被篡改，并且是下一个事件"订货单"的链接。

（2）T_1 时刻采购方发出"订货单"，要求供应商按订货单发货，债务关系成立，不可逆（假设订货不可撤销）；"订货单"事件从 ERP 系统中抽取出来，形成区块链的 t_1 记录，不可被篡改，并且是下一个事件"预付"的链接。

（3）T_2 时刻采购方进行"预付"，要求银行按约定时放款，融资成立，不可逆（假设付款不可撤销）；"预付"事件从财务系统中抽取出来，形成区块链的 t_2 记录，不可被篡改，并且是下一个事件"入库单"的链接。

（4）T_3 时刻采购方对供应商送货进行验收，合格后入库并立即生成"入库单"，交易完成（假设合同为 1 次送货、入库）；"入库单"事件从供应链管理系统抽取出来，形成区块链的 t_3 记录，并且不可被篡改，形成一个完整的区块链记录。

以上四个主要步骤从不同的系统中生成，并且与不同的参与人（公司）确认、签署，区块链及时记录事件与单证，以加密和时间戳的方式记录，前后串联，形成理论上不可被篡改的记录。区块链记录将现实世界的时间秩序和真实性，以同步、同构的方式构建于虚拟世界，形成虚拟世界不可被篡改的基本秩序。

上述例子中，合同信息储存在办公自动化系统中，订货信息系统存在 ERP 系统

（和相关 BOM 等关联信息），预付信息存储在财务系统中，入库信息存储在第三方物流公司的系统中，资金信息则存储在金融机构系统中，供应链参与主体都难以了解交易事项的进展情况、异常情况等，信息孤岛导致信用孤岛，从而影响协作效应，最终也导致核心企业的信用难以贯穿到整体供应链，大量节点企业的融资需求难以得到满足。

区块链技术跨系统抽取关键信息而形成具有计算信用的虚拟世界，取代了第三方信用的角色。这种与现实世界秩序同构的方式，符合人们在现实世界的观察与记录方式，以此作为虚拟世界的基础进一步构建更高层次的事件和操作。

4.4.6 交易信用评级代替债项信用评级

信用评价是以真实事件和真实信息为基础的，接受虚假信息或在刻意作假的环境中极易产生错误的判断而形成的风险事件。融资建立在交易真实的基础上，真实性产生信用，虚假产生风险。

交易信用是债项信用的基础，债项是交易的结果，是授信的业务单元，交易真实是债项真实的必要条件。捕捉交易的真实与实时信息，同步记录、单证互相验证和在审批中植入安全验证是实现交易精确管理的基础。

交易信用由一系列链式的环节和关系构成，整体表达为交易信用。对信用的审查需要从主体真实开始，一直到债务为止。

交易信用评级的逻辑结构如图 4-8 所示。

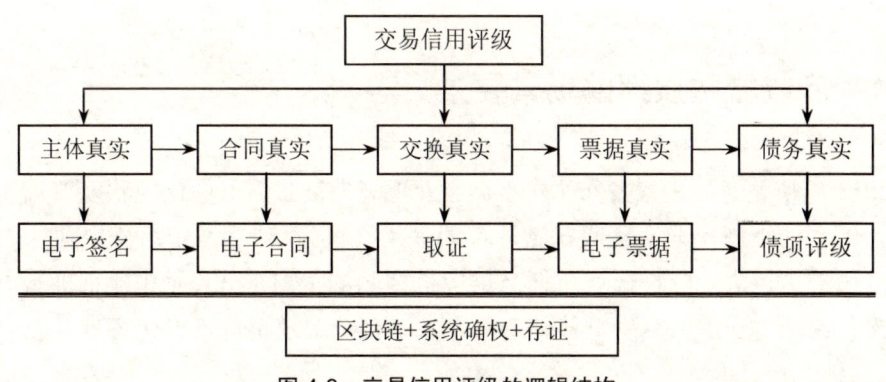

图 4-8 交易信用评级的逻辑结构

在图 4-8 中，交易真实性形成的基础包括主体的真实性和合同的真实性，基于交易真实性的信用评级，金融机构可以实现债项信用更为真实的判断，有效降低业务风险。供应链金融风控逻辑的起点是从交易背景开始，交易真实性是解决供应链金融覆盖所有节点、减少单证审查和背景调查的关键。

供应链金融现有债项评级的方式，仍然不能全面获得债项信用形成的路径和真实性溯源。债项评级主要审查债权关系、权益的完整性，而难以获得交易开始与执行过程中的大量信息，而这些交易过程信息能全面反映债项的真实性、债权的完整性和风险因素。

区块链技术对交易过程的完整性记录，将交易信用评级作为构架供应链金融的新主线，以信用管理与信用创造延伸到供应关系的底层和全链。"区块链+交易"实现信用创新，为供应链金融业务架构奠定坚实的基础。"区块链+"以其不可篡改、不可抵赖的机制来告诉人类，在缺少第三方信用的约束下，计算信用仍然可以作为人类社会经济活动有序进行的中介，即让交易双方都认可机器计算所表达的结果，从而自愿达成一致，构建信用关系，保证各方按交易约定来自觉执行。

在现实中，节点企业输出的仅仅为交易的结果，而大量有关交易信用的信息隐藏在各个节点的信息流、物流、资金流信息中。区块链技术打破各企业各自为政的信用孤岛现象，以第三方信用的角色抽取与交易有关的关键数据，形成能让各方认可的共享信用信息，在虚拟世界中建构金融业务不可或缺的真实性。

4.5 基本业务单元：应收账款质押的区块链应用

4.5.1 应收账款质押的场景要素

2013 年博鳌亚洲论坛发布了《小微企业融资发展报告：中国现状及亚洲实践》，国内有借款的小微企业，应收账款质押的使用率仅为 5.3%，中小微企业应收账款融资市场潜力巨大。应收账款质押是供应链金融的主要形式，是中小商业银行、小额借款、保理、互联网金融、信托、基金、平台金融及资产证券化等展开竞争的主战场。

我国的会计准则对应收账款的定义是：当同时满足商品已经发出且取得收取货款的凭证两个条件时，应确认收入，此时若未收到现金，即为应收账款。在制造与流通领域，应收账款主要是销售产生的债权。在法律上，应收账款是指不以票据或有价证券为代表的即未被证券化的、以付款请求权为内容的现有的及将来的债权[①]。应收账款产生于实物交易，但却是无形的财产权，缺少类似票据、存单的有价证券形式。

应收账款质押是基于未来现金流的自偿性融资，其场景要件如下。

（1）可转让性

用于设定质押的应收账款，首先应当真实合法，不违反法律法规；不存在其他优先受偿权、诉讼时效约束、关联交易等权利瑕疵情形。当事人约定不允许转让的（如基础合同中约定），则其对应的应收账款债权就不能作为质押标的。应收账款项下的基础合同真实合法，且属于卖方正常、已确实履行合同义务取得的债权。债项的真实性由交易、单证等来证明。

（2）特定化

应收账款特定化是法院判断应收账款质押是否存在、设立的基本依据。债务设立时必须特定化，是保证质权的独立性和完整性的基础。用于设定质押的应收账款要素均应当明确、具体、特定化，有详细描述。比如，债权人与债务人的名称、地址，服务/货物的提供、款项金额、起讫期限、支付前提条件、支付方式、产生债权的基础合同、基础合同的履行程度等。

（3）时效性

用于设定质押的应收账款债权在有效的诉讼期内，超过则债权人的债权从法律权利转变为自然权利，若失去法律的强制措施保障，则失去质押意义。

（4）合同、登记（公示）

当事人合意与质押登记是应收账款质权成立的要件。应收账款质押转让登记是对抗善意第三人的要件。应收账款质押和转让登记的平台为中国人民银行征信中心所属的中征动产融资统一登记系统。

在实践中，应收账款质押融资分为以下两种。

---

① 陈福录. 银行视角中应收账款质押存在的问题及其法律对策研究. 北大法律信息网文粹，2014.

（1）应收账款质押单笔融资

针对企业产生的单笔应收账款确定放款额度，适用于发生频率少、单笔金额较大的场景。

（2）应收账款质押循环融资

适用于发生频密、回收期短、周转快的应收账款，特别是连续发生的小额应收账款，并且计算周期内存量余额稳定。根据平均应收账款余额，核定最高放款额度，质押决算期间，借款人可以自由支配，随用随取、随借随还。授信人对融资池的债项结构进行监管。

4.5.2 应收账款质押的业务痛点

应收账款融资的主要风险来自真实性问题。如果交易为虚假，则应收账款质权不成立。在经济下行及不少行业去产能的影响下，信用环境也不断恶化，伪造贸易背景骗贷案例常见诸于报告。2014年4月，中国银监会颁布《商业银行保理业务管理办法》，强调在开展保理业务时必须严格审查交易背景的合法性和贸易的真实性。在实践中，应收账款的真实性、合规性审核、价值确定及后续监管，是该类业务的关键操作要点，具体包括以下内容。

（1）交易背景审查

提供买卖双方的过往真实交易记录；判断买方为善意的购买人，是行业排名靠前的企业，或者还款能力充分的公用事业单位、政府机关等；审查次债务人的还款能力、生产状况、经营状况、财务状况、行业地位等。

（2）债项的真实性

调查双方对应收账款要件的认可程度，派人前往买方所在地现场核实；调查债务人的付款意愿；审查、核对债项的支持性文件等。

（3）评估债项的质量

主要评估指标包括应收账款构成比例、应收账款平均金额大小、应收账款平均回收期、应收账款集中度、质押率等。

(4)可回收性分析

分析交易的惯性、合作关系、关联交易等。

(5)要求签订、执行"封闭回款"协议

约定"应收账款收取后直接用于归还质权人主债务,构建出质人、质权人、次债务人三方协议,对还款账号等进行监管,对符合一定条件的质权人可以直接划转。

应收账款质押融资的典型交易结构如图4-9所示。

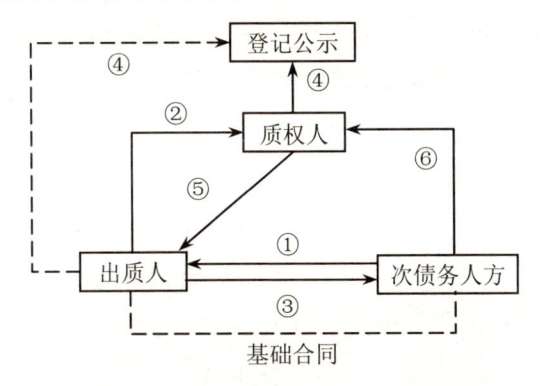

图 4-9 应收账款质押融资的典型交易结构

应收账款质押融资交易结构包括质权人(资金方)、出质人(主债务人)、次债务人(买方)三个主体。操作流程大致如下:

① 交易发生(依据基础合同),形成应收账款债项,符合可质押要求;

② 经质权人审查合格后,签订质押协议,转让应收账款;

③ 出质人书面通知次债务人的出质事项;

④ 质权人向系统"登记公示"与"确认",主债务人线上确认,质权确立;

⑤ 质权人向出质人放款;

⑥ 次债务人向质权人支付回款。

虽然上述流程基本能够解决履约过程中多方交互的问题,但在目前我国法律的规定下,应收账款质押融资仍然存在诸多尖锐的问题,主要表现在如下方面。

(1)基础合同、票据的真实性

目前,在技术上仍然难以鉴定签章的真实性;基础合同或债权文书容易伪造,例如为融资而构建的虚假交易等是风险的主因。

（2）登记公示的作用有限

登记公示系统在于形成质物的对世权和对抗第三人。登记公示机构并不对当事人提交的资料进行内容验证，也不能保证提交资料的合法性和真实性，其作用仍然相当有限。

（3）登记的内容缺少严格规定

对登记系统的内容、应收账款的描述和要素等如何确定，法律缺少严格的规定，在实践中尽量收集与提交单证以保证信息的充分化是降低风险的策略。

（4）登记作用弱化

应收账款质押登记属于"单方登记"，登记的真实性、内容、是否终止，以及后续还债过程等，始终由质权人"控制"。登记机构不对提交的资料做实质性审查，出质人、次债务人无法干涉，使得质权人的登记行为显得随意且不能尽职，甚至出现错误也不及时更正，弱化了登记和公示的作用。

（5）过程记录不全

应收账款的还款过程及债务存续期间的交互结果没有形成完整的记录，对后续债务争议处理不利。

（6）次债务人的抗辩，极易形成风险

包括不承认交易的真实性，否认可质押性，特定化不明确或登记瑕疵；出现《合同法》第52条规定的无效情形，如不可抗力、重大情势变更，或合同中被认定存在重大误解、欺诈，或合同解除权被激活等，导致基础合同变更、撤销、认定为无效或解除的，质权存在失效的风险。

以上问题说明在融资合同签订以前，不可能穷尽对真实性背景的调查（成本相当高）；同时，参与各方皆为互不信任的节点，为降低整个履约过程的信用成本和风险，交易各方需要在业务过程中不断积累信用，即通过不断存证、不断解决新问题并记录达成共识。这就要求交互事项应以书面的方式记录，确认后不可更改、不可抵赖。

采用技术手段来支持交互过程，并形成不可篡改的交易、交互记录，可有效降低业务成本和信用风险。

4.5.3 "区块链+应收账款质押"应用架构

以区块链作为业务平台构架,将登记公示、质权人、出质人(主债务人)、次债务人及第三债务人等纳入业务平台,实现登记公示、单证、交互与确认四大环节的协作,形成全过程的文档记录,可减少风险管理的复杂度,降低操作难度与操作成本。

(1)单证及过程文件加密、记账

收集、存储和共同确认应收账款的支持性文件:

① 基础合同、订货单、发运单及验收证明、入库单、现场照片;
② 证明实际销售额的增值税发票、商业发票及完税证明等;
③ 应收账款、账龄清单等总账及明细账,质权人权力清单。

(2)共同确认

当事人的流程化确认,履约过程产生的交互记录、文件,经确认后存档,最大程度消除异议、不确定性及风险因素。

(3)争议处理

在履约过程中各方发现的新问题、新的异议(如质权瑕疵),以及主债务人、次债务人可能产生抗辩的问题,要求主债务人、次债务人书面确认应收账款的无瑕疵。

采用区块链技术对以上过程进行改造,交易流程如图4-10所示。

在图4-10中,原来手工处理单证、线下签章、单证集中保存的形式,更改为线上确认。每一个节点都保存相同的账本机制,所有规则与约定都公开、透明;所有涉及权益与合同执行的环节,如合同瑕疵、付款条件、登记确认、通知确认等,都在交互式处理下达成共识并存证,不可更改、不可抵赖,作为日后争议的处理依据。

所有节点都参与互动和见证、监督,账本上的所有数据由每个人共同维护,参与维护的每个人都能保存一份完整的数据库备份,业务模式如图4-11所示。

区块链支持质押业务的运营,区块链成为"信任连接器",最终使得履约过程中的所有节点都无法违反、抵赖,达成一致的约定,可将沟通成本和冲突降到最低水平。

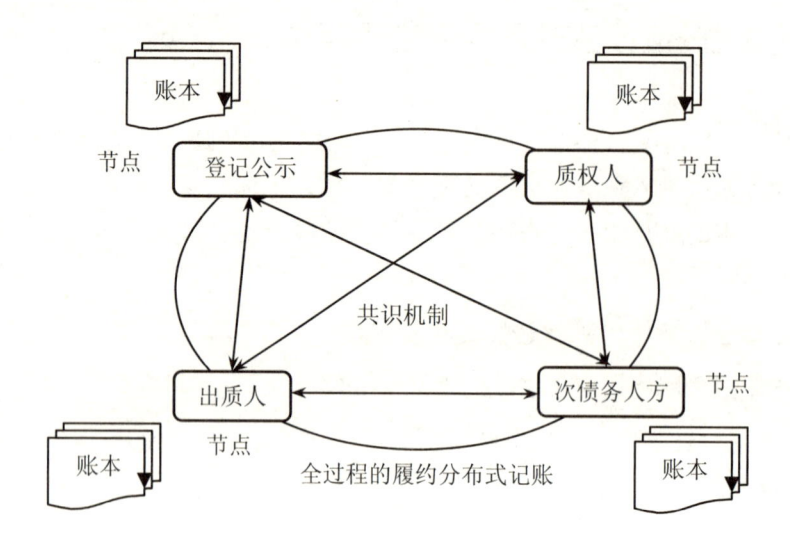

图 4-10 "区块链+应收账款质押融资"交易流程

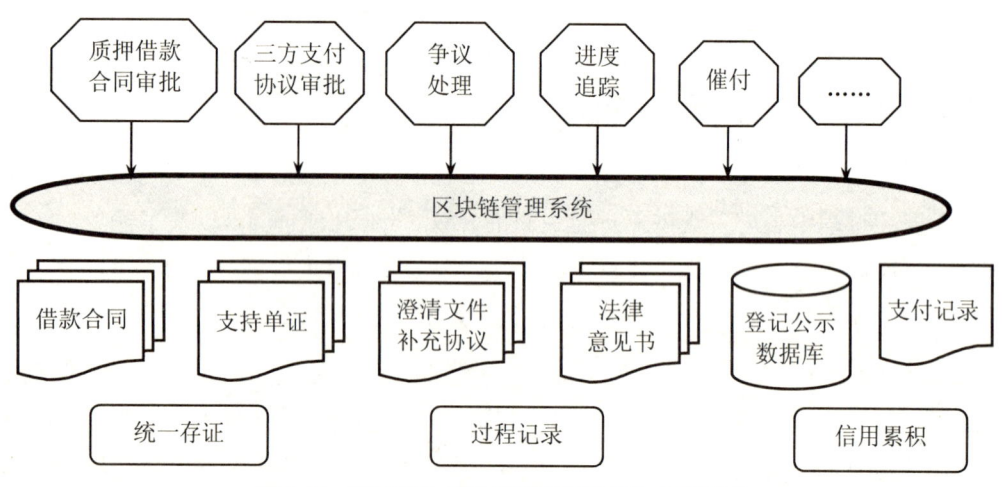

图 4-11 "区块链+应收账款质押融资"业务模式

在图 4-11 中,出质人、质权人、登记公示、次债务人作为验证节点共同参与,形成共享账本,管理合同、单证、证据等。智能合同则可以实现对节点行为的智能化监控,并自动执行预先确定的规定,如自动划账。

系统应用架构如图 4-12 所示。

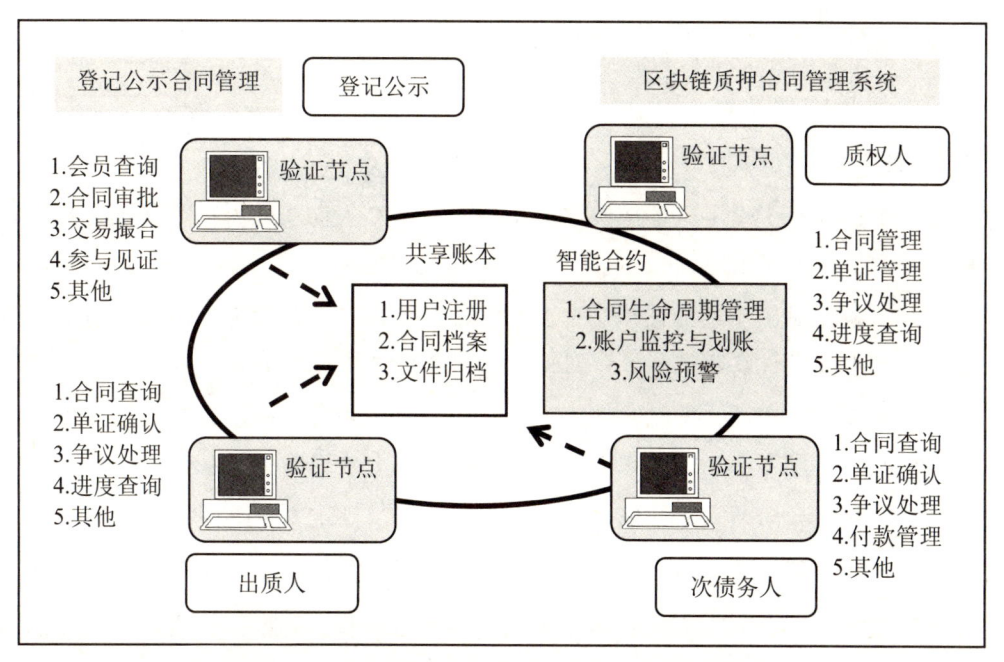

图 4-12 "区块链+应收账款质押融资"系统应用架构

4.5.4 "区块链+应收账款质押"系统功能设计

针对供应链金融的"核心企业——一级供应商"的应用场景，下面给出一个简单的"区块链+应收账款质押融资"例子。

1．功能描述

由于合同、单证、争议处理及过程文件等公开，并且在线签署文件（以密钥保证身份认证的安全性），可保证不被代签，保存后不可被篡改。智能合约则保证合同中所规定的处理（或操作）可得到有效执行，例如，当划账条件发生时，从次债务人账户直接划出资金，而不需要次债务人的事先同意。采用点对点的沟通，提高了效率，确保了透明。

该系统中四种角色如下：

（1）质权人（资金提供方，如银行、保理）；

（2）出质人（借款人，如一级供应商）；

（3）次债务人（付款人，如核心企业）；

（4）公示平台。

2. 业务流程

（1）出质人与次债务人的应收账款形成后，出质人向质权人提交基础合同、相关单证，向质权人申请质押借款。

（2）质权人对出质人的债项进行交易真实性调查，对次债务人进行还款能力调查，对相关单证进行真实性验证，对债项的可质押性进行评估。

（3）质权人与出质人签订在线合同；登记公示节点确认并生效；出质人确认所有单证和回答质权人的质问，相关文件加密保存后不可更改。

（4）质权人、出质人、次债务人签订三方协议，规定支付事件和账户管控。

（5）履约过程中处理各种争议，达成共识、形成文件并加密保存，不可更改。

（6）账本公开，各方无须对历史单证进行反复查验，降低操作成本，形成信用机制。

各方操作时，确认无误后，使用私钥签名，具有法律效力。过程合同可以查询，大量支持性的文件、证据以不可被篡改的方式保存在系统中。

具体实现逻辑如下：

（1）创建账户，为每个用户生成唯一的私钥与地址；

（2）出质人生成质押融资申请，提交相关单证（扫描上传），保证与实物文件一致；

（3）质权人查证后批准，并提前"登记公示"（质权生效）；

（4）在线签订三方合约，确认支付等细项；

（5）履约过程中形成共识文件，在线共同签署后存档。

账户私钥应该由安装在本地的客户端生成，每位用户的私钥为guid+"1"，公钥为guid+"2"。用户签名为私钥+"1"。

3. 数据结构设计

（1）质押融资合同审批单

- 合同编号。
- 出质人。
- 法人代表。
- 公司地址。
- 质物金额。
- 借款金额（质押率）。
- 起讫日期（到期日）。
- 次债务人。
- 货物名称。
- 还款方式。
- 交易内容。
- 权益清单。
- 附件清单。
- 签证人。

（2）三方协议审批表（回款合同）

- 合同编号。
- 质权人。
- 出质人。
- 次债务人。
- 借款金融。
- 回款方式。
- 回款账户。
- 划款条件。

① 用户管理

- 姓名。
- 所在地址。
- 公司。
- 账户地址。
- 账户公钥。
- 账户私钥。

- 联系方式。
- 用户类别。
- 用户权限。
- 访问记录。

② 存档文件

- 文件编号。
- 名称。
- 关联合同号。
- 文件签署人。
- 文件类别。
- 文件内容。

③ 主要功能及各自实现的功能

- init：初始化出质人公司及其操作人。
- invoke：调用合约内部的函数。
- query：查询相关的信息。
- create user：创建用户。
- init create pledgor：创建出质人公司。
- init create subordinate debtor：创建次债务人。
- init create pledge loan contract：创建质押合同。

4.5.5 【案例分析 4-3】钱香金融携手布比打造首个"区块链+"供应链金融项目

2016 年 5 月，国内区块链技术服务商布比（北京）网络技术有限公司（以下简称布比）与互联网金融平台钱香合作，结合区块链技术打造黄金珠宝终端供应链金融平台。作为第一次从技术层面建立去中心化信任的技术，区块链对于提高效率、拓展业务边界具有颠覆性意义，为行业树立了互联网金融创新的标杆。

1. 黄金供应链简介

我国是一个爱"金"的国家，黄金的生产和销售在世界处于靠前位置。2016 年我国黄金消费量975.38吨，连续4年成为世界第一黄金消费国，连续10年成为全球最大黄金生产国，是仅次于美国的第二大珠宝消费市场。但在巨量的交易下，我国仍然是产业集中度低、信息化程度低、金融介入程度低的黄金市场。黄金零售品牌企业持续扩张，企业的借贷需求旺盛；市民投资黄金的渠道有限。

节庆、婚礼等消费属于刚性需求。因为珠宝单价高、个性化强，需要线下选购，因此行业受互联网冲击很小。此外，珠宝还是资金密集型行业，对信贷需求很大。但是珠宝行业的下游店铺由于缺乏可供抵押的标准资产，珠宝销售多属现金交易，也就无法提供银行流水，因此很难从传统渠道获得融资，这就导致下游店铺扩张速度受限。

钱香金融从供应链贸易角度切入，通过把控上游企业的核心供应链交易环节，为下游黄金珠宝门店和C端（客户端）理财用户提供金融服务。黄金珠宝门店持续扩长，但由于门店的可供抵押的资产少、征信信息缺乏，门店的借贷需求难以从银行得到满足。

珠宝消费供应链的业务痛点如下。

（1）信息流、商流的验伪难；成本高，效率低，多头重复验证。例如，钱香对融资需求要线下分别与小珠宝商、供应商和担保方确认合同的真实有效。

（2）风险与责任不明晰。钱香金融作为中间平台，承担了所有的风险，如果上游供应商与小珠宝商联手以虚假合同骗取资金，钱香金融难以厘清风险与责任边界，承担作为信息中介不应承担的责任，风控成本很高。

（3）普通投资人难以判断标的资产的真假，理财资产信息不透明、不公开。随着P2P平台跑路越来越频繁，投资人需要平台披露更多的资产和债务人信息。

（4）供应链上下游的各个环节因信息分散、信息重复审验等效率低下，导致出现中小企业和金融机构信息不对称的情况。

2. 钱香金融的解决方案

重资产、渠道占压严重的黄金珠宝，金融属性需求强烈。品牌商需要大量的资金进行净资产的采购和供应链的运转。珠宝产业上游批发集中在深圳水贝，但是品牌分散，全国前十大珠宝品牌所占市场份额之和仅为20%左右，其他多数为区域性品牌和加盟店，品牌集中度较低。大品牌也多以品牌加盟店形式为主，因为开设一家珠宝店的成本高达数百万元之多，高昂的开店成本使得建设覆盖全国的门店需要大量的资金。部分大渠道、大品牌的融资问题可以由银行贷款来解决。在银行贷款要求金额大、时限长的特点下，大量具有优质资产但融资需求金额少、个性化强的门店及渠道难以获得低成本的资金支持。

为中小企业或品牌商提供资金服务，中小企业或品牌商便能够增强竞争实力，以此带动的贸易流通、进销存、物流服务、数据沉淀、仓储加工、设计定制等方式的变革，推动行业升级。同时，整个珠宝行业的从业人员较为传统、生硬，信息化系统较弱，伴随着沉积渠道多、采购优化空间多、利润可观的特点，黄金珠宝垂直产业互联网有很大的发展空间。

钱香金融通过打通产业链，为上下游企业提供一站式集中采购、降本增效，为门店的优质金融资产提供借贷需求。钱香金融设立沣临供应链 B2B 平台，打通了核心门店和工厂展厅供应链的上下游，把控黄金贸易的核心环节。在降低借贷金融风险的同时，形成工厂的集采优势。风控主要依靠深入供应链运作来获得，通过交易的数据进行"数据化风控"，这些数据包括供应链进销存数据、产品贸易品类及区域数据、区域店铺经营数据和借钱、借金、担保信用数据。对供应链数据的掌控弥补了传统门店信息化不足而导致的征信难问题。

在交易方面，通过担保方式进行控制，主要包括第三方公司担保、非亲属商会会员和加盟品牌商担保，以及实际控制人担保等形式。同时，由于黄金珠宝门店拥有稳定的现金流，商品流动性高，可以通过经营流水和黄金资产进行保证。

钱香金融理财平台于 2015 年 8 月上线。钱香理财平台的投资周期大概在 1～6 个月，年化利率控制在 10%～13%。截至 2017 年 1 月，钱香金融的成交额突破 8 亿元，覆盖黄金门店 2000 家，保持月成交金额增长速度 30%以上。在供应链平台方面，沣临供应链 B2B 平台目前打通的上游工厂 40 家，已服务的下游终端品牌企业 150 余家，覆盖终端零售门店 3000 多家，每月贸易采购额 2 亿元左右。

钱香金融与开店宝、荟萃楼、六桂福、地大珠宝、金仟禧、沣临珠宝等达成战略合作，各方将充分发挥各自优势和影响力，共同推进黄金珠宝供应链金融的发展，在信息流上相互共享，在物流上相互开放，在资本上相互融合，最终打造集大数据、供应链物流、金融为一体的战略合作伙伴联合体，引领行业发展新潮流，携手打造"互联网+产业+金融"的合作典范。

沣临珠宝供应链金融业务模式如图 4-13 所示。

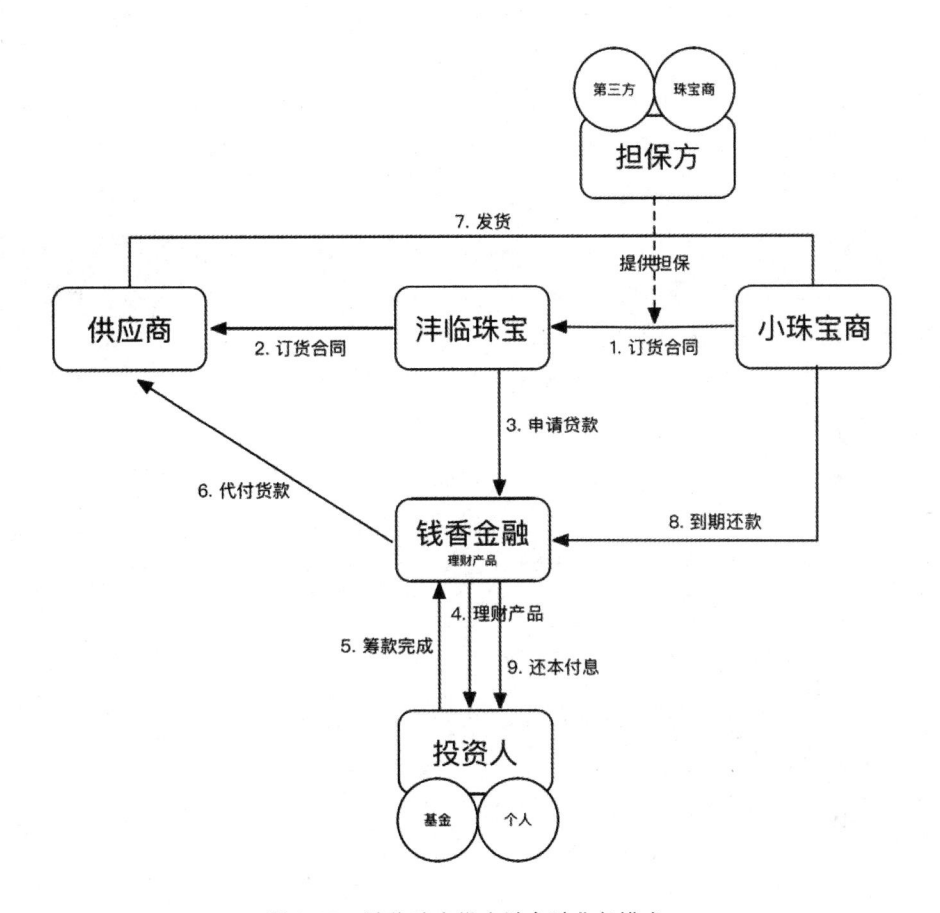

图 4-13 沣临珠宝供应链金融业务模式

3. 区块链解决方案

存证的关键在于多方参与和公证。互联网金融流程涉及上游工厂采购方、供应链服务方、借钱的核心企业担保方、用钱的采购门店主体、钱香金融平台、投钱的 C 端等，至少包括六方参与者，彼此之间难以建立可靠的信任。

区块链具有去中心化、去信任化、可扩展、匿名化、安全可靠等特点，可以很好地解决中心平台垄断、信用认证难题、信息不对称等问题。区块链技术以其去中心化的互助协作、全网记账的体系，有利于构建普惠式的信用体系；共识机制能够建立开放式的信用。

钱香通过与布比合作，构建以区块链技术为基础的第三方存证平台。区块链应用包括把主体和行为的投资记录上链，让其成为多方存储的不可篡改的数据，保证数据记录的安全公正。布比区块链平台促使参与方共同建立和维护一份各个环节认可的统一凭证，并且除凭证外，项目的执行过程有完整的履约记录和追踪，降低了金融机构风控难度和中小企业融资的难度。平台再对接广大互联网理财用户，实现安全且优质的 P2P 金融。

平台打通供应链节点进销存，以真实贸易为基础，掌握供应链物流、资金流和信息流，实现借钱给货模式。依托区块链技术共识、安全、不可被篡改的特性，对加盟商的资金用途、进货渠道、还款能力等实现全方位管控，连接上游供货商及下游终端门店，实现金融与供应链物流、信息流的精准融合，为各终端门店提供单笔小额授信，实现资金快速、灵活、低成本运转。

区块链存证比较好地解决了两个关键问题：一是资金池，防止虚构资产进入资金池；二是防止虚假标，防止原始资产作假，防止套用银行存管资金。从具体上链数据来看，投资和借款主体信息会记录在布比联盟链上，包括用户投资的资产 ID、名称、余额、交易时间等；交易行为明细数据会上链，维持不可篡改性；资产数据和法律关系合约上链，例如供应链系统里的还款协议等。

在安全方面，布比区块链提供整套私钥管理与存储体系。除此之外，布比还为用户提供了运维管理的可视化工具，支持业务、网络、系统层面的数据信息监控。布比支持权限配置策略，可以根据各类应用进行相应的隐私数据保护策略。

第 5 章

区块链架构下的物流金融创新

5.1 物流金融概述

我国是制造业大国，金融机构依托"物权、货权"作为风控手段来提供融资服务，是潜在规模高达数万亿元的大市场。近年来，大宗商品的存货质押与供应链中的动态存货质押发展较快。对比西方发达国家的动产质押业务，我国的动产质押监管融资属于简单初级且极具中国特色的融资模式，在实践中存在责权不清、个性化太强的缺点，近年来这个领域的风险事件常见诸于报道，说明了这种模式的不足。

未来，随着我国物流业的转型升级、服务能力的提升，提供标准化服务的仓单融资将成为与西方发达国家接轨的业务模式，具有极大的发展空间。

5.1.1 物权的对世性与公示

理解物权的"对世性"是理解物流金融一系列制度安排的逻辑起点。

物权是指权利人直接支配特定物，具有对世性，意味着对权利人之外的不特定主体都具有广泛的约束性，具有"排除他人干涉"的权利[1]。物权具有排他性，同一

---

[1] 尹飞. 明确物权的对世性意义巨大. 检察日报, 2005-08-01.

物不能有两个或两个以上所有权。假设物权不具有对世性的特点，则物权的设立、转移就不一定需要公示。所以，物权的变动必须要采取一定的公示方法，将物权设立、移转的事实通过一定的公示方法向社会公开，公示物权变动的效果就是要告诉世人该物权已经"名花有主"了。

抵押资产的公示登记是风险控制的重要方式之一。应收账款、融资租赁和存货是三类常见的需要登记公示的动产，但法律规定中，只有应收账款在《物权法》中给出了登记公示的明确规定。我国法律规定存货质押的法定公示方式是"移交占有"，但移交占有的公示方式很难使质押法律关系为第三人知晓，潜在交易主体的利益无法得到有效保障（主因在于质权人并没有直接占有质物，出质人、委托监管人仍然有可能将质物再次与善意的第三人进行交易，善意的第三人并不知道该质物已经出质）[1]。因此，需要存货质押登记公示来补充移交占有公示方式的不足，以解决第三人善意取得、虚开仓单和重复质押等问题。

建立全国范围内的担保存货登记公示是必不可少的环节。"中国物流金融服务平台"于2012年创立，参与国家标准《担保存货第三方管理规范》（以下简称"国标"）的起草、制定、颁布及实施，同步开发"国标"的配套系统"全国担保存货管理公共信息平台"。"国标"基本厘清担保存货管理所涉及的借款人、贷款人与第三方管理企业之间的责任划分问题。"全国担保存货管理公共信息平台"系统的目标是通过互联网及大数据等技术手段，对担保存货相关信息进行动态、持续、统一的登记与公示，以保证三方当事人的责任衔接，避免三者之间的责任纠缠。

5.1.2 物流金融概念

根据中国物流与采购联合会的定义，物流金融是指在面向物流业的运营过程中，通过应用和开发各种金融产品，有效地组织和调剂物流领域中货币资金的运动。这个定义的内涵宽泛，研究物流金融创新必须找到合适的研究切入点。以银行、非银行金融机构的角度看，物流金融很大程度上依托"物"（物权、货权）作为风控手段来提供相关的金融产品，是三方协议（银行、借款企业、仓储企业）下的商业模式；从物流企业的角度看，物流金融是仓储服务、配送等基础业务上的增值服务，配合

---

[1] 辛树人. 委托监管模式下存货质押融资业务发展路径. 金融时报，2016-08-15.

银行为其客户提供融资服务。

本书主要讨论现货质押融资。

根据现货交易的场景，存货质押又分为两类：

（1）大宗商品，其特点为品种单一、单笔金额大；

（2）供应链下游的存货，多为成品，其特点为品种多、单笔金额较小。

存货质押的另外一种划分方法是静态质押和动态质押。静态质押是特定化库存，质押物事先约定，出质过程中不允许更换，直到信贷方缴纳足够的保证金或还清贷款，才可以赎回质押物。动态质押是核定库存，出质的存货可以多样化，甚至在质押过程中的不同阶段也可以更换存货种类，如原材料、产成品，各类之间可以相互置换，只要质押的动产价值在设定的范围内即可。

根据质押状态和交易类别，可以将存货质押融资分为几类，如图5-1所示。

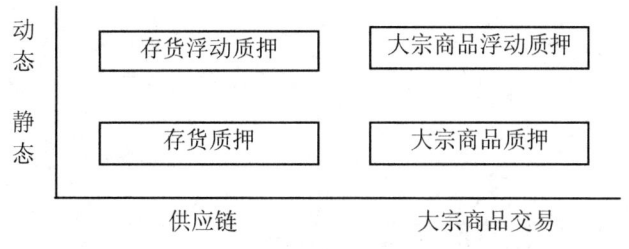

	供应链	大宗商品交易
动态	存货浮动质押	大宗商品浮动质押
静态	存货质押	大宗商品质押

图 5-1 存货质押融资的分类

缺乏有效的抵押担保一直是制约中小企业融资的瓶颈。存货质押监管的中国特色是物流企业受银行委托，以监管或输出监管的模式，达到银行对存货质押融资的要求。商业银行要面对质押存货的法律风险（物权瑕疵）、流动性风险（变现难）和价格风险（价格波动大）等。受2013年上海钢贸诈骗案、2014年青岛港德正件重复质押案等巨大影响，近年来国内动产质押融资业务受到重创，特别是国有企业快速退出而导致的市场萎缩，多数银行已将此类融资业务列入高风险类别，以大宗商品为代表的存货质押融资业务陷入"冰点"[①]。而在大宗物流市场中，由于交易真实性风险及质押监管水平的差距，金融机构缺少扩大业务的动力，传统物流金融市场逐步萎缩，物流金融创新迫在眉睫。

以上事件同时也说明，存货质押融资模式本身存在不足。银行对质物及动产有

---

① 辛树人. 委托监管模式下存货质押融资业务发展路径. 中国债券信息网. 2016-08-15.

严格的审核标准，涉及流动性、可监管性、性状稳定和市场价值波动可控性，五种潜在风险包括客户资信风险、仓单风险、质押品种选择风险、提单风险和内部操作风险。授信人如果缺乏科学、合理的运作机制，将成为爆发问题的温床。仓储企业代为占有、管理存货，使得质物的质权、所有权、监管权三者分离，加剧银企间信息不对称，存在滋生虚开仓单、货控不严甚至监管人内外勾结的道德风险，容易产生存货重复质押、先质押后转让等重大风险。另外，过严的操作标准也使得物流金融的操作成本过高。

2014年国家标准《仓单要素与格式规范》（GB/T 30332-2013）出台。作为仓单的国家标准，将仓单区别与界定为"不可流转"的仓单（入库单）和"可流转"的仓单，并明确"可流转"仓单适用于期货交割库与担保存货仓库。但在我国担保存货管理的实践中，质押仓单监管的业务很少，大量的是质押与抵押存货监管。担保存货管理的国家标准规定只有签署"监管协议"的情况下，第三方管理企业才可以出具仓单，而在签署"监控协议"的情况下不能出具仓单。也就是说，国家标准确认第三方管理企业的管理活动有四种具体类型：质押仓单监管、质押存货监管、抵押存货监管和抵押存货监控。

5.1.3 存货质押权生效的关键：特定化

存货质押权是由质权人占有质押存货的担保物权。出质人将存货设立质押的，须将该存货移交质权人占有，这是质押权成立的先决条件。同时，质权人占有是持续占有，即在存货质权存续期间质物必须由债权人占有；质权人在对质物的占有期间，质权人对质物的损没负责。

应收账款质押是债权，而存货质押权是物权，两者有本质的区别：债权是一种相对权，没有对世性；而后者作为物权，具有"对世性"，且必须实现"特定化"才能达到质权设立（质押权成立）的标准。什么是动产质押物的特定化？现行法律没有给出直接定义，但《最高人民法院关于审理买卖合同纠纷案件适用法律问题的解释（2012）》第14条中对货物的特定化作出了相应规定："当事人对风险负担没有约定，标的物为种类物，出卖人未以装运单据、加盖标记、通知买受人等可识别的方式清楚地将标的物特定于买卖合同，买受人主张不负担标的物毁损、灭失的风险的，人民法院应予支持。"这个规定实际上隐含了特定化的内涵：质权人应将设置质押的动产通过一系列的人为安排，使之明显区别于其他财产，并与质押合同紧密联系。

不能特定化的财产，在实际操作中容易与债务人、质权人或第三方其他动产混同，难以分辨实物的所属，将出现对质物物权的争议。所以，已经交付但因质物达不到特定化的标准，实质属于无法持续占有的（明确分辨质物与非质物的区别是占有的基本标准），质押权达不到法定的标准（不成立）。在司法实践中，可能出现的情况是：交付后质押合同生效，但质押权不成立，质权得不到法律的保护而失去质押的意义，当然合同规定的债权仍然有效。

在实践中，实现质物的特定化有两个关键的步骤。

（1）设立明确的物理标识。

在仓库管理中，应当对质押物进行单独管理，设立独立标志，物理上界定已经出质的动产，如仓库分区。标识一定要清晰，质押物标识不清，也达不到特定化的效果。对比国际贸易中货物特定化的要求，《联合国货物销售合同公约》第32条的规定是：如果卖方按照合同或本公约的规定将货物交付给承运人，但货物没有被标记，或者以装运单据或其他方式清楚地注明有关合同，则卖方必须向买方发出列明货物的发货通知。在大宗混装散货的情况下，特定化的具体方式是在物理上将某个买方的货物从其他货物中分离，才能起到特定化的目的。例如，使用质押的专用标识对质物进行标识是有效的手段，将标识细化到仓位，采用醒目的红色标识等。

（2）物理标识与合同约定相互印证。

质押合同是质押行为的法律依据，要求监管操作、特定化的标识必须与合同文本约定紧密联系，否则特定化就是没有目标的记号，质押权也难以成立；特定化也应该是动态的，随着合同约定的变化而变化，例如动态出库和入库如何特定化。物联网的使用可以更为有效地标定质物的特定化，射频自动识别（RFID）与质物在物理上的结合可以有效地监管、标定质物。

5.1.4 【案例分析5-1】上海钢贸案典型终审判决案例[①]

2012年11月7日，甲银行上海分行与乙公司签订了《授信额度合同》，为保证

---

① 资料来源：中仓单公众号

该《授信额度合同》项下债务的履行，乙公司于当日向甲银行上海分行提供了多种形式的担保，包括保证、抵押和质押。其中，乙公司与甲银行上海分行签订了《最高额动产质押合同》，约定乙公司以其所拥有的、存放于丙公司仓库的10156吨螺纹钢作为质押担保，并于2013年5月10日交付给甲银行上海分行。其后，因质押物贬值，乙公司追加质押钢材，截至2014年2月11日，乙公司质押的钢材为11313.478吨。甲银行上海分行委托丁公司对该批质押钢材进行监管。同时，甲银行上海分行（质权人）、乙公司（出质人）、丙公司（保管人）及案外人丁公司（监管人）于2012年11月9日共同签订了《仓储保（监）管协议》，明确了各方的权利及义务。

本案争议焦点：质押权的认定。

一审判决如下。上海市黄浦区人民法院认为，动产质押是指债务人或第三人将其动产移交债权人占有，将该动产作为债权的担保。占有系对质物具有事实上的管领力（管理与控制的能力），即对质物具有实际的控制和支配能力。而特定人对特定物的控制在时间上要求这种控制有一定的连续性，在法律上强调控制的效力。现甲银行上海分行无证据证明对该批质物连续性的控制和支配，甲银行上海分行对该质物不具备事实上的占有，且在审理过程中，甲银行上海分行提供的证据不足以固定该质押物，不能证明其实际占有质押钢材，故对甲银行上海分行要求行使质权的诉请难以支持，如甲银行上海分行在判决之后发现其他新的证据，足以确定质押财产的范围，可就该项主张另行寻求解决。

二审判决如下。上海市第二中级人民法院认为，主张自己为质权人的一方应当提供证据证明其对相应钢材的占有、实际掌控和有效监管，特别是在钢贸案件中，作为质物的钢材应当客观存在、可供清点并与其他钢材有所区分。仅凭仓库保管单（押品清单、质押物验收暨接管清单、质押物资仓储单）、与监管方所签的合同等材料尚不足以证明质物已特定化地在质权人掌控之下。依据现有证据，对上诉人甲银行上海分行要求就乙公司的出质钢材实现质押权并优先受偿的诉请，上海市第二中级人民法院不予支持。

总结如下：《物权法》第212条规定，动产质权自出质人交付质押财产时设立。在质押期间，质押财产应持续地由质权人占有、控制和支配，要求质押财产应被特定化，上述情况下的举证责任由质权人来承担。在本案中，上诉人不能证明哪些是质押的钢材，也不能证明其对质押的钢材实施了连续性的占有、控制和支配，所以其要求实现质押权并优先受偿的诉请未得到一审和二审法院的支持。

动产质押监管公司签章的押品清单（至今还有银行把这张纸看成是完成质押程序的标志）并不能被司法机构接受为质权生效的有效证据。该行在此类质押监管的案子中，此种证据被上海二审法院终审为质权不予支持的不少于 30 宗，尚未发现被判决相反的例子。

应当认清动产质押和仓单质押的本质区别：仓单是合法权利凭证，标准仓单的标准格式本身已经包含了形成权利完备性的关键要素。在仓单质押操作中，背书签章并进行交付后，质权即可生效，难以反悔或抵赖。同时作为权利凭证，仓单很容易为质权人连续控制和支配，仓单编号的唯一性和格式要素的健全，导致质物容易特定化。因此，仓单质押更有利于质权人实现权利控制和实现质权，可转让是仓单的基本功能，说明它具有转让变现的合法性与便捷性。

5.1.5 动产质押的经营逻辑

质押和抵押的根本区别在于是否转移担保财产的占有权。抵押不转移对抵押物的占管形态，仍由抵押人负责抵押物的保管；质押改变了质押物的占管形态，由质权人负责对质押物进行保管，质权人对质物的实质占有是风险控制中最具强制力的手段。

质押权的核心是处置权，而处置是流动性的代名词，风险的敞口是处置后的价格与处置成本之差。所以，缺少流动性的资产几乎不能覆盖风险敞口。在质押动产的流动性不足时（期货市场认可的标准化产品除外），就必须由核心企业承诺回购（或其他机构担保）来回避资产的流动性风险，否则金融机构将产生风险厌恶而惜贷。

存货质押贷款的逻辑为：质物必须具有流动性，发生风险后（出质人违约不能兑付），质物处置后的残值能够覆盖风险敞口。

动产质押的决策流程如图 5-1 所示。

动产质押的决策流程解释如下。

（1）决策开始，确定决策人员。

（2）确定决策问题，即选择质物（一般按项目进行）。

（3）设置利润目标（例如：融资额度×利率）。

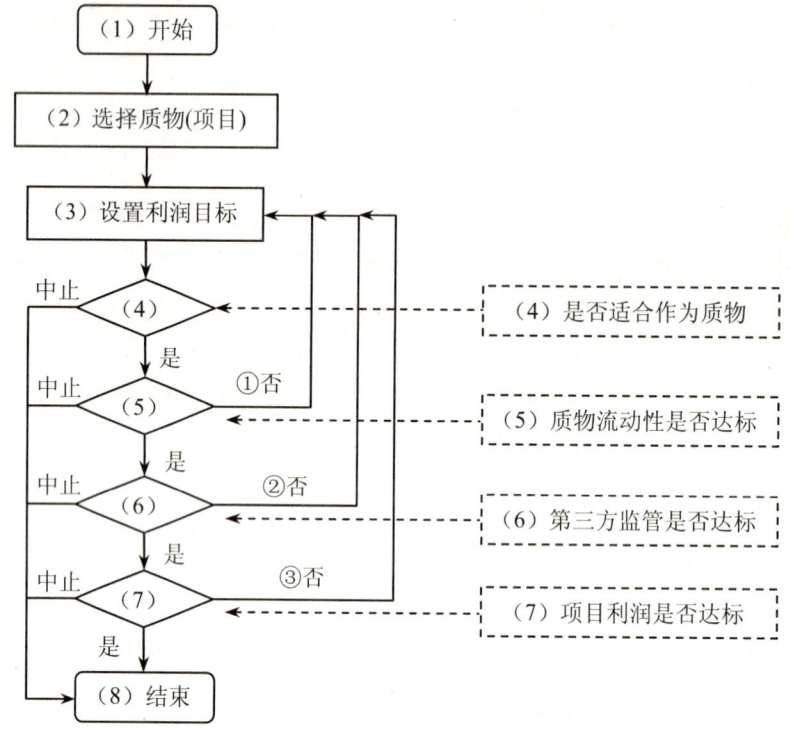

图 5-2 动产质押的决策流程

（4）对质物进行判断，判断是否适合作为质押物。如果判断通过，则进行第（5）步；如果不适合，则直接到第（8）步终止决策。

（5）对质物的流动性进行判断，如果流动性充足，则进行第（6）步；如果流动性不达标，则补充流动性（如核心企业回购、平台回购或其他担保），再回到第（3）步（重新设置利润目标）。

（6）对质押监管方（第三方）进行评价，如果质押监管方达到标准，则进行第（7）步；如果质押监管方不达标，则更换质押监管方，如重新招标等，再回到第（3）步（重新设置利润目标）。

（7）对项目利润是否达标进行判断，如果通过，则进行第（8）步（项目初步可行）；如果利润不达标，则回到第（3）步（重新设置利润目标）。

（8）决策结束。

以上决策过程，在任何一个环节都可以随时终止，不存在死循环。

5.2 存货质押监管的系统化

存货质押融资模式不足的原因是多方面的，包括法律条件严格、信用成本高、个性化服务程度高、运营成本高和质押品选取受限。

质押监管具有控制难度强、风险高等特征。建立系统化、全方位的监管体系，是高水平质押监管的必然模式。下面以南储的有色金融质押监管体系为例，来构建存货质押监管的系统模型。

5.2.1 风险控制要点

存货融资是以存货、仓单等动产作为质押品获得银行贷款的业务，存货的监控与管理是风险防控的核心，在操作过程中要严防因为监管不到位导致的质押物挪用、丢失和损坏等，该模式的风险防控要点包括以下几项。

（1）质押物的权属

质押物的所有权问题是审核的关键，主要在于对交易真实性的审查。质押货物与贸易往来合同、收付单据、发票、支付单据等可用来确保质押物权。同时，第三方物流企业需要出具质押物确认书。

（2）监管物流企业的选择

第三方监管必须具有标准仓储场地、专业的管理与监控设备、完善的管理体制、较高的信息化水平。另外，还需要评价监管企业的信用水平等。

（3）操作风险管理，严格的出入库管理

进出库单证、按照品名制作的库存报表和进出库最低货值是管理重点。在单证管理中，要留存质物出入库的所有签字、盖章的单证资料，出质企业要在出入库单证上签字盖章。在报表制作中，要求《台账》《出入库明细》《库存明细》《出入库统计》账账相符、账实相符、账表相符、表表相符。控货管理要求在最低限额的基础上及时补充货物，严格按照保证金追加或按货物补充情况来发货。另外，对于补充的货物，根据其质量、买卖价格、市场行情等因素评估其价值，严控货物的准入。按要求设置监管标志牌（新仓库、原仓库、办公室）、监管标签（货架、托盘），并标记保险受益人和工商登记信息。[①]

（4）实时监控贸易产品的市场行情

对于市场价格变化较快的质物，要根据市场行情实时审核货物价值，约定当其价值下降突破规定的最低限额时，要补充保证金或货物。

（5）完善风险管理制度

例如，建立道德风险控制制度，包括员工准入制度、保荐人制度、交叉监管制度、强制休假代班报告制度、异地监管制度、轮岗制度、监管员日常行为的分析控制制度和风险金制度等；建立操作风险控制制度，包括培训上岗制度、现场三级（账实核查、账账核查、总部后台核查）检查制度、非现场检查制度、三级（监管员、风控专员、总部抽查）考核制度、谈话戒免制度、第一责任人制度和风险责任追究制度等。

5.2.2 风险管理体系

一般在货物质押期间，银行对质押人货物的真实性、合法性负责；物流企业对货物的数量和保管质量负责，承担质物损毁、质量变化、不按规定监管等责任。由于市场环境、监管条件、借方企业经营情况等处于动态变化之中，存在较多的质押监管风险因素，所以风险管理始终是物流企业质押监管业务中的核心环节之一。银行加强风险管理是防止不良贷款率的重要保证，而物流企业建立良好的风险管理体系并有效运作，是获得市场竞争、增强企业盈利能力的重要管理内容。

建立具有严格性和效率性的业务体系，是物流企业获得银行和借方企业认可的必要条件，也是获得市场竞争、增强企业竞争力的必然选择。质押监管业务体系包括现场作业管理、信息管理、风险管理和应急管理等内容。

质押监管业务体系的构成如图 5-3 所示。

在图 5-3 中，业务体系主要由三部分组成：常规业务管理体系、异常状态管理和应急管理。各部分组成如下。

---

① 吴东旗．供应链金融业务实践中的风险控制．培训课件．百度文库．

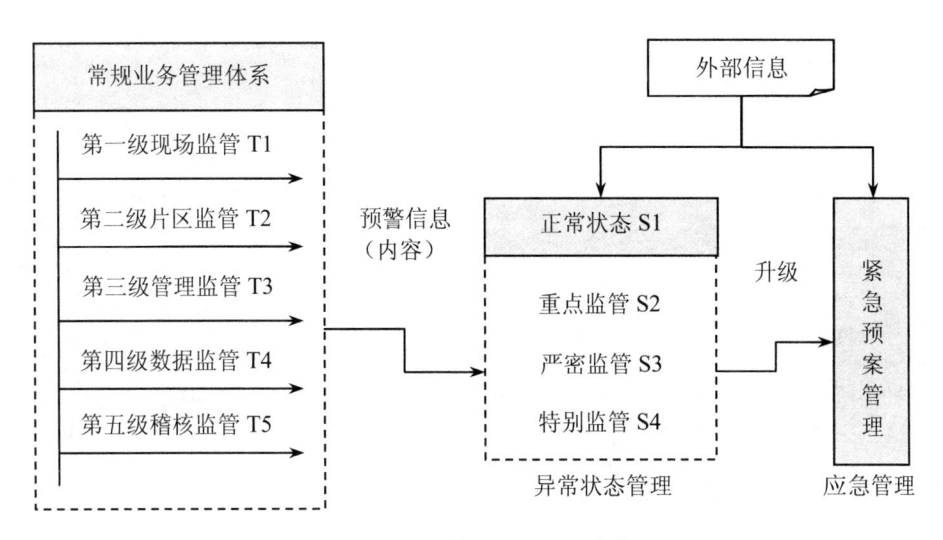

图 5-3 质押监管业务体系的构成

（1）常规业务管理体系

常规业务管理体系由五个级别的监管业务组成。

第一级现场监管，是质押监管日常作业，通过建立完善的现场作业规程、操作人员培训等实现现场作业的准确性、高效性，将人为操作失误控制在合理水平。另外，由于其他级别的管理最终要落实到现场作业管理，所以卓越的现场监管是实现质押监管业务的基础。

第二级片区监管，由于物流企业的客户较多，所以按适当的地理区域进行划分十分有必要，一般将地理位置较接近的 7~8 家客户设置为一个片区较合理，并要指定片区经理。

第三级管理监管，主要是由企业的高级管理人员按其职责范围对各片区进行相应的监管。

第四级数据监管，数据主要来自计算机信息系统。信息系统采用集中式的数据管理，将所有客户和所有监管环节的信息进行集中，按周期进行数据汇总和统计分析（如日报表、周报表、月报表等），系统自动判断或人工判断统计数据是否出现异常，出现异常的数据进行相应的异常状态管理。

第五级稽核监管，由物流企业各部门抽调人员进行不定期的业务稽核，对于不符合要求的业务，相关部门要进行整改，或者进入异常状态管理。

（2）异常状态管理

异常状态管理分为三个级别（正常状态除外）：重点监管，当相应条件出现时，要求责任部门的主管对业务进行重点监视，并按要求向其上级主管汇报；严密监管，当相应条件出现时，指定企业高级管理人员督导责任部门的主管对业务进行监管，严格执行相关规定；特别监管，一般需要公司总经理特别批示，按特定的操作规程进行作业。

（3）应急管理

要求物流企业建立完善的紧急预案管理体系，当相应条件出现时，能及时启动紧急预案，有效控制风险的不良后果。

5.2.3 业务监管体系

业务监管体系的构建如下。

（1）常规业务管理体系

依据前述模式所建立的五级常规业务监管体系如图5-4所示[①]。

（2）预警信息

预警信息是导致业务监管有可能进入异常管理或应急管理的信息。物流企业获得的预警信息来自内部和外部，内部信息主要是在五级监管过程中由管理人员获得的信息，也可能来自计算机系统；外部信息主要是由管理人员或由其他渠道获得外部影响因素的变化信息。物流企业管理人员根据相关的管理规定分别启动相应的异常监管流程或直接进入应急管理流程，举例如下。

内部预警信息。计算机系统每日给出库存报表，由数据分析员对报表进行审核，规定当以下条件出现时，产生相应的预警信息：① 当质押物总量达到质押量的200%以上时，产生预警信息 S1；② 监管企业日出货量超出前期日均出货量的两倍以上时，产生预警信息 S2；③ 监管企业要求强行开仓，双方产生争执，产生预警信息 S3。根据公司规定：预警信息 S1 产生并经片区经理确认后，该监管企业进入重点监管状态；预警信息 S2 产生并经业务副总经理确认后，该监管企业进入严密监管状态；

---

① 段伟常，张仲义物流金融中质押监管的业务体系构建. 物流技术，2009，28（3）：23-25.

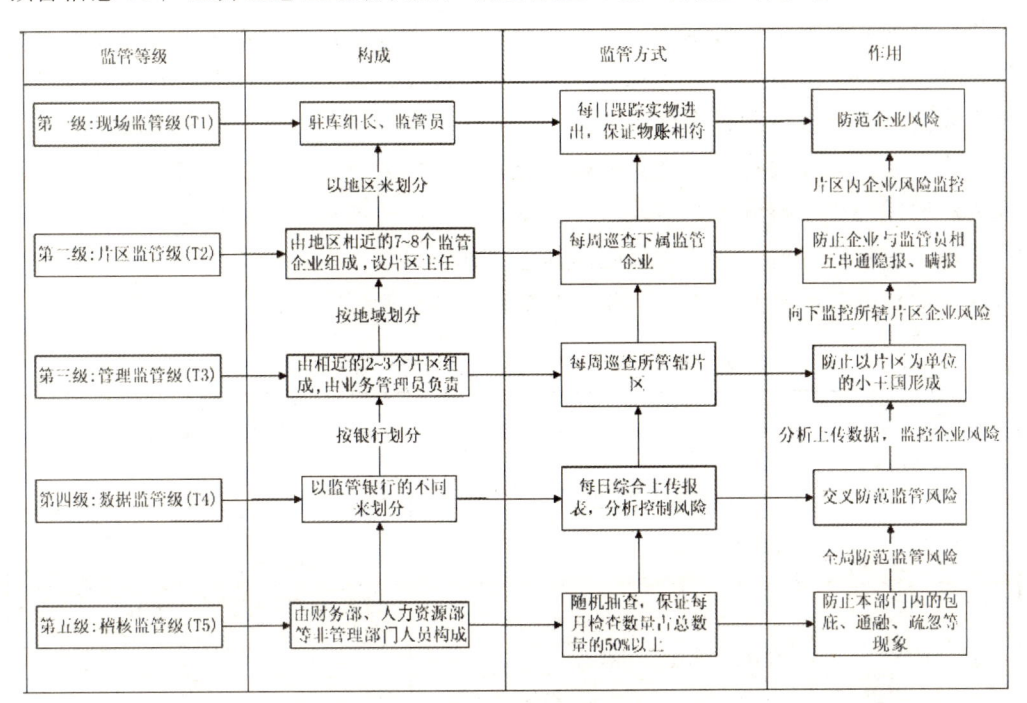

预警信息 S3 产生并经总经理确认后,该监管企业进入特别监管状态。

监管等级	构成	监管方式	作用
第一级:现场监管级(T1)	驻库组长、监管员	每日跟踪实物进出,保证物账相符	防范企业风险
第二级:片区监管级(T2)	由地区相近的7~8个监管企业组成,设片区主任(以地区来划分)	每周巡查下属监管企业	片区内企业风险监控;防止企业与监管员相互串通隐报、瞒报
第三级:管理监管级(T3)	由相近的2~3个片区组成,由业务管理员负责(按地域划分)	每周巡查所管辖片区	向下监控所辖片区企业风险;防止以片区为单位的小王国形成
第四级:数据监管级(T4)	以监管银行的不同来划分(按银行划分)	每日综合上传报表,分析控制风险	分析上传数据,监控企业风险;交叉防范监管风险
第五级:稽核监管级(T5)	由财务部、人力资源部等非管理部门人员构成	随机抽查,保证每月检查数量占总数量的50%以上	全局防范监管风险;防止本部门内的包庇、通融、疏忽等现象

图 5-4 五级常规业务监管体系

外部预警信息。物流企业的信息管理中心汇报如下信息:① 当被监管企业经营及法人、高管出现特殊异动时,产生外部预警信息 X1;② 当质押物价格下跌幅度超过银行核价 40%时,产生外部预警信息 X2。根据公司规定:预警信息 X1 产生并经总经理确认后,该监管企业进入严密监管状态;预警信息 X2 产生并经总经理确认后,该监管企业进入特别监管状态。一般地,外部预警信息更受企业重视,因为其产生的风险级别可能更高。

(3) 监管状态

可通过表 5-1 来建立各级监管状态的执行要点。

(4) 应急预案处理

应急预警包括异常状态监管下的问题严重性和紧急性升级,或者其他产生重大后果的突发事件。常见恶性事件预警信息有:企业员工工资发放存在问题;供应商或其他第三方来追讨债务、提货、抢货等;还有三个月就过保质期的质押物,且总价值占质押量总价值的 20%～30%；仓库条件（如防火、防潮、防爆、防晒等）已经不符合质押物存放的要求，或者治安环境开始变差等；质押物出现货不对版、货物变质、货物变形等情形；企业主要负责人已经更换或逃匿，或者企业豁然停工，甚至发生员工抗议行为；企业出现重大安全生产事故，导致严重经济损失或无法正常生产运转；企业存在诈骗现象，以次充好，以他人货物作为质押物等；货物经常在库存底线运作，持续半个月以上；货物吞吐量异常波动；企业投资方向比较广泛或趋向于广泛；可能引发重大风险的其他事件。可根据事件分类建立应急预案处理方案，如表 5-2 所示为几种突发事件的应急处理方案。

表 5-1　各类状态下预警信息分类及相应对策

状　态	状态描述	相应对策
（1）正常监管（Z1）	合同三方均按合同要求正常运作，各项监管指标处于动态平衡状态，未出现预警信息	现场监管（T1）按规程操作，发现问题及时上报，T2～T5 按规程例行操作
（2）重点监管（Z2）	监管企业出现 S1	管理监管（T3）增加检查力度，现场监管（T1）进行 24 小时巡查
（3）严密监管（Z3）	监管企业出现 S2、X1	现场监管（T1）增加人力，片区监管人员（T2）入驻仓库，数据信息（T4）每日核对，管理监管（T3）现场核库，稽核监管（T5）对企业进行现场调查
（4）特别监管（Z4）	有 S3、X2 情况出现，或者出现相似信息	T1～T5 全面启动，公司、银行领导赶赴现场

在表 5-2 中，如果出现事件（Y3），企业法人或高管集体隐匿失踪、债主追债、员工追讨工资（Y3），所采取的预案为：通知信息管理中心、法律顾问，即时调查属实，当天通知授信银行，仓库现场进入特别监管状态；片区主任进驻仓库，数据人员和稽核部门全面清盘，会同银行方封存质押物；法务专员、法律顾问做好进入法律程序的准备。

表 5-2　几种突发事件的应急处理方案

事　件	信息传达	反应速度	解决对策
（1）监管货物超出库存底线后监管企业仍强行出货（Y1）	上级管理部门； 公司法务专员； 片区内周边监管人员	即时，20 分钟内解决	① 进入 Z3 状态，T2、T3 赶赴现场； ② 必要时组织 10 人以上 T1 强行阻止出货； ③ 同时通知银行方

续表

事 件	信息传达	反应速度	解决对策
（2）自然因素（火灾、水灾等）导致质押物出现毁损灭失的状态发生（Y2）	电话通知119、110；上级管理部门；保险公司；公司、银行、企业三方领导	即时，1小时内领导到达现场处理	① 进入Z4状态，T5到达现场；② 会同银行、企业协调解决相关事务
（3）企业法人或高管集体隐匿失踪，债主追债，员工追讨工资（Y3）	信息管理中心；法律顾问；银行	即时，当天处理	① 进入Z3状态，T2驻库，T4、T5全面清盘，会同银行方封存质物；② 法务专员、法律顾问做好进入法律程序的准备
（4）因事件（Y3）造成出质人的债权人或企业员工强行抢拉企业货物，并威胁监管人员安全（Y4）	上级管理部门；公司法务专员；当地派出所（110）；法律顾问、公司及银行领导	即时，1小时内领导到达现场	① 进入Z4状态，T1~T5全面启动；② 必要时采用特别手段

（5）其他相关策略

设置公司法务专员、聘请资深法律顾问、设置信息管理中心、购买质物保险等策略对正确处理应急事件十分重要，在实际中应尽量建立这类角色或岗位。

公司可设法务专员处理日常相关法律事务，管理、审核、撰写公司合同，避免因合同条款不合理而引起的纠纷，还可定期对公司员工进行法制教育及培训，处理应急事件中公司所面临的法律纠纷。

公司外聘资深法律顾问可及时解答公司面临的法律难题，对敏感问题提出解决方案，特别是在处理重要应急事件时。公司设立信息管理中心十分必要，可对质物的物理、化学特性，流通、变现能力，以及市场价格的波动幅度等情况进行持续的跟踪和分析，及时汇报异常信息。购买保险是防止风险损失的最有效措施之一。保费由企业支付，被保险人必须变更为物流公司，第一受益人必须是授信银行。一般要求比银行正常授信期限长3个月，以便执行资产保全手续。大宗物料一般只要求购买财产综合险，小型易盗的贵重物料需要追加盗抢险或"一切险"，因为被保险人通常就是索赔人，所以在质押业务中，物流企业作为受银行委托的实际占有人，对银行承担质押物品的毁损、灭失的赔偿责任。

完善的业务体系是物流企业运营能力及实力的体现，也是顺利开展物流金融业务、实施风险控制的根本保证。在实践中，既要建立完善的、符合行业特点的业务体系，同时企业又要拥有一批高素质的各类人才，才能最终实现监管业务的高效性和严格性。

5.3 "区块链+"存货质押质融资

5.3.1 业务痛点

质押模式是存货类融资中最基础的业务。

在供应链中，存货质押质融资模式对于质押品没有严格的限制，可以是产成品、原材料甚至半成品，但都必须建立在供应链真实贸易背景的基础上。出质人将流动性较差的存货等动产作为质押品，一般需要核心企业、出质人或具有担保能力的第三方等签署回购承诺，才能达到覆盖风险敞口的风险控制目标。

近年来，供应链下游的动产质押融资成为企业解决流动资金问题的重要方法，为适应供应链快速响应市场的需求，动态质押模式悄然兴起，具有操作成本低、简单易行的优点，深受中小企业和金融机构的欢迎。动态质押给金融机构带来的监管要求和操作风险也比静态质押高很多。

在实践中，需要在以下方面加强监管。

（1）对所有权归属的审查

重点考察存货来源的合法性和权属的完整性。在出质人合同的基础上，审查交易的真实性，同时还需要完税证明；审查出质人购货合同条款、货款有无结清、税票是否开立、税票金额与合同价款是否吻合等；对于分期付款，要注意审查合同违约责任中救济措施是否影响质押物权的行使。

（2）审查实际交付

审查是否实际交付，以及交付的合规性。仅有合同但无实物交付是常见的风险源；道德风险则是内部人之间的串通；频繁的出入库可能导致操作风险（人为失误）。

（3）审查监管机构，以达到特定化的标准

出货要求出质人与监管机构共同签署质物清单，并自动成为借贷合同项下的质物与附件,无需另行签订补充协议;监管每天将进出库和库存的电子数据上传至金融机构,并将该电子数据设定为协议组成;明确出入库异常汇报及处置方案,明确监管机构违约监管责任。

5.3.2 区块链应用

在实践中,除人工对业务及单证的审查外,主要依靠供应链系统,以及系统之外的数据进行交互、对账,来实现业务的合理性与风险管控。

但随着供应链服务的复杂化,物流运作方、供应链管理方、OEM 制造方、软件服务商和订单拉式生产、电子商务等,使得供应链原来简单的"供应与需求"关系演变为多方参与的协同模式。区块链技术在处理多方参与的业务协作方面可以产生良好的应用效果。

下面讲解去中心化的协作模式。

供应链中的买方、卖方、物流企业和金融机构各方协作。对于这四方参与者,各方对使用哪一家作为供应链金融系统往往存在极大的争议,其结果是要么建立一个新的中心管理机构构建系统,四方都与此系统沟通;要么数据在各个企业中进行传递(不建立中心化系统)。中心化系统随着业务的复杂化,开发与维护成本相当高;而数据在各系统之间加密传递,也存在需要开发大量接口、实施流程繁杂等问题。所以,采用区块链技术逐笔记录区块链台账,完成各方系统的协作,具有较好的效果。

以保兑仓为例,其业务流程如图 5-5 所示。

在图 5-5 中,主要流程如下。

① 经销商签订银票承兑协议;银行与核心企业、经销商签订保兑仓协议(并进行双人实地核保,填写核保书)。

② 经销商申请开立银票,交付初始保证金。

③ 银行承兑汇票给核心企业;签发提货通知单,通知核心企业放货。

④ 核心企业根据提货通知单的要求放货给经销商。

⑤ 经销商后续提货时,交存提货保证金。

⑥ 签发后续提货通知单,通知核心企业放货。

⑦ 核心企业根据后续提货通知单的要求放货给经销商。

⑧ 向经销商催缴回款,通知核心企业承担保兑责任。

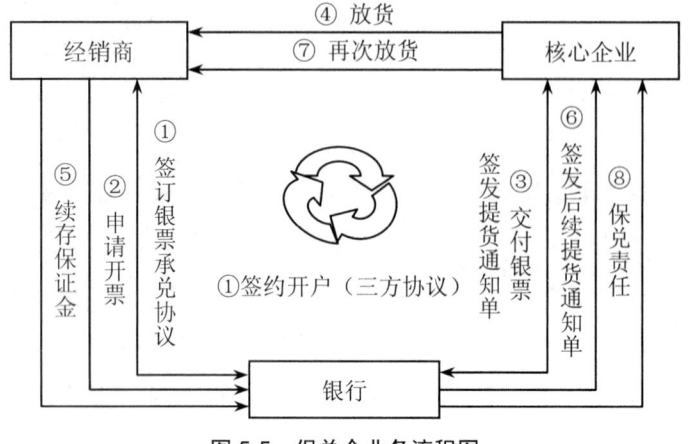

图 5-5 保兑仓业务流程图

以上流程可改造为去中心化的区块链应用模式,如图 5-6 所示。

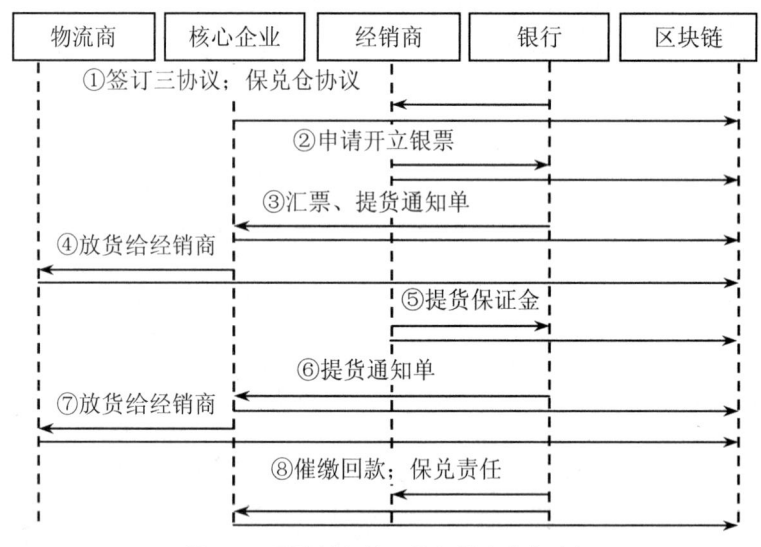

图 5-6 区块链架构下的保兑仓业务流程

在图 5-6 所示的区块链架构下,可实现所有参与节点之间的直接交互,任意两点之间的业务操作可以分开布置,大大简化应用软件的复杂程度,使得协作流程简化,避免了中心化的应用集中模式。而且,所有节点都具有完备的账本,安全性、便利性和客户端的可扩充性等都较中心化应用模式更具有优势。

以区块链为底层技术的应用架构，采用非对称加密技术，所有传输内容通过加密进行，内容查看权限也要有授权签名，可满足金融业务的安全性要求。

区块链应用架构，以共同的监督来证明当前事实的真实性、合理性；机构可以无限次地使用已经确认的记录，而无需再对记录进行确认，信用成本大幅下降。

5.3.3 "区块链+物联网"的动产质押

区块链的核心价值在于通过算法来建立一个公开透明的规则，并以此为基础建立可信网络，实现即便节点之间互不信任，也能确保点对点之间的安全交易，这在传统模式下是不可思议的事情。

物联网的基本结构也是节点与节点之间的联系，但节点是物，而非人（具有智能）。物联网节点中产生的数据具有公开透明、难以伪造、实时性强的特点，能够从技术上解决质物状态的真实性问题。

现实中的存货质押业务，道德风险是系统产生的人为造假行为，要有效避免人的干扰，将物联网技术对接到质押监管系统中是极为有效的方法。在仓库管理中，物联网技术准确感知货物的重量、位置、轮廓、运动状态、管理权限等精确物理信息，是保障动产的有力手段。同时，实时生成与货物对应的唯一动态登记对象信息，可有效解决传统监管手段难以回避的道德风险。物联网下的动产质押监管技术与服务在精细化程度、监管强度和质押风险控制方面，具有较大的相对优势。

在"区块链+物联网"的架构下，将从技术上推动动产质押业务由现有的自发自主描述化的模式向系统确认的模式转变，实现监管公示力向公信力的延伸。

5.3.4 【案例分析 5-2】感知科技的动产质押监管[①]

1. 背景

动产质押的主要风险在于监管不力、货权不清和重复质押。2013 年上海钢贸事

---

① 根据万联网提供的资料整理。

件折射出来的问题是动产质押的信用风险不可控。钢贸是典型的资金密集型产业，而小型钢贸企业都是家族式管理模式，财务报表不规范甚至没有相关的报表，很难直接从银行获得融资。因此，商业银行过去普遍采用了联保互保的融资模式，在2009年这种融资模式达到顶峰，其后问题渐渐开始显现。在遇到经济下行风险时，无论是产业链金融、联保互保还是商圈金融，都失去了动产质押物的支撑，可能在联保的规则下面临发生多米诺骨牌式坍塌的风险。

问题发生的关键是信息不通畅导致的监管不力、货权不清和重复质押。如果钢贸企业在多家银行抵押，则该企业将获得更多的信贷额度，这样就会出现抵押品的真空状态。"一女多嫁"时，当质物价格在上行通道中，出质人还能够还本付息；当质物价格在下行通道中，一旦企业资金链出现问题，银行信贷风险就是巨大的。在实际操作中，很多银行都没有委托第三方监管公司对抵押物进行时点监管或派人抽查一下，于是钢贸商就想办法应付。

质权人、出质人、监管方等之间的信息不畅，使得参与融资质押的各方及其角色之间存有隐患。如质押凭证不唯一、质押凭证与质押货物没法有效对应，使得钢贸企业有机可乘。各方未核验/无法核验质押物归属，部分货主自我保护意识薄弱，风险爆发后，权利方各执一词，凭证类同，法律诉讼得不到有效举证，进而无法起到相互约束、对抗他人的目的，恶性事件频频爆发，阻碍了动产融资的发展步伐。有媒体报道称，钢材的重复质押总额最高时超过社会库存近三倍。

物联网动产监管服务可以确保动产质物真实有效与唯一存在。

通过物联网技术能够对质押动产进行实时感知、无缝监管、信息封装与动态登记，将质押动产的物理状态与对应的质押信息绑定，确保质押动产的客观真实存在、质押动产与仓单的一一对应和登记对象信息的唯一性。

首先，物联网技术可通过多种手段准确感知到质押动产的客观存在。在感知科技的"仓单管理平台"上可以看到企业质押动产的存放地理坐标信息、地址与室内的精确位置区域，实时感知质押动产的各种监管要素的变化，包括重量、位置、移动状态、授权区域、轮廓和堆放形状等，不同的监管动产对应不同的监管要素。同时会生成一张监管服务激活时的照片作为监管初始状态的依据之一。"仓单管理平台"会将质押动产所涉及到的监管要素物理信息连通初始监管状态的照片打包封装，形成一张电子的"感知仓单"与质押动产形成唯一对应关系，只要这些监管要素的物理状态不发生变化，就表示质押的动产没有被人动过，如此一来仓单便无法造假。

其次，物联网能够生成唯一的物理仓单登记状态信息。

一旦"感知仓单"需要进行质押融资，感知科技的"动产质押登记平台"会将这张"感知仓单"进行结构化登记状态描述，并生成一条已经质押融资的标准化登记状态描述信息，在技术上所有银行都可以在"动产质押登记平台"上查询仓单信息，知道其对应的动产是已经质押状态还是未被质押状态，这样一来就避免了仓单重复质押骗贷的问题。

第三，物联网技术监管屏蔽了人工监管可能带来的监守自盗的道德风险。

将动产质押给银行之后，监管报警服务激活，一旦系统感知到在没得到放贷方许可的情况下，质押动产的位置、重量、形状轮廓、移动状态等这些足以改变货值或质押状态的监管要素发生变化，就会进行报警。银行信贷客户经理、监管方和仓库管理方都能在第一时间收到报警信息，同时附带的还有此时此刻系统抓拍的"作案现场"的参数变化与照片，以及之前打包封装的信息和照片的比对。当企业偿还了银行贷款之后，系统对货物的报警服务就会解除，企业可正常从仓库出货。

2. 感知科技公司简介

感知科技公司在国家工商局注册，总部位于上海市浦东新区陆家嘴金融中心，专业从事物联网领域的科学研究、模式创新、应用开发和服务运营，是集"研、产、融、商"于一体的创新型、大型高科技企业集团。

感知科技公司的骨干科研团队来自于国家专业科研机构，以创新、领先的思想和机制聚集了一大批活跃在国际和国内科学研究与技术开发第一线的核心学术与技术骨干，经过长年的科研创新和刻苦攻关，在国际和国内物联网理论研究与标准化领域取得了优势引领地位，掌握着国际物联网顶层架构理论标准体系的主导权。领军人物刘海涛博士是国家973物联网首席科学家、国务院信息化专家咨询委员会委员、国家物联网基础标准工作组和国家传感网标准工作组的"双组长"。企业核心研发机构无锡物联网产业研究院作为我国成员国代表参与并主导ISO/IEC WG7/WG10的相关工作和主要成果，并在IEEE802.15.4d/g/e、Wireless IOTForum等相关国际标准化组织中发挥着关键作用并行使投票权，或者是核心发起人。

企业经过长期攻关，实现物联网"共性平台+应用子集"关键技术体系的重大突破和初步产业化，是国家传感网工程中心和国家环保物联网工程中心"双中心"单位，开创了物联网产业的规模产业化前景，书写企业跨越式高速发展的篇章，从2011

年初创至今，企业净资产规模已达数百亿元，机构和业务遍及全球。

感知科技公司率先与相关金融机构合作在国际首创了物联网金融全新模式的理论研究、技术突破与产业化开拓，开展基于客观诚信体系的物联网金融模式研究与服务实践，在产业界引发了巨大反响，尤其在当今电子商务方兴未艾和目前由于商业诚信机制崩溃而引发全国范围内的大宗商品贸易融资风潮迭起的大背景下，意义和影响尤为深远。

3. 感知科技公司的物联网大宗货物动产质押监管系统

感知科技公司的"仓单管理平台"对大宗货物动产的重量、位置、形状轮廓等监管要素进行实时感知，生成的感知动态仓单主要包括如下部分。

（1）标准仓单：标准仓单的信息项。

（2）仓位现状和认证状态：仓位现状和认证状态是每次访问时生成的最新仓位状态和对应仓单的认证状态。仓单认证状态是指一旦该仓单所对应货物的位置状态、轮廓、重量等信息被系统感知并进行监管时，该仓单的状态则成为认证状态，如图 5-7 所示。

图 5-7 仓单认证状态

（3）仓单历史：仓单历史是指该仓单在整个生命周期的库存变化，包括仓单货物入库、仓单认证、仓单拆分（动态定额控货监管模式）、仓单合并、仓单明细拆分、仓单质押登记、仓单货物出库信息等所有对于货物及仓单进行操作的完整历史数据记录。

（4）报警信息：报警时的状态描述。系统报警的类型包括：场内操作机械和设备在无授权任务时启动预警、监管区域异常情况预警、货物重量变化报警、货物轮廓形状变化报警等。

报警信息将会在第一时间推送至监管员和银行客户经理的手机监管 APP"仓押卫士"上，如图 5-8 所示。

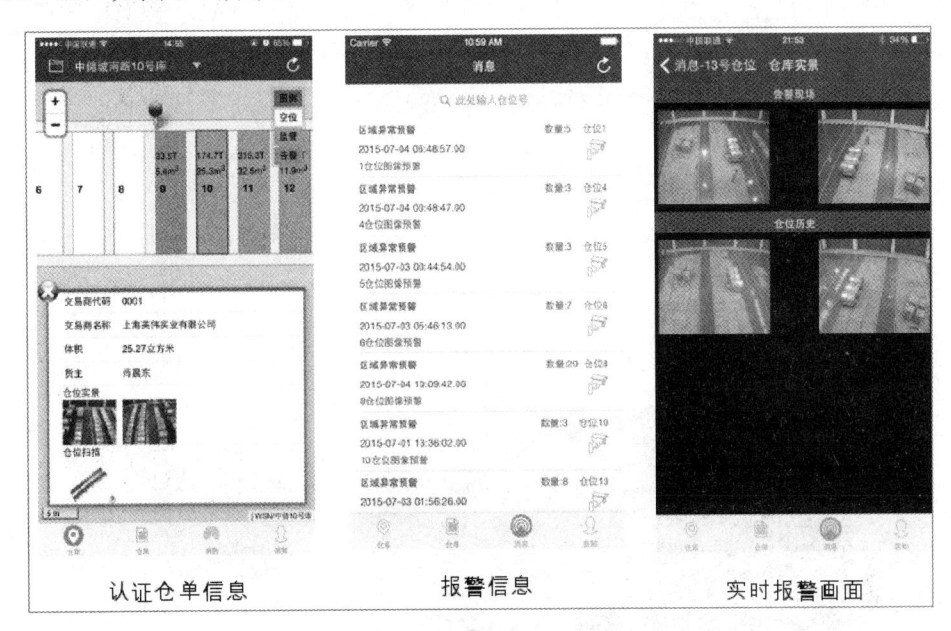

图 5-8　手机监管 APP"仓押卫士"

监管要点如下。

- 感知动态仓单通过标的物入手，可保证质押的真实性，实现早期恶意行为的预防和发现。感知动态仓单直接反应动产的现状，可以保证动产在物理上的真实性，如果有人恶意重复质押，通过物理上的唯一性保障，很容易预防和发现。
- 通过感知动态仓单来标准化动产质押物描述，方便动产质押管理。动产质押的质押物描述如果采用感知动态仓单中的标准仓单描述模式，可以规范化、结构化、标准化仓单格式，便于动产状态的查询、数据分析和利用。
- 感知仓单可以为质权人等利益相关方提供延伸服务。通过"感知仓单"可以查看感知动态仓单中动产的实时状态、报警信息、仓单历史等，为质权人等利益相关方提供增值服务。

4. 感知科技物联网车辆质押监管系统

以往4S店多半通过贷款购买汽车,在车辆售出还款前,汽车属于银行质押的资产。银行需要派专人到店里盘点,人工查验车架号。在现实中往往因库存车子太多,盘点起来费时费力,具有一定的操作难度。在物联网金融模式下,感知团队研发出一套智能终端——物联网金融汽车质押监管系统,给待售汽车构筑一个"虚拟围栏",库存现场的情况就可以"一目了然"。

质押车辆有任何违规操作或异常情况,系统默认车辆属于非法状态,相关信息和状态会上传到云端管理平台,然后以约定的报警形式显现出来,这样监管员不用到现场就可以掌握车辆的状态。

物联网金融汽车质押监管系统的核心产品构成如下。

(1)车押卫士监管终端

车押卫士监管终端的设备如图5-9所示。

图5-9 车押卫士监管终端的设备

① 内置多传感器姿态信息融合和感知协同算法处理。

② 小型化设计,智能能源管理,全时全域服务,多网动态融合。

③ 安装便捷可靠,移动服务灵活,智能防拆管理。

(2)质押车辆状态综合监管平台

① 提供"互联网+物联网"O2O监管业务。

② 车辆与终端违规行为或异常现象判定与报警。

③ 行为与业务全程跟踪。

（3）监管平台可实现的功能特点：可灵活设置报警与提示管理策略

（4）Android/iOS 手机客户端 APP

① 提供经销商或监管员现场移动 O2O 业务。

② 相关业务启动、加载与撤销，现场自动匹配确认。

③ 车辆状态同步采集，移动业务状态监管。

物联网金融汽车质押监管系统的应用价值如下。

对银行来说，车押卫士是安全可靠、便捷有效、全程全域无遗漏风险管理工具，可有效控制风险、降低总体业务成本、优化客户体验；提高客户忠诚度并提升业务便捷性、拓展业务推广渠道，大幅提升业务规模、收益水平及市场占有率。

对于汽车经销商来说，车押卫士可逐步替代人工监管方式，在强化监管水平的同时降低监管费用；消除监管对业务的限制与干扰、提升可操作性和便捷性；降低企业融资成本，方便融资业务的开展，有效开拓融资空间、提高融资规模与效率。

对于监管方来说，车押卫士可提升监管力度，减少监管员数量，降低成本并控制风险；使监管企业在时间与空间两个维度大幅扩大业务范围，提高监管能力、经营效率和收益水平；提升银行及客户的满意度，提高市场占有率。

5. 客户价值与前景展望

2015 年 6 月 29 日，平安银行联合感知科技公司在上海重磅发布这个创新成果——物联网动产监管服务。通过物联网技术，赋予动产以不动产的属性，变革供应链金融模式，带来动产质押融资业务的新发展。同行业横向对比，感知科技公司的动产优势明显在核心的质押风险管理方面具备不可替代的独创性。感知科技公司的物联网动产质押监管技术与服务在监管技术手段、监管颗粒度精细化程度、监管要素、监管强度和质押风险管理等方面相比当前典型的智能仓库均具备明显的和不可替代的升级优势。

通过对货物轮廓属性和操作属性的高效管理，能够实现对抵（质）押物实时、有效的严密监管，有效解决了长期困扰银行的动产融资业务中信息不对称的问题，满足了银行对抵（质）押物的管理要求。联网动产融资是物联网技术应用的最新成果，不仅在国内属于首创，在国际上也处于领先地位，具有极高的社会价值。系统极大地提高了动产融资业务的风险防控能力，并将从根本上改变银行业动产融资业务的管理方式。

物联网动产质押监管仓库为银行、商贸企业、监管方、仓储都带来了好处。银行会有更多的贷款业务、更低的质押风险、更多的业务渠道和更好的客户体验；商贸企业会得到更容易的贷款、便捷高效的放款手续、灵活的动产质押贷款方式、更低的监管成本；监管方则可以有更高的监管效率、更少的监管人员、更低的监管成本与投入、更多的监管业务；仓储企业则能获得更多的业务吞吐量、更高的管理效率。

感知科技物联网技术与监管服务的支持，从技术上将推动动产质押业务由现有的自发自主描述化的模式向标准化、结构化确认的模式转变，大幅度完善管理服务的便利性和有效性。同时，具备推动动产质押监管从弱效力向强效力、从无监管向有监管、从公示力向公信力的延伸，为未来可能面向社会和商业银行信用管理业务需求的衍生服务开辟了广阔的空间。该物联网监管技术与服务纳入银行信用管理体系，将在提升动产质押业务的同时，有助于逐步推动我国金融行业客观信用体系的建立。

5.4 标准仓单的应用创新

5.4.1 仓单的价值与属性

贸易模式按交割标的，可以分为现货交易和期货交易两大类。而现货交易又可以分为现货实物交易和现货仓单交易。贸易方式经历了实物现货贸易、远期合约交易、仓单交易和期货合约等贸易形态。

仓单是法律规定的物权法律文书、提取货物的凭证和有价的证券。对比中外法律体系，仓单在我国的法律体系和业务体系中，与欧美主要发达国家是相同的：仓单是唯一的提取仓储物的物权凭证，而且这个物权具有充分的出质权和转让权。

基于仓单的融资与交易具有天然优势，包括格式标准化、使用便捷性、质量可靠性、交付可靠性、不可抵赖性和良好的流动性。仓单支持所有现货商品交易的基础工具，理当服务于所有的中小企业，成为物流业、制造业、银行、现货或期货交易所、供应链企业和电商等机构之间的交易工具，是一个普惠实体经济的基础服务产品。

仓单属于无因票据，只要所持仓单符合《票据法》规定的条件，票据权利就成立，持票人不必证明取得票据的原因，从而使得仓单效力不再受原因关系的存废或其效力有无的影响。

物流公司能够出具存货的权利凭证只有两种，一种是提单，另一种是仓单。提单是运输部门承运货物时签发给发货人的一种凭证，仅用于运输服务，不能作为物权凭证；仓单用于仓储，是物权凭证。

在实践中，仓单应用的要点如下。

（1）仓单之外，常见的"入库单"和"存货单"都属不能代表物权的凭证。

（2）仓单只能由存货保管人来签发，不能由其他人来签发，包括出质人、电商公司、交易所等都没有签发仓单的权利，不能充当物权凭证。

（3）仓储保管人收到仓储物和交付验收后，才能签付仓单；没有收货就签收仓单是违法行为，并且会面临被起诉为犯罪行为的风险。

（4）仓储保管人没有义务辨认存货的来源，持单人代表首先在仓库存货的人，但持单人不一定是所有权人。

（5）仓单质押的生效条件是质押合同成立，在凭证交付时质权即可生效。而存货质押融资要求指示交付并办理登记公示才生效。仓单质押的便利性明显优于存货质押。

存货人（持单人）的权力清单如下。

（1）获取仓单的权力。《合同法》第385条规定：存货交付仓储物的，保管人应当给付仓单。

（2）知情权。《合同法》第389条规定：保管人对入库仓储物发现有变质或其他损坏的，应当及时通知存货人或仓单持有人。

（3）质押、转让权。《合同法》第387条规定：存货人或仓单持有人在仓单上背书并经保管人签字或盖章的，可以转让提取仓储物的权力。

（4）提货权。《合同法》第387条规定：仓单是提取仓储物的凭证。

（5）合同约定的其他权力，如库存管理、加工包装、分拣配送等。

仓储保管人的权力有：拒收危险物的权利、收取仓储费用的权利、紧急情况下的处理权利等。没有交足费用，保管人可以拒绝提货。

5.4.2 仓单与仓单质押融资发展概况

1. 仓单

期货标准仓单具有法律责任明晰、刚性兑付的优势，但在实践中存在种类少、应用范围有限的不足。目前，国内期货交易的品种范围有限，期货标准仓单的市场总量仅约为 300 亿元每年。而期货交易所之外的现货市场，存在大量的非标仓单，非标仓单通常由大型物流仓库开具，品种多、质量标准不统一，流通性及融资便利性远不如标准仓单。

在现货仓单市场中，存在"劣币驱逐良币"现象。在低价胜出的竞争机制下，仓储公司把存货质量好、本可以生成标准仓单的货物注册成非标仓单，原因是非标仓单的价格更低。由于标准仓单生成和仓储的相关费用比非标仓单的相关费用高，所以在不需要进行交割的情况下，仓储企业没有生成标准仓单的动力，采用非标仓单同样可以进行质押融资。[①]

标准仓单注册环节多，入库、质检和仓租等收费标准固定且高于市场平均价。交易所指定的交割仓库，标准仓单的总费用是非标仓单总费用的 2～3 倍，而一般物流仓库的非标仓单费用更低。低价竞争严重阻碍我国标准仓单市场的增长。只有少数有多年期货交割经验的仓库才有仓单服务和管理的能力。仓单比一般的动产管理要求更高，需要界定存货的规格、品种、包装和品质，因此质检必须达标才能够出具可信品质的仓单。仓单服务和非仓单服务的最大的差别可能在于仓单不仅要负责数量，还要负责质量。

目前，我国仓单应用发展处于初级阶段，对仓单的使用还处于套用、乱用、不会用、回避使用的阶段。而大量存在的现货交易所、供应链公司、电商则没有技术力量，也缺少动力机制来维持与提升仓单交易的环境。对此，推进我国现货市场标准仓单的规范实施，扩大标准仓单质押融资比例，是解决现有存货质押融资诸多问题、对接西方业务模式的必经过程。

目前在我国，除期货市场外，真正的仓单流通管理体制还没有建立起来。完全意义上的基于仓单质押的物流金融业务在国内较为少见，而仓单更多地是作为一种存货凭证，而非可流通的仓单。所以，目前我国境内开展的物流金融业务实质为以

---

① 建立高信用度仓单交易市场. 期货日报. 2013-07-04.

存货质押融资为主的动产质押。

2. 仓单质押融资

"仓单质押融资"的动产担保在欧美等发达国家已经较为成熟且得到广泛应用，现货市场中交易主流模式是仓单交易（即"一手交钱、一手交单"），只有在偏远地区和非常规货物，才会有买家与卖家直接现货验收交易。欧美发达国家的仓单应用具有成熟的仓单基础服务、完善的信用增级机制、便利的交易机制设计，从而达到标准仓单的高信用和良好的流动性标准。欧美发达国家对担保品进行产权认证、价值评估和监督控制的第三方机构，以及为物流金融提供评估、仓储和监控服务的物流仓储企业已相当规范和发达；担保品处置、规范的担保品拍卖和转让市场、担保品资产池、贷款业务证券化等，使得仓单具有较好的流动性。

3. 存货质押融资

仓单质押和存货质押都需要第三方仓储公司的介入，但仓储公司在两种质押中的地位和作用不同。在仓单质押中，仓储公司仅作为仓储货物的保管人；在存货质押中，仓储公司不仅要充当保管人，还要承担对存货进行流动性监管的责任和义务。我国非标仓单质押融资和存货抵（质）押融资都暴露出重大缺陷，近年来出现大量的质押纠纷和贷款违约案例。

仓储保管人承担仓单保管和兑付责任，没有监管责任。我国现阶段以"存货质押监管"为主（即"一手交钱、一手交货），仓单应用极少。存货质押监管是中国特色，物流企业受银行委托、以监管或输出监管的模式，以达到银行对存货质押融资的要求。在监管模式下，监管行为和责任是由银行和仓储机构自行约定的，在实际中是非常个性化的协议。[①]

我国对"质押监管"也缺少明确的法律规定，实践中的监管职能包括发货控制、存量计算和信息通报，可能还包括处置回购和担保回款。质押监管丰富的个性化设置，容易造成责任不清和物权纠纷。由于委托监管无法清晰地界定保管责任与监管责任、担保责任，法律责任的混淆导致实际操作失误频繁，虚假质押、一单多押和质押权无效等纠纷经常见诸报道。

商业银行要面对质押存货的法律风险（物权瑕疵）、流动性风险（变现难）和价

---

① 杨沁河. 贸金百家 03 期. 仓单质押的风险管理. 2016-08-23.

格风险（价格波动大）等。目前，我国仓单只局限于大宗商品外贸现货交易和国内少数期货交易所，而不能广泛应用于制造与普遍商品流通领域；在融资方面，银行融资的仓单数量占比极少。

发达国家的仓单应用得到普及在于其成熟的金融生态环境和信用管理体系，使得风险控制的有效手段较多、风险成本较低，构建的仓单标准体系已经较为成熟。在我国，构建、发展具有良好流通性的高信用标准仓单质押融资，以盘活制造与流通环节中万亿级的存货资产，具有重要的现实意义。

4. 仓单要素与格式规范

我国国家标准委员会于 2014 年发布《仓单要素与格式规范》（GB/T30332-2013）国家标准。符合国家标准要素和格式，并规范、遵守法律规定要求而签发的仓单称之为"标准仓单"（反之，将得不到司法的保护）。这个规范起点高，覆盖电子签名和电子仓单的规定，甚至领先欧美大部分国家。这个标准的出台，为我国推广标准仓单的应用奠定了行业应用标准。

现阶段，我国能够开展仓单服务的高信用仓储商数量较少，多数厂家、贸易商采用自有仓库和自管运输提供交货服务，不重视专业质检，凭经验验货，实践中交易综合的成本很高，体现为：重复运输多、货物损耗高、商品在库时间长（尤其在产地库时间长）、周转慢、交货参杂使假、交易环节多、逐级加价多、实际运营的自建设仓库效率低且成本高，以及用入库单或存货凭证等非标单据充作仓单导致争议多、纠纷多和法律风险高。

银行采用房产抵押或担保公司提供融资担保（成本很高），直到近年建立贸易融资部门或交易银行部门。在专业领域中，多数人错误地认为仓单仅用于质押融资（仓单最大的优势在于交易）。同时，国内信用证没有仓单的支持，异化成为行间同业资金拆借工具，仓单的交易与融资大大受到限制。

5.4.3 现货仓单交易与现货实物交易

仓单属于国家标准范畴，责任是标准的保存与见单兑付义务。仓单的法律关系清晰度远高于动产质押监管的清晰度。

现货仓单交易与现货实物交易的比较如表 5-3 所示。

表 5-3 现货仓单交易与现货实物交易的比较

序号	比较项	现货实物交易	现货仓单交易
1	交易标的	实物	仓单
2	交货地点	谈判确定(甲、乙或第三方)	公共仓单仓库
3	货物品质	样品或个性约定	行业或国标
4	质检机构	买卖双方约定	公认专业合格机构
5	交易规模	小且分散	额度大,集中化
6	仓储保管人	自营或第三方物流	高水平的第三方物流
7	价格组成	货值、运输费、商检费、保险费、损耗、加价等	货值、仓储费用
8	融资	弱,手续复杂	强,便利化
9	标准化	个性化约定	标准化

从表 5-3 可以看出,现货仓单交易与现货实物交易相比具有以下优势。

(1) 仓单为一次验收、制单,可多次背书,对于多次交易优势显著

仓单现货交易的标的物是仓单(不需要现货交付),持票人及保管人背书即可转让仓单项下货物的所有权,也可用于出质。收到具有背书和保管人签盖的仓单即视为拥有货权。而在现货交易中,多次交易就要多次交收,可能发生多次的移库、运输,费时费力。

仓单以轻便的一纸单据,其流转速度远快于现货交易(出质)。

(2) 减少货损

实物交收地点的变化和多次交收使得频繁的运输、装卸对货物包装、品质有所损害,破损率提高,也加大了货物中途被盗抢或替换的风险。

仓单多次交收也可不进行移库操作,货损大为减少。

(3) 仓单交易可减少大量的谈判环节和流程,节省成本

仓单对应的货物储存在地点固定且信用高的标准化物流中心,运输成本、定价依据、质检机构、仓储服务费用等收费价格清晰、可准确预估,无需进行反复的价格磋商,行业公平的价格机制下容易达成交易的价格;而现货交易,双方谈判地位不对等,且交货指定地点会产生不明的潜在风险,交易双方还需要对运输、质检、起运港、保险等进行费时费力的价格竞争性谈判,甚至影响交易的达成。

（4）高效定价机制的基础

我国很多品种的交易量位居世界前列，但始终缺少国际化的定价权，主因在于我国的交易市场过于分散和缺少标准化。商品定价机制的形成在于仓单仓储地的确定化、集中化、标准化，经过时间和量的积累，会逐步形成当地主流贸易商的公允价格，如 LME 铜价、上海保税区铜价、佛山有色价格、芝加哥小麦价和新加坡油价等。此时，交易定价更为透明，有利于快速达成交易。

期货市场把现货供求关系及变动趋势的判断传送到市场中，期货市场变成众多影响市场供求因素的信息集合体，使期货价格更加具有预测性和真实性。以期货价格为核心的现代大宗商品价格形成机制，克服了传统机制下定价基准缺失和信息含量不足的两大局限，适应大宗商品全球贸易的需要。

不同主流交易区域的仓单价格会形成较为稳定的区域差价，用升贴水定价很便捷，这也是全球期货合约交割全部采用仓单交割的主要原因。在现货贸易中如果采用市场资讯机构的信息作为定价基准，则该报价的权威性和公允性难以得到市场的广泛认可。目前，有铜、锌、铅等期货品种所对应的现货市场，基本形成"期货合约+升贴水"定价模式。

（5）可信的专业化品质验收

仓单要求载明仓储物的品种、数量、质量、包装、件数和标记，以及仓储物的损耗标准等要素，入库时进行严格验货，才能开具仓单。仓单模式下的货物品质服务机制具有中立性，即使用户收到与仓单不符的货物，仓库也能支持各方及时地处理和解决，即更换货物或由责任方赔偿。仓单和提单是物流服务中仅有的必须有货物验收和质检服务的高端物流服务，提单主要用于国际贸易，仓单可以用于国内或国际贸易。可以想象，如果采用仓单模式，我国国内贸易货物假劣泛滥基本上就不会存在了（严格的质量检查，仓储方负责品质问题，而非卖家和买家）。

（6）融资服务配套功能强

仓单作为无争议的物权凭证，流转便捷，可作为质押融资的担保物，也可以作为贸易融资的买入资产，投资和融资需求都能得到仓单的支持。西方主流银行都有丰富的仓单融资和结算服务产品，证券公司有多种基于仓单的商品融资和衍生产品供投资人选择，远远领先于我国金融业。

换转为公共仓单仓储模式，将提高仓库的利用率，避免了交易双方在仓储资产上的投入和管理能力建设且利用率不高（季节性、货量、周期性等因素影响）。仓单模式以租金为单一成本，相对于重资产的投入，仓单的长期成本最低，也有利于提高公共仓单的仓库回报率。近年来，不少房地产商转型为物流地产，也是看准了未来公共仓库的市场与收益率。

5.4.4 【案例分析 5-3】农民"丰产而不增收"问题与标准仓单

长期以来，我国农民"丰产而不增收"现象严重。与西方发达国家的农业体系比较，除我国农业的产业化不足因素外，主要因素在于初级农产品的流通体制和食粮仓储基础设施落后，使得初级农产品收获后，农民急于出售（难以储存，不得不出售），与收购者的价格谈判处于极为不利的博弈地位。而西方发达国家完善的仓储体系和粮食仓单应用模式，使得农民可以通过仓单融资在市场价格的高位出售仓单而获得一定的利润。[①]

1. 农民"丰产而不增收"的原因

我国的症结在于农民仓储资产不足和粮食仓储服务市场的缺失。在没有可供使用的公共仓储设施的情况下，农民采用家庭自我储存方式，设备简陋，农产品易发生虫害、霉烂变质等，粮食损失、浪费现象十分严重，农户自储的成本与风险非常高。把粮食暂时储存起来等到淡季时（价格上涨）出售将获得更大的收益，但自行仓储的风险使得农民只能现货卖出而放弃较高的未来预期收益，农民损失了粮食的时间价值、期权价值，以及充当融资抵押物的价值。

西方发达国家的农民，在粮食产出后，并不急于出售，而是交给专业化的仓储机构，农民获得农产品标准仓单，并支付相应的仓储费用。农民可以将仓单质押给金融机构而获得资金。过一段时间后，农民可以选择在农产品价格相对高的时候，卖出仓单而获得预期的回报。

为保护农民的利益与种粮积极性，国家不得不采取强力托市的操作以维持粮价在收割时段的价格稳定，每年花费巨额的财政收入来补贴收购。国家干预市场不利于粮食市场流通的真正成熟与发展，只有与西方发达国家接轨，实施粮食标准仓单、

[①] 王一鸣. 标准仓单化的仓储市场与粮食流通体制改革. 中国乡镇企业，2010（12）：51-62.

提供公共仓单服务，才能建立真正意义上的粮食市场。公共化的仓储服务可以减少粮食流通的垄断，从而容易形成比较合理的市场价格。增加农民仓单储粮，还可以减轻国家托市收购的压力并减少财政支出。

2. 粮食储存的标准仓单化

建立具有高信誉、高管理水平的新型粮食公共仓储企业，将粮食储存的传统形式转变为粮食储存的标准仓单化，同时创建一个相对应的仓单交易平台。农户根据仓储规章或标准的要求将粮食存入仓库，获取仓储企业的无记名标准化仓单作为存入粮食的凭证，该仓单内容主要包括质量等级和数量，成为类似银行存款并可以随时存取的不记名标准仓单，具有极高的流动性。在标准仓单体制基础上逐步建立仓单交易平台，比如现场交易大厅或网上电子交易大厅，实现粮食交易集中进行，以区域集中交易来逐步形成粮食的市场化价格。

由具有高度公信力和专业管理能力的机构对实物进行有效管理，保证仓单与粮食的严格对应，仓单交易代替实物现货交易，避免粮食的移库、运输，降低交易成本并增加交易次数。仓单交易使得粮食价格透明，农户更为主动地针对市场信息做出销售决策，而不是被动地卖出。

具有流动性的标准化仓单可以直接出质以获得银行的贷款，解决农户贷款难问题。在大多数发展中国家，仓单的发展都是从发掘其融资功能开始起步的。

3. 我国首个大宗商品现货标准仓单管理规范发布

2016年6月22日，我国首个大宗商品现货标准仓单管理规范《中国玉米标准仓单管理规范》发布，实现了零的突破，我国有了真正意义上的标准化和集成化的大宗商品现货标准仓单，具有历史性与革命性意义。《中国玉米标准仓单管理规范》由中国粮食行业协会玉米分会和易储仓储服务有限公司组织牵头，由数十个专业机构参与起草；中国标准化协会等作为支持单位，相关仓储标准化集成商、港口企业、保险机构、银行机构、检测机构、法律服务机构、估值机构和评级机构作为实施单位，其管理规范的范围涵盖玉米仓储、玉米运输、相关法律服务、质量检测、保险服务、估值服务、评级服务、数据服务和相关金融服务等。

我国现阶段大宗商品为集市化的市场交易模式、集市化的专业服务模式和集市化的融资服务模式。在过去，我国大宗商品现货市场只有企业性的仓单（非标仓单），而没有行业性的和高度标准化的仓单。企业非标仓单局限于大宗商品的物理性要素而缺乏服务性要素、标准化要素和集成化要素，导致了玉米流通领域存在大量的无效仓储、无效运输、无效交易、无效专业服务和无效的金融服务。

《中国玉米标准仓单管理规范》的发布在我国大宗商品仓储领域开启了标准化、规范化和行业化的序幕，具有引领性、示范性和趋势性作用，推动了我国大宗商品仓储标准及规范的升级，进而推动我国大宗商品交易的规范化升级、大宗商品市场服务的升级和大宗商品金融业务的升级，将提高我国玉米市场的有效仓储、有效运输、有效专业服务、有效金融服务和有效数据服务；有助于提高我国玉米产业的生产效率、流通效率、专业服务效率和金融服务效率，可系统化地降低玉米市场的流通风险。

《中国玉米标准仓单管理规范》将由中国玉米储运联盟的成员单位及中国玉米标准仓单示范基地的成员机构率先采用，其中包括：营口港务集团、广州港集团、中国平安财产保险股份有限公司、中华联合财产保险股份有限公司和中国检验认证集团等。

5.4.5 中仓单的高信用国标仓单服务体系

中仓单是由我国骨干物流、金融机构发起成立的国家级现货仓单专业公共服务机构，首创我国现货电子仓单认证、质检、背书、征信、保险、保价等全流程金融外包服务。中仓单于2014年10月14日由中国物流有限公司、深圳铁银基金管理企业（有限合伙）、深圳市霖峰投资控股有限公司三家创始股东发起，在深圳前海成立注册，首期注册资本5000万元。根据投资协议的规定，后续将持续引入科技行业、金融行业（保险、期货）、征信领域等具有代表性的境内外企业或机构，形成多元化股东结构，以持续提升该公司的服务公信力。

1. 高信用国标仓单综合服务体系的定义

高信用国标仓单综合服务体系以维护仓单交易、融资便捷和安全为目标，且可为仓单业务的供需双方提供认证、征信、保险等一揽子仓单基础配套服务，属于市场经济中的专业公共服务，如图5-10所示。其提供方是以我国仓单为核心的多方专业服务机构（认证机构、征信机构、保险公司、质检机构和仲裁机构等），受益方是仓单的用户（金融机构、存货企业和商品交易机构）和仓单填发商（仓储企业）。

仓单认证	仓单征信	仓单背书	仓单保险	仓单保价
生成认证 存续认证 服务认证	货权资信 仓单兑付资信 仓单服务资信 货物的流通性资信	仓单质押 仓单转让 仓单转质押	仓单险 责任险 货运险	价格风险管理

图 5-10　标准仓单的内涵

标准仓单质押融资的关键不是法律的问题，而是市场高水平的物流企业太少，即交付能力决定了标准仓单在现货市场的应用。仓储企业要具有较高的信用水平和较高的信息化水平以保证兑付，并实现仓单的交易和融资功能，这是超出收租金、做包装分拣等低中端服务的一种更加高端的物流服务。

2．高信用国标仓单综合服务体系

中仓单首创高信用国标仓单综合服务体系，体系中包括多家服务机构和我国骨干电商平台、现货交易所、期货风险管理子公司和仲裁机构等，创立了面向金融机构、物流仓储企业和货主企业的"高信用国标仓单综合服务"，即提供仓单认证、质检、征信、保险和保价等服务，在仓单格式规范符合国家标准的基础上，为有效推动国标仓单的实施，提供基础服务和支持。

我国高信用国标仓单综合服务在我国法律和自主核心技术的支持下对仓单运用模式、安全模式、公共机制、风险分散模式进行了创新升级，本次上线的仓单认证、仓单征信、仓单保险三类仓单基础产品填补了国内市场中仓单的服务方（仓储企业）和仓单使用方之间利益冲突的技术解决工具这一项空白。

（1）仓单认证涉及"仓单设施和服务认证""电子仓单的生成和存续认证"，它依据中仓仓单的标准和规范对仓储服务商的人员、仓储设施、运营设备等进行准入培训和软硬件升级，通过服务认证、电子认证等技术手段对仓储服务商签发的电子仓单进行 7×24 小时的交收支持服务。

（2）仓单征信是指"仓单专业征信""仓储企业专业征信"，中仓仓单研发了符合仓单商业性特点的指数和评价体系，通过拥有自主知识产权的“中仓企业征信系统”开展国内首创的仓单物权征信、仓储企业征信服务。这是一款肩负着“让仓单流动起来”使命的服务。

（3）仓单保险是中仓仓单联合中国人民财产保险股份有限公司、阳光保险集团等大型保险公司研发的专业仓单险，它将保险实务中逐单实施的风险评估、风险定价、风险统计、投保操作等环节全部标准化、智能化、线上化，并提供了财产底层验证和远程视频核保等技术支持，有效满足大量仓单快速生成、频繁赎单、多次背书的供应链融资交易需求和保险保障需求。

如图 5-11 所示为一张符合国家仓单规范的仓单样本。

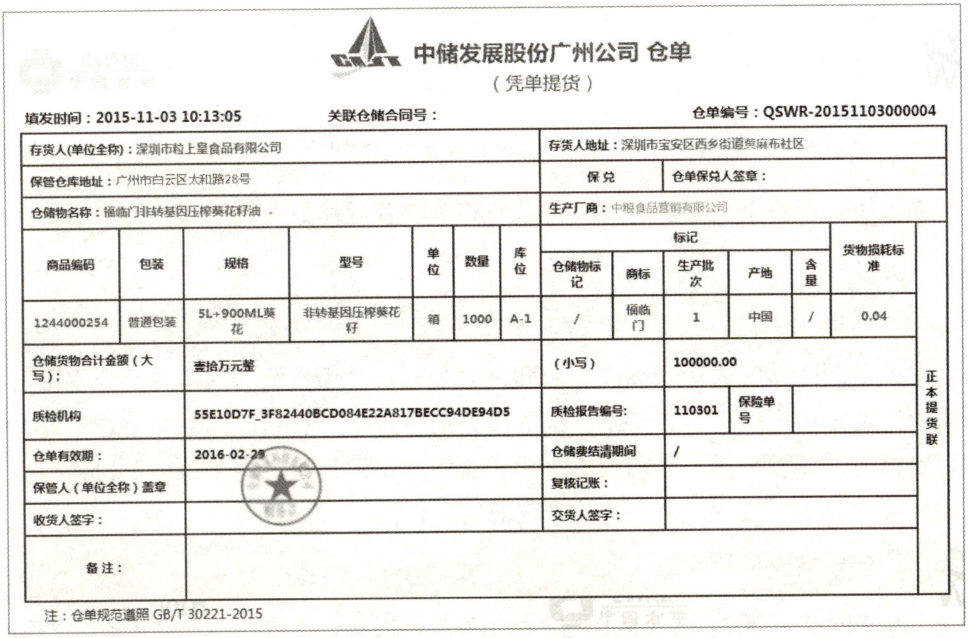

中储发展股份广州公司 仓单
（凭单提货）

填发时间：2015-11-03 10:13:05　关联仓储合同号：　仓单编号：QSWR-20151103000004

存货人(单位全称)：深圳市粒上皇食品有限公司　存货人地址：深圳市宝安区西乡街道黄麻布社区

保管仓库地址：广州市白云区太和路28号　保兑　仓单保兑人签章：

仓储物名称：福临门非转基因压榨葵花籽油　生产厂商：中粮食品营销有限公司

商品编码	包装	规格	型号	单位	数量	库位	标记：仓储物标记	标记：商标	标记：生产批次	标记：产地	标记：含量	货物损耗标准
1244000254	普通包装	5L+900ML葵花	非转基因压榨葵花籽	箱	1000	A-1	/	福临门	1	中国	/	0.04

仓储货物合计金额（大写）：	壹拾万元整	（小写）	100000.00		
质检机构	55E10D7F_3F82440BCD084E22A817BECC94DE94D5	质检报告编号:	110301	保险单号	
仓单有效期：	2016-02-29	仓储费结清期间	/		
保管人（单位全称）盖章		复核记账：			
收货人签字：		交货人签字：			
备注：					

正本提货联

注：仓单规范遵照 GB/T 30221-2015

图 5-11　标准仓单样本

这种新型服务的出现必将对我国物流产业的转型升级提供亟须的帮助，在物流业与金融业升级发展中发挥积极作用。中国金融认证中心（CFCA）根据中仓仓单的业务场景对电子仓单的合法性、业务数据传输和存储、跨行业互认、票据化加密应用提供了成熟的解决方案。

高信用国际标准仓单综合服务体系如图 5-12 所示。

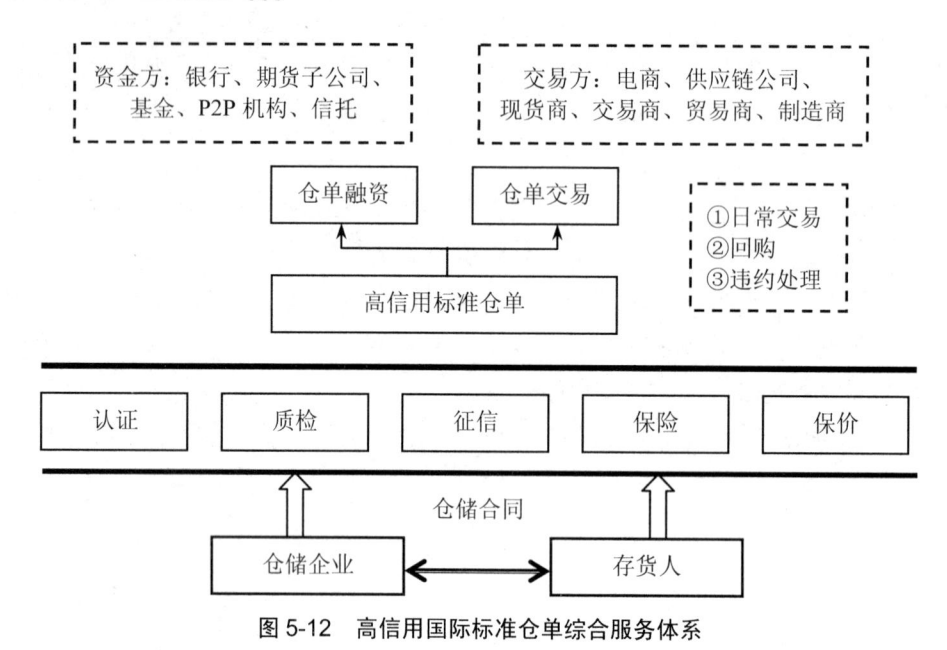

```
资金方：银行、期货子公司、        交易方：电商、供应链公司、
基金、P2P机构、信托              现货商、交易商、贸易商、制造商

        仓单融资      仓单交易         ①日常交易
                                      ②回购
            高信用标准仓单            ③违约处理

    认证      质检      征信      保险      保价

              仓储合同
         仓储企业  ←→  存货人
```

图 5-12 高信用国际标准仓单综合服务体系

高信用国际标准仓单综合服务体系的相关内容解释如下。

（1）认证

仓库认证

中仓单制定仓库的认证标准，协同保险公司，采用物流和保险的复合标准对仓库的管理能力、失信信息、出险情况等多方面进行综合评估。同时，中仓单联合专业认证机构，通过电子加密的技术手段对仓库基础设施进行电子认证，保证数据采集的真实性和不可抵赖，以及传输过程的安全性。

电子仓单生成和存续期认证

中仓单自主研发的仓单系统支持从入库预约到仓单生成，以及仓单存续期信息变更至仓单兑付全过程的管理和记录保全，同时支持融资机构、货主通过安装在仓库的物联网设备进行 7×24 小时的远程验单、验货。

（2）质检

中仓单联合国内领先质检机构，提供高信用国标仓单质检服务，包括厂检、溯源和库检。溯源是指中仓单系统通过对接的产品溯源系统，对仓单项下的货物的产地、规格、数量、质量标准、生产日期等信息进行核对，确定货物品质。库检是指对于需要库检的仓单项下的货物，客户可通过中仓单系统在线申请质检，由质检机构派人到仓库现场进行取样，质检报告通过中仓单系统进行上传，中仓单对库检取样、质检报告的上传和确认进行电子认证，保证信息的真实、有效和不可抵赖。

（3）征信

中仓单研发了符合仓单商业特点的指数和评价体系，通过拥有自主知识产权的"中仓企业征信系统"开展国内首创的仓储企业征信和仓单征信服务，并支持实时征信和主动征信，在信息化时代能及时满足客户对最新信息的需求。

① 仓储企业征信

仓储企业征信的要素包括：企业基本信息、管理人员及重要岗位人员信息、财务状况、经营情况、仓储设施情况、仓储管理情况、诉讼及不良信息、投保及历史理赔信息等。

② 仓单征信

仓单征信是对仓单高信用内涵的确认与信用的动态跟踪。仓单征信包括对货权征信、仓单兑付征信、仓单服务征信、货物流动性征信等。仓单征信的要素包括：仓单要素、仓单背书记录、物权情况、质检情况、仓储场所情况、保险情况、货物价格和市场交易规模等。

（4）保险

中仓单提供高信用国标仓单的认证、征信服务，以及部署在仓库端的物联网技术和安防技术，支持定制仓单保险承保公司即人保集团完成保前风险评估、风险定价，保中风险监控和预警，以及为出险后快速定责定损提供技术支持。中仓单首创的高信用国标仓单服务体系，将动产转化为标准的仓单信息，为传统企业财产险向互联网化升级提供了基础。

（5）保价

对于具有期货品种标的的货物，根据市场行情分产品制定套期保值方案或利用场外期权提供保价服务，以规避货物价格波动带来的仓单贬值风险。与没有进行价格风险管理的仓单相比，经过保价的仓单作为融资担保物时可以适度提高资金利用率和价格风险抵抗能力。

3. 仓单的融资创新

高信用国标仓单综合服务将金融机构、货主、保险、质检、仓储、电商平台等多个主体联系在一起，通过现货电子仓单认证、质检、背书、征信、保险等全流程仓单基础配套服务，更加明确了仓储保管法律责任，并推行仓单责任下完整的仓储保管模式，这样既确保货物的真实性和仓单保兑责任的不可推卸性，又可以提供良好的信贷资产和信用信息等。

高信用国标仓单综合服务主要从四个方面进行了创新：① 从动产质押监管升级到高信用国标仓单认证；② 从技术和风险管理机制上建立了公共仓单机制；③ 首创物权征信服务；④ 与人保集团等财产险领先机构定制了万亿级的仓单专项险。

为达到线下的高信用交收环境，仓单存续期间物流交收实现严格的监管。主要的监管技术与措施如图 5-13 所示。

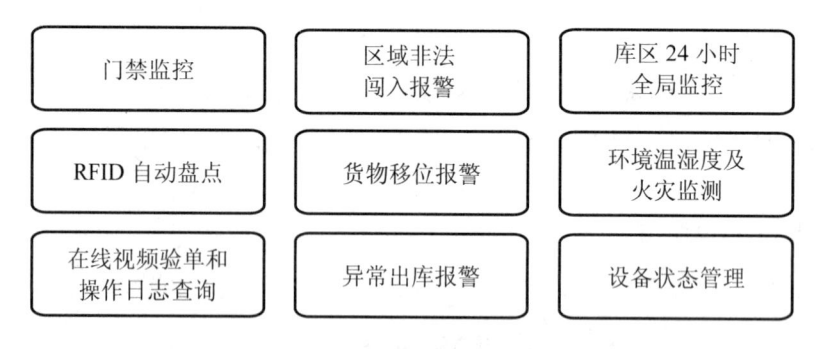

门禁监控	区域非法闯入报警	库区 24 小时全局监控
RFID 自动盘点	货物移位报警	环境温湿度及火灾监测
在线视频验单和操作日志查询	异常出库报警	设备状态管理

图 5-13　仓单存续期间物流交收环境

中仓单打造的高信用国标仓单服务体系，提供仓单认证、征信、保险、报价等服务，物流企业可以有效扩大其物流金融业务规模，规避其内部不规范操作导致的重复质押、无效质押风险，同时可以开展代为收货、收款和代为保险、转质交割等金融增值服务，提高市场竞争力。银行等金融机构可以回避原有质押监管业务的仓单重复质押风险，提高质押业务的操作效率、提高仓单变现的流动性和安全性，低风险、大幅度提高供应链融资的规模，降低坏账率。中小企业可以通过仓单的质押加快融资效率、降低费用，解决因缺少不动产而导致的融资困难。

资金端与供应链金融服务对资产的看法如表 5-4 所示。

表 5-4　资金端与供应链金融服务对资产的看法

交收模式	国标公共仓单交收 4.0	私家仓单权利交收 3.0	指定交收 2.0	直接交收 1.0
物理载体	公共可认证电子标准仓单	纸质仓单或私家标准仓单	非标物权转移指令文件	买方收据或占有公示
责任与风险承担	仓储企业、货主和商业保险业	仓库或交易所	仓库和买卖三方	买卖双方
交收工具	高信用国标仓单	交易所或个体仓库仓单	仓储企业管理商品	卖方自管商品
成本和流通便捷	成本比 3.0 版本少一半，以秒计算，利于频繁交易安全性达到银行等级	成本是 2.0 版本的 10%~30%，以小时计算，尤其利于多次交易，防欺诈成本较高	成本比 1.0 少一半，提速	成本最高，速度最慢
产业基础	高水平的 3PL 服务，国家标准化水平较高，保险行业强，具备社会电子化水平	3PL 活跃，管理水平较高，国家标准化水平较低，保险行业弱	第三方物流行业初建	没有第三方物流行业阶段
交易市场	电商、电子票据、电子银行市场化	近现代市场（部分电子交易）	初级市场经济	小农市场

4．海诚1号仓介绍

广东自贸区首家高信用国标仓单认证仓库——海诚 1 号在 2016 年 8 月 8 日正式启用，并实现出单流通。深圳市海诚威物流有限公司的海诚 1 号仓库在高信用国标仓单综合服务体系的支持下，完成了设备软件升级、作业培训和承保验收，正式启用。这标志着我国仓储企业首次开始提供商业化的国标仓单服务，利用高信用国标仓单综合服务体系实现电子仓单线上背书转让、仓单财产保险在线出单，以及金融机构首次使用高信用国标仓单开展商品融资等多项创新业务。

采用电子汇票的技术体系支撑电子仓单的运行，保障仓单真实与可靠地在仓库、持单机构、金融机构高效流动。我国高信用国标仓单将达到电子商业汇票、承兑汇票一样的安全流动性，大规模提升中小商品企业的销售和融资能力。电子仓单的生效条件除电子合同外，还有做仓单的电子系统登记公示，可以对它的身份进行电子认证，电子仓单可以安排三个权利人的背书签章，加密传输，这些程序可以使它快速生效且无法抵赖篡改。

海诚 1 号仓的启用进一步加深了社会各行业对高信用国标仓单综合服务体系的认识，必将逐步扩大国内外商品交易和金融市场对我国高信用国标仓单综合服务的普及应用。

5. 中仓单发展目标

中仓单等牵头的服务机构将践行"让中国高信用仓单流动起来"的使命，充分发挥金融、物流、科技等方面的优势，致力成为普惠中国、立信世界的专业仓单服务核心机构。根据业务发展需要，将在全国主要物流和金融中心城市进行区域布局，以期更便捷地为客户提供服务。5年之内，中仓单将辅导、认证500~1000家合格的仓单服务仓库，服务10万家以上的中小企业货主，支持多家形式各异的资金提供方，与人保集团、阳光保险集团等仓单"基石"服务机构协同支撑我国仓单融资健康发展生态圈，并根据国家"一带一路"战略的发展，配套海外仓，将我国高信用仓单普惠世界商界。中期目标将达到年度万亿元的高信用仓单流转和承保规模，切实使得我国中小实体企业受益于我国物流行业的服务升级。

存货质押的风险比应收账款融资方式的风险更大，因为某些存货贬值、过期较快，或者二次出售的价值变小。在实际中，银行大多接受大宗商品作为质押物，特别是变现快、易于保管、不易变易、价格变化少等类型的大宗商品，如有色金属、钢材、建材、石油、纸品、粮油、石材、棉化、橡胶、坯布等，故仓单质押业务目前主要在这些行业开展。从风险控制的角度看，具有较稳定的预期价格的那些"标准"产品比半成品、季节性商品可获得贷款的可能性和对贷款的保障都大。银行愿意发放的贷款数量也随用作质押的存货质量而不同，通常国外银行的贷款价值比介于50%~80%之间。

5.5 "区块链+标准仓单"应用构架

标准仓单的形成路径与应用效力，构建于严格的法律约束和操作规程之上，且是多方参与之下的交易标的。"区块链+标准仓单"可实现协作、公开、公正和按规则执行的应用场景。

"区块链+标准仓单"构建分布式、弱中心化的应用模式，优于"中心化"的电子仓单交易与融资模式。

结合区块链分布式账本技术来改造交易模式和交易流程，解决两大信任障碍，具体如下：

（1）将传统的交易环节透明度不足改造成公开、透明的可追踪、可溯源模式，以参与方的共同见证来防止作假和道德风险,确保交易的真实和准确。

(2)安全性要求达到或超过国家所要求电子签名安全标准,以数据密钥和单证加密的方式,可保证各方的保密性要求。

现有仓单电子交易平台为中心化模式,在实践中仍然存在诸多问题,其中最大的痛点是电子方式对于交易的真实性、流转单据的有效性等监管效力有限,也难以避免道德风险。对此,区块链技术以公共账本来验证交易的真实性,在此基础上构建公开、公正的单证流转模式,同时保证交易各方的信息保密性要求。

同时,监管部门加入到区块链中,从而进一步提高账本的安全性并提升信用,监管机构在分布式账本中,对不可篡改的数据进行审查,以极大的便利对不正常信息和行为进行有效监控。监管的实时性得到保证,各方无法虚报、瞒报数据,也无须上报信息到监管方,在降低监管成本的同时也保证是对最新数据的监管。对于构建良性循环的市场信用环境提供法制和制度上的保障。

区块链构架下的仓单质押融资概念模型如图 5-14 所示。

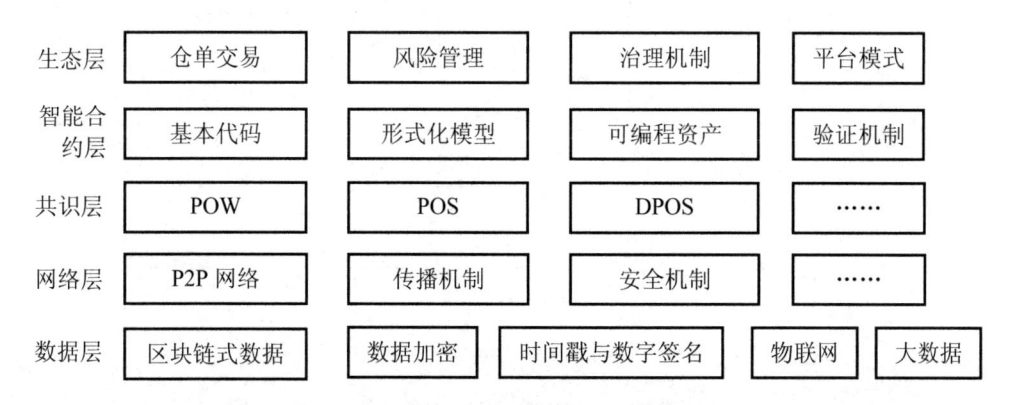

生态层	仓单交易	风险管理	治理机制	平台模式
智能合约层	基本代码	形式化模型	可编程资产	验证机制
共识层	POW	POS	DPOS	……
网络层	P2P 网络	传播机制	安全机制	……
数据层	区块链式数据	数据加密	时间戳与数字签名	物联网	大数据

图 5-14 区块链构架下的仓单质押融资概念模型

运用区块链技术建设"区块链仓单交易平台"(注册与交易)和"区块链仓单登记公示平台",以联盟链的方式为会员单位在其行业开展基于区块链分布式账单的交易模式。联盟链中的仓单再对接到国家级的动产交易登记公示平台。

"区块链+标准仓单"的形成过程如图 5-15 所示。

在图 5-15 中,仓单的形成过程公开、透明,各种单据形成之后不能被篡改,也不可作假;各机构之间的权力互相制衡,形成互相监督机制,特别是在政府监管部门的实时监督之间,可以有效防止道德风险和相互串通作假的风险。

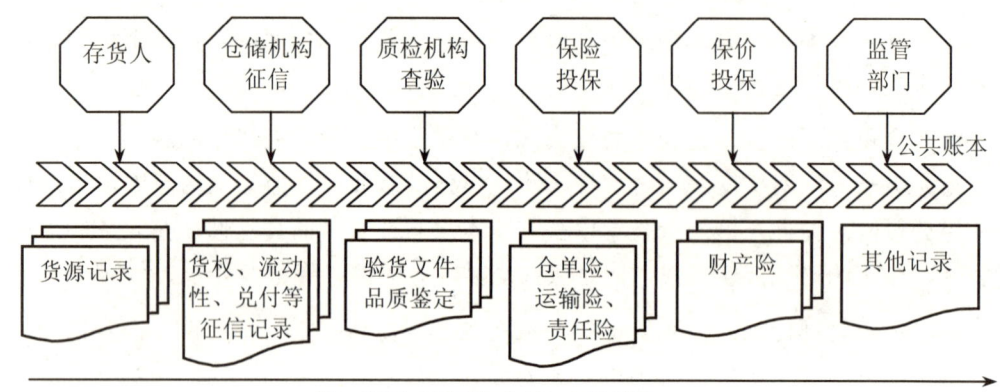

图 5-15 "区块链+标准仓单"的形成过程

仓单质押融资采用区块链应用模式,是将交易以"区块链+合同"的方式记录下来,形成区块链电子仓单交易平台,如图 5-16 所示。

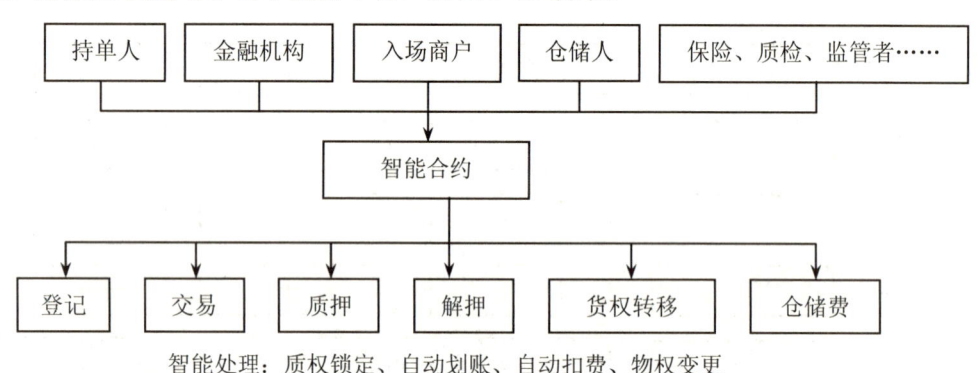

图 5-16 区块链构架下的仓单交易与质押融资

在图 5-16 中,区块链架构的交易模式具有以下优点。

(1) 基于身份认证、电子签名等,确保所有参与交易的人员身份真实,操作合法并不可抵赖,也避免了同一个用户重复登录的行为。

(2) 采用一套系统来覆盖不同的机构和企业,共同创建一个商业模式。

(3) 完全的去中心化,所有交易都可能从不同的节点发起,实现点对点交易,避免中心化系统的不足。

（4）智能合约的模式避免了道德风险、人为操作延时和故意不执行等现有合同执行的不足，确保有效执行达成的交易规则，维护交易公平和信用的形成。

（5）记录即真实，线上达成的交易具备完全的法律效力，无须线下确认和人工鉴定，保证交易的效率，真正实现电子交易高效性、安全性和不可更改。

（6）形成持续增长的交易信用。一次次的交易形成增量化、不可更改的交易记录，公开透明，使得前面交易形成的信用可以有效传递给后续入手的交易者，使得后续入手的交易者无须担心前几手交易造成的后遗症（指同一个仓单的连续转手交易）。

经过以上分析，可以看出区块链技术可使得多家协作机构存在于互相监督的场景下，使得传统模式下的私下串通行为难以发生。在公开透明的机制下，讲信用的机构会获得参与者的一致认同；连续的交易也使得仓单无须重复地进行真实性查验。交易行为的互相印证，将产生"信用自证"和"信用自增"的特殊现象，这是传统信用技术与交易模式不可能产生的信用增级现象。

区块链技术本质上是建立一种机制，有效抑制人性的弱点（追求私利），而弘扬人性中的光辉，即公正、客观、可信。人是环境中的人，只有构建符合良性发展的机制和制度，人类才会在交易中构建商业文明。人类的商业发展史和曾经发生的金融危机，都很好地说明了这一点。

5.6 "区块链+大宗商品交易"解决方案

5.6.1 大宗商品概念

现货是与期货相对应的概念。现货具有即时交收的可得性，实现以最快的方式满足需求（例如零售），具有强大的生命力，可视为贸易的最高级表现形式。期货则是满足金融需求的贸易表现形式。现货包括商品现货、大宗商品和现货仓单等。

大宗商品（Bulk Stock）是指可进入非零售环节的流通领域，主要用于工农业生产与消费使用的以大批量买卖为主且具有商品属性的物质商品。从大宗商品市场价值存量来看，国内大宗商品估算价值总量超 20 万亿元，约占 GDP 的 30%左右。在金融投资深度介入大宗商品市场的背景下，由于大宗商品具有同质化、可交易且广泛应用于基础性生产领域，可建立统一的现货与期货市场。

大宗商品分类大致如下。

（1）农副产品，如第一产业中的粮食、食用油、大豆、玉米和木材。

（2）基础原材料，如矿产、工业半成品钢材、铜、铝、石材和塑料。

（3）能源商品，如煤、原油和成品油。

与其他商品相比，大宗商品在流通中的特点明显，总结如下。

（1）易于分级和标准化。规格明确，便于计量。

（2）价格机制灵活。大宗商品不仅可以进行现货交易，而且可以设计为期货、期权作为金融工具进行交易，实现价格发现并规避价格风险。

（3）交易量大，单笔交易量金额较大。对应的金融服务可以产生规模效应，金融操作成本可控。但大宗商品大多为笨重物资，受到物流半径、安全库存和经济采购批量等因素影响，导致其市场辐射有明显的地域边界限制，制约了全国统一市场的形成和规模效应的发挥。

（4）流动性强，易于变现。大宗商品处于供应链最上游，用途广泛且通用性强，容易变现。例如煤炭，虽然目前行业过剩，但是如果比市场价格每吨便宜20元，则非常容易在电子交易市场中变现。

（5）在物流特性上，易于储存、运输。不易变质、无形损耗小，满足作为质物进行监管和控制的要求。

5.6.2 大宗商品电子交易发展概况

与发达国家相比，我国的大宗商品市场流通环节多、效率低，价格形成机制有待完善，庞大的"中国需求"产生不了"中国价格"。我国工业企业流动资产周转次数为2.9次，远远低于日本和德国9～10次的水平，造成我国规模以上工业企业存货率为10%，远高于发达国家5%的水平[①]。我国各地专业市场数量非常多，导致各

---

① 朱金祥. 互联网时代大宗商品市场的发展趋势. 宁波经济：财经视点，2014（1）：40-40.

市场间同质化竞争严重，集约化程度低。以"现场、现货、现款"为特征的传统批发市场，难以与商业银行协同开展物流金融、贸易金融等增值服务。

大宗商品价格波动大、成交金额大、涉税环节多、交易主体复杂，违法违规案件频发，一直是政府监管的重点和难点。由此可见，传统的大宗商品批发市场模式已经与我国工业化和信息化进程不相适应，我国大宗商品市场的转型升级迫在眉睫。[①]

大宗商品电子交易的模式已经出现较长时间。2010年以来，国家开始整顿现场与电子交易市场，严禁现货远期等投机，引导大宗商品电子交易市场回归到服务现货交易的功能定位。目前，大宗商品流通企业信息化建设十分积极，部分企业投入资源建设企业ERP系统。电子化、网络化的交易方式，为大宗商品的价格中心、信息中心、交易中心的产生奠定了基础。电子交易的便利性也使得用户更易接受。

在国际经济不景气的背景下，我国宏观经济步入"新常态"，大宗商品的供需关系逆转、价格疲软且波动加快、行业竞争加剧，电子交易市场出现仓单重复质押、虚假质押、骗贷挪用等一系列问题，极大地影响了大宗商品电子交易市场中金融服务的创新与发展，仓单质押等业务模式的大宗商品融资一度陷入了困境。

当前我国大宗商品电子交易市场数量已达到上千家，且功能趋同、同质化竞争现象严重，供应链金融服务成为越来越多的电子交易市场实现差异化竞争的重要方式之一。

自2014年开始，我国传统行业、工业企业、制造业、大宗商品贸易企业、跨境贸易企业的电商模式快速发展，产业领域（相对于消费领域）的B2B电商产业开始得到快速发展。2015年我国B2B市场处于快速上升通道，B2B电子商务交易规模达12.31万亿元。首届全国大宗商品B2B高峰论坛榜单评出"2016年全国大宗B2B电商50强"，其中包括钢铁、化工、煤炭、农产品、食材、纺织、水泥、木材等20余个产业的50个B2B电商创业公司。

大宗商品交易从粗犷型向集约型、从非标交易向标准化交易转变是行业发展的必经之路。处于产业链上游的大宗商品交易，仓储需求和融资需求是大宗交易的基本服务需求，交易、物流、金融服务的融合与信用创新是大宗商品电子商务发展的趋势。

[①] 卢晴川．大宗商品现货电子交易平台的再定位与现货交易回归之路探析——对现有监管规范的反思以及制度建议．海南金融，2017（2）：59-66.

5.6.3 大宗商品交易行业痛点

在行业的快速发展之下，目前存在交易双方信息不对称、交易过程监管和信用体系不完善等诸多问题，成为制约行业进一步发展的阻力，将区块链技术应用至大宗商品现代流通行业和大宗商品交易市场，可有效促进这类问题的解决。

我国大宗商品现货交易模式主要分为即期交易、挂牌交易和竞价交易等。即期交易的大致结构如图 5-17 所示。

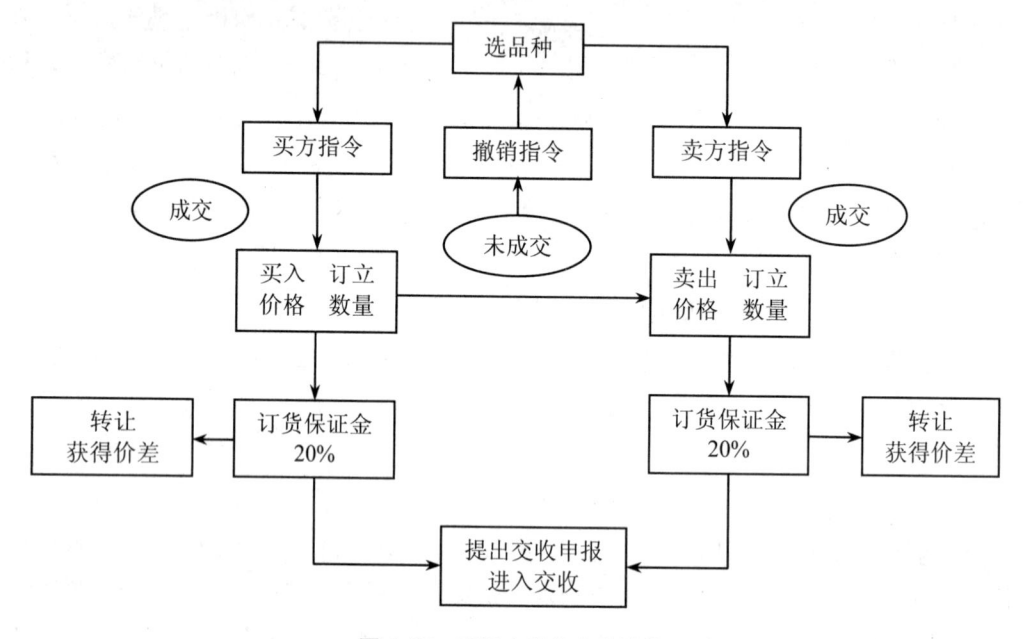

图 5-17 即期交易的大致结构

目前产业中存在的痛点问题如下。

（1）信息不公开

在大宗商品交易中，交易环节透明度不足是一个长期存在的难题。大宗商品交易市场中买卖双方为避免权益受损，存在交易信息保密的需要。过度的信息保密使得市场出现严重的信息不对称，信息缺失的一方往往成为受害者。市场监管机构需要确保双方的交易合法合规，交易内容真实可信，只有在信息适度公开的情况下才可以有效行使监管职能。

区块链技术恰好可以解决这个矛盾,通过区块链技术的"多副本共同记账"特性,可以通过多方见证,确保交易的真实和准确。保证交易过程中的每个环节都是真实、准确、可追溯、可查证和不可伪造的,市场的公信力可得到质的提高,是发展有效市场的基础。同时,数据秘钥的存在又可以保证交易双方交易信息的私密性,或者仅向有关监管部门适度公开必要信息,从而双向实现市场增信的目的。

(2) 篡改数据

电子交易系统为中心化系统,交易中心的管理甚至可以对系统数据进行任意修改,以达到操纵市场的目的,其结果将形成严重的风险事件。昆明泛亚有色金属交易所操纵市场、改变交易规则、篡改交易数据,导致全国20多万名投资者的480亿元资金去向不明。该交易所与云南天浩稀贵金属股份有限公司等多家关联公司,采取自买自卖手段,操控平台价格,制造交易火爆假象,同时向全国投资者进行宣传,推进"日金计划"等产品,承诺10%~13%固定年化收益率且收益与货物涨跌无关,向社会不特定人群吸收存款,形成由其实际控制的"资金池",套取大量现金。

由此可见,中心化系统在监管不到位的情况下,本身就存在操控用户的巨大风险,借助区块链的公开透明、数据不可篡改等特性,从技术上可杜绝交易所篡改交易数据等违规行为。

(3) 监管不到位

我国的期货、现货市场分割管理。期货市场由证监会管理,仅提供单纯的远期货物交易。而企业具有多种多样的现货交易需求,使得能够满足市场多种需求的现货电子交易市场得到快速发展。但电子交易市场中缺失监管力量,在地方政府税收至上的动力机制下,电子交易甚至成为无人监管的灰色地带,是造成大宗商品交易风险的主因之一。

电子交易市场的监管内容应包括:所有交易必须在场内撮合,会员不能与客户对赌,业务流程透明化,保证金封闭运行,市场交易交割规则明确。采取会员制的交易所是一个高度自律的组织,除政府部门的监管外,交易所本身应具有共同管理、相互监督的功能,制定、执行管理制度,监督其他交易参与方行为,保证交易安全、可靠、公平。

采用区块链架构,系统中加入政府监管节点,行业协会、交易所都能行使监督职能,监测企业与交易运作,及时约束违约行为。在违约记录不可篡改、证据不可篡改的前提下，企业将有更大的动力来维持自身信用，以确保在交易系统中的良好声誉。

采用区块链架构可以提高交易和监管效率。区块链记录可以离线操作，记录监管记录和审计痕迹，实现对交易信息的追踪和监测，有效控制欺诈风险。无须数据采集和企业上报，节省监管成本，也保证数据源的准确性。在交易生态上，这有助于监管者与市场参与者形成良性的合作关系，促进双方互信且运作效率高。

（4）仓单重复质押

2008年之后，随着4万亿元投资盛宴的开启，钢贸商开始大肆炒作钢材。长三角地区中小钢贸商结成互保联盟，通过交换钢材货存，向银行连环担保贷款，所获资金投到地产和股市套利，借款黑洞在钢贸圈越滚越大。2011年下半年开始，钢贸危机爆发，空单质押、重复质押、虚假骗贷等浮出水面。从行业监管角度讲，仓单信息不准确、一单多押、货不对单等成为风险的源头。交易标的物在仓储物流环节中的真实性，是市场中长期存在的问题。2013年"上海钢贸业崩塌"事件爆发。

通过在大宗商品交易的仓单登记系统里引入区块链技术，对商品和仓单进行数字化的一一对应，可以有效确保标的物商品和仓单的准确性和真实性，避免交易过程中因为仓储物流环节的错漏而出现交易风险。

5.6.4　解决方案

在大宗商品电商平台中，采用"区块链+单证"或"区块链+存证"，从平台业务抽取关键支持证据，实现合同、交易、金融服务、物流服务等过程的有机结合。合同执行的跟踪与过程存证，有效实现交易公平、公正和履约的正常进行，提高供应效率。

利用区块链技术实现大宗商品交易的过程记录与存证，证据的可信度与业务的透明化，使得参与各方约束自己的行为，可促进大宗交易生态向有序化和良性化方向转化。

（1）有助于形成良好的交易生态

成功的交易市场，首先要求市商具有良好的职业操守和营运能力。区块链技术有助于规范做市商行为,增加信息的可信度,从而吸引更多的投资交易者。从国外发展经验看,国外成熟的商品交易市场主要依靠行业自律管理,而区块链技术则能协助监管者(行业协会)更好地监测交易中心的运行情况,有效监督和及时约束企业的不良行为,及时处理交易问题,保证交易市场的高效性和安全性。

(2)提高交易透明度

交易合同、借贷合约和履约情况被长时间记录在区块链中,具有不可被篡改、可追溯等特性,对借方、违约者具有威慑、监督作用,可以降低违约率,提高借款人的还款意愿,促进各方守信交易。

(3)避免交易纠纷

所有交易操作行为,经由用户私钥(加密签名)授权操作,操作具有不可抵赖性,可大量减少交易纠纷。同时,商品交易流转可追踪,提高了透明度,有利于监管。

(4)形成交易信用

公开的交易信息与所对应的商品真实数据(出入库记录、历史交易信息)全部实时写入区块链,在无纸化贸易的基础上,参与方可以查询可信历史数据,交易参与者可以查询到交易对手的履约情况,真实的信用信息可避免"劣币驱逐良劣"现象。这也形成对入场交易者的有效监督。

同时,在区块链架构下,大宗商品交易的商业模式存在极大的创新空间,在减少可疑交易、降低监管成本的基础上,实现市场的透明化和监管的便捷性,这有利于我国逐步形成具有国际话语权的大宗商品交易中心。

第 6 章

区块链与供应链金融资产证券化

6.1 我国资产证券化的发展概况

大力发展直接融资是中小企业"融资贵"问题的根本解决之道。现阶段，我国多数企业仍是以间接融资为主要融资方式，我国银行贷款占融资总额比重一般高达70%左右，企业债（公司债）与发达国家及周边国家相比差距明显。

近年来，我国出台了短期融资券、中期票据和中小企业集合票据等直接融资方式，但存在门槛设置过高、实际利率水平高等问题。资产证券化作为一种主要的直接融资方法，对化解中小企业融资难题发挥了重要作用，可以同时实现充足的资本供应、较低的金融风险和降低投融资成本三大目标。中小企业资产证券化也可使庞大的民间资本以证券市场渠道、合法地进入中小企业融资市场，减少民间资本以"地下金融"方式参与中小企业融资，缓解我国投资渠道匮乏、降低民间金融的系统性风险等问题。

我国中小企业贷款证券化的第一次实践，是2008年浙商银行成功发行"浙元一期"中小企业信贷资产支持证券，这次资产证券化试点主要借鉴美国模式，基础资产风险通过担保等"外化式"方法转移到外部机构。其后，美国因次贷危机而引发全球金融风暴，我国金融监管层在强烈的担忧之下暂停了中小企业资产证券化方面的实践。

直到 2013 年,我国开始中小企业资产证券化的第二次实践,阿里金融所申报的中小企业贷款证券化,基础资产扩展到了微型企业和个人创业者。

2014 年 11 月证监会 49 号文的颁布,以及 2015 年 1 月 13 日备案制后首只资产支持证券产品在上证所挂牌,这种新型融资渠道重新得到市场各方的关注。实行备案制以来,市场大幅扩容,证券化产品发行数量和规模爆发性增长。

2015 年共发行 3264 亿元,较 2013 年的 271.7 亿元增长 10 倍以上,其中,信贷资产证券化占 82%,为资产证券化产品的主导品种,受央行和银监会监管,发起人主要是银行等金融机构。构成这些证券化的支持资产包括个人住房抵押贷款、商业地产抵押贷款、信用卡贷款、不良贷款、汽车贷款、企业贷款、应收账款、租赁租金、基础设施收费、门票收入和其他收益权等。

2016 年企业资产证券化得到进一步快速发展,全年企业类 ABS 共发行 366 期,比 2015 年增加 155 期,发行金额共计 4689.48 亿元,与 2015 年相比翻了一番,发行规模首度超越信贷资产证券化。2016 年发行的 ABS 产品共涉及基础资产 16 类,其中发行数量排名前 5 位的依次是融资租赁、收费收益权、信托受益权、个人消费贷款和应收账款,发行期数分别为 110 期、63 期、43 期、40 期和 39 期,占全部发行数量的 80.60%,尤其是融资租赁 ABS 发行数量和发行金额均位居首位,占据主流地位。

2016 年上半年,蚂蚁金服、京东金融、宜人贷等先后在上交所和深交所发行场内资产证券化产品,规模从 2 亿元到 20 亿元不等,整体达到近百亿元规模。互联网金融平台热衷于资产证券化在于融资成本较低,而互联网金融平台开展的资产证券化收益率要高于传统资产证券化业务的收益率,吸引了更多投资者购买。互联网金融平台的借贷融资成本约为年息 10%,仍然远高于资产证券化年息 6%~8%的水平。

2016 年全球资产证券化产品发行总量达到 6800 亿美元,预计 2017 年将超过 7000 亿美元。我国的资产证券化产品发行规模仅次于美国,成为亚洲最大的市场,2017 年发行规模有望突破 1400 亿美元,增速在 20%以上。随着金融改革深化和利率市场化的推进,未来我国资产证券化的发展潜力巨大。

我国现有的资产证券化试点,借鉴美国资产证券化模式,基础资产的风险通过"外化式"方法转移到其他机构。基础资产的品质——信用,是引吸投资者、实现资产证券化融资目的的关键,是产生投资价值的源泉。提高基础资产信用、控制风险成本、防范风险聚集而形成的系统性风险,是我国推广中小企业资产证券化的基础。

6.2 资产证券化基础

6.2.1 资产证券化概念

资产证券化是近半个世纪以来世界金融领域中出现的最重要、影响力最大的金融创新之一。经过几十年的发展，国外研究已经具备了一套完整的理论体系和实践性很强的操作流程。国外资产证券化的理论和实践多针对大型机构，但针对中小企业的研究成果较少。

资产证券化的实质是，出售未来可回收的现金流，从而获得融资收入。"资产"是指那些缺乏流动性，但具有可预见的、稳定的未来现金流的资产。根据美国证券交易委员会（SEC，1997）的定义，资产证券化是将企业（卖方）不流通的存量资产或可预见的未来收入构造和转变为资本市场上可销售和流通的金融产品的过程。

资产证券化的主要理论有：Schwarcz（2002）提出了成本诱导理论[1]，发起人可摆脱对金融媒介（如银行）的依赖即金融脱媒，通过资本市场实现低成本融资；Chriostpher W.Frost（1994）提出了风险隔离理论，资产证券化的风险隔离机制隔离了破产和重整的风险，从而避免了破产和重整程序的无效率；ClaireA.Hlli（1996）提出了减少信息不对称理论，投资者衡量证券的价值，无须过多关心发起人的相关信息等。[2]

为什么要实施资产证券化是研究者重点研究的问题。Bharat A . Jain（2001）提出证券化让所有的参与方受益；W. Alexander Roever 认为，资产证券化之所以受欢迎，是因为相对于银行或公司债务这些更为传统的资金来源，证券化具有许多优势，如降低融资成本、增加流动性、多样化资金源、表外融资和更少的信息披露等；Steven L.Schwarcz 指出，资产证券化是一种"炼金术"，从担保融资方式向资本市场融资方式的转变就可以使企业获得纯收益。[3]

2007 年美国次贷危机爆发后，各国金融管理层对资产证券化、金融创新和系统

---

[1] Steven L. Schwarcz, The Alchemy of Asset Securitization, 1 STAN. J.L. BUS.& FIN.133,135(1994).
[2] 田宏华. 我国商业银行信贷资产证券化的风险问题研究. 复旦大学，2009.
[3] 杨娟. 对美国住房抵押贷款证券化的反思. 中山大学，2009.

性风险表现出强烈的担忧。美国通过资产证券化创新，将信用风险完全转移到投资人，导致监管不到位而引发次贷危机。美联储认为金融监管的不充分、无效率和监管"死角"，尤其是缺乏对 MBS、CDO 等证券化金融产品和相关机构的有效监管，使得金融创新和金融市场过度暴露于风险之中。次贷危机后，国内理论和实务界针对资产证券化展开新一轮的讨论，风险管理和监管体系的研究成为重点，注重基础资产质量、防范道德风险与信息不对称、加强金融监管力度和创新能力显得尤为重要。

我国中小企业资产证券化的关键在于如何选取特定基础资产或资产组合所产生的现金流为偿付支持，通过结构化方式进行信用增级，在此基础上发行资产支持证券的业务活动，具有如下三个基本特点。

（1）以特定资产的信用为融资基础。相对于企业债权融资，是从主体信体（企业主体）到资产信用的融资创新行业。

（2）一种结构化融资方式。对资产收益和风险重新界定、分割分配，一方面将资产的风险和收益转移给了特殊目的载体 SPV，另一方面对资产的未来现金流进行结构重组和信用增级，由 SPV 发行偿付顺序不同、信用等级不同、期限和收益率不同的证券。

（3）对于投资者而言是一种固定收益类品种。投资者关注的重点不是原始债务人的风险水平，而是证券化产品本身的投资组合与收益。

6.2.2 三类资产证券化

在我国金融监管的架构下，在实践中逐步形成了三类资产证券化共同发展的局面，分属不同的部门监管。[①]

（1）证监会监管的企业资产证券化（Asset-backed Security，ABS）

以"专项资产管理计划"为 SPV，由于专项计划无信托法律地位，所以实际上无法实现破产隔离。一旦原始权益人出现破产风险，专项资产就有可能无法对抗善意的第三方。因此，一般来说，专项计划都有商业银行或关联企业担保。

（2）银监会监管的信贷资产证券化

---

① 龚大兴. 资产证券化（ABS）与资产支持票据（ABN）实务操作及案例分析，网络课件.

以特殊目的信托发行资产支持证券，实现真实出售和破产隔离。

（3）交易商协会下的资产支持票据（ABN）

并未要求设立 SPV，仅通过资金监管账户实现现金流的隔离，因此不能实现真实出售和风险隔离等。

三类资产证券化的主要区别如下。

表 6-1 三类资产证券化的主要区别

	信贷 ABS	企业 ABS	ABN
SPV	特殊目的信托	证券公司专项资产管理计划	不强制要求
信用评级	需要双评级，鼓励探索采取多元化信用评级方式	对专项计划受益凭证进行初始评级和跟踪评级	公开发行需要双评级；定向发行在《定向发行协议》中明确约定
交易场所	全国银行间债券市场	证券交易所、证券业协会机构间报价与转让系统、证券公司柜台市场	全国银行间债券市场
登记托管机构	中债登	中证登	上海清算所
审核方式	审核制	核准制	注册制
资产范围	各种贷款，以企业贷款为主，不良贷款和住房抵押贷款较少	范围最广，可以是债权类、收益类和不动产类	公用事业未来的收益权、政府回购应收款

6.2.3 基础资产的选择

资产证券化基础资产的选择，应符合《证券公司资产证券化业务管理规定》："第一，符合法律法规，权属明确，可以产生独立、可预测的现金流的可特定化的财产权利、财产或财产组合。第二，不得附带抵押、质押等担保负担或其他权利限制。能够通过与专项计划相关安排，解除基础资产相关担保负担和其他权利限制的除外。"

基础资产应具备如下主要特征。

（1）在法律上能够准确、清晰地予以界定，并可构成一项独立的财产权利且权属明确；能够合法、有效地转让。

（2）稳定性：未来可以产生稳定的、可预测的现金流收入。

（3）同质性：资产池内的资产应具有标准化的合约文件，即具有很高的同质性。

（4）资产质量：原始权益人持有该资产已有一定期限，并且现金流历史记录良好，相关数据容易获得。

在实践中，律师的尽职调查需要分析基础资产在法律层面如何界定，是否有法律法规依据，分析基础资产的法律要件（如必备的证书、文件等）是否已具备，原始权益人是否可据此合法转让基础资产；调查基础资产和不产生该基础资产的相关资产是否附带抵押、质押等担保负担或其他权利限制；如已设置担保负担或其他权利限制，需关注拟采取的解除限制措施的法律效力及生效要件。[①]

作为债权性的基础资产，交易行为真实与合法、预期回收能予以确定、债权能实现真实转让，是纳入交易基础资产的基本要求。但对于《负面清单指引》中列入的基础资产应明确排除，与企业应收款相关的负面清单基础资产主要涉及债务人的主体身份，如以地方政府为直接或间接债务人的基础资产、以地方融资平台为债务人的基础资产，均列入负面清单。在我国证监会对资产证券化进行负面清单管理的条件上，与此类基础资产相关的资产证券化产品将不予备案。

6.2.4 关键步骤

1. 真实出售与破产隔离

真实出售是实现风险隔离的最重要手段，发起人真正把证券化资产的收益和风险转让给 SPV。证券化资产只有经过真实出售，才能够和发起人的经营风险完全隔离。只有真实出售才能保证计划管理人代表投资人取得的基础资产完全实现了转移，而这种转移意味着原始权益人的债权人无权对该基础资产进行追索，也无权要求宣告该交易无效或要求撤销、变更该交易行为。同样，如果基础资产不足以偿还本息，投资者的追索权也仅限于基础资产，对发起人的其他资产也没有任何追索权。

破产隔离将资产风险与主体风险隔离开来，是一种强有力的内部信用增级手段，包括证券化资产与发起人破产风险相隔离，以及证券化资产与 SPV 的破产相隔离。

对于资产支持证券，真实出售和破产隔离的好处在于从此不必关心发起人的偿债能力，只需关注基础资产带来的现金流能否覆盖本金和票息。要实现真实出售，

---

① 刘兵兵. 循环购买下资产证券化业务法律风险研究. 山东大学，2017.

必须在 SPV 法律地位、基础资产转让、会计处理等方面有切实有效的措施来保证，否则无法实现破产隔离。

在资产证券化已成熟的美国市场，判断"真实出售"的基本标准包括了当事人真实意思表示、风险与受益权均转移给计划管理人、基础资产的转移是不可撤销的、交易价格合理等。对于我国"真实出售"的判断，应结合《合同法》第三章"合同的效力"的规定[①]，事实上与上述标准并无太大不同，若《基础资产转让协议》不涉及《合同法》第 52 条、第 54 条等规定的无效、可变更或撤销的情形，基础资产本身是计划管理人向原始权益人真实购买且支付了合理对价，应确认基础资产具备了"真实出售"。

2. 设立 SPV

SPV 指特殊目的的载体，也称为特殊目的机构/公司，其职能是购买、包装证券化资产和以此为基础发行资产化证券，是指接受发起人的资产组合，并发行以此为支持的证券的特殊实体。设立 SPV 的核心目标为达到"破产隔离"标准。由于资产所有权已经转移到 SPV，所以一旦母公司破产，其债权人（投资市场）对于证券化资产没有追索权，SPV 在母公司和基础资产之间形成了破产隔离。SPV 的出现，令投资者更多地考虑产品本身（而不是债务所有人），从而将信用风险从金融机构内部释放出去，得以经由投资市场来进行稀释。[②]

可见，设立 SPV 是实现资金有效配置、满足投融资双方需求的关键一步。经由 SPV，中小企业可以将自身的优质资产进行剥离，在获得可靠的机构进行评级之后，这类资产将受到投资者青睐，金融市场上将因此出现更多优质的投资产品。

SPV 一般由不会破产的高信用等级实体构成。SPV 在资产证券化中具有特殊的地位，甚至是整个资产证券化过程的核心，各个参与者都将围绕着它来展开工作。设立 SPV 也是一个十分复杂的问题，必须根据国家的法律体系、税收制度、会计制度及证券市场发育程度等因素选择适当的设立形式，目前主要有信托、公司和有限合伙三种。

实现风险隔离的方式有"真实销售"和"信托"两种，在这两种情况下，对应的 SPV 分别是特殊目的公司（Special Purpose Company，SPC）和特殊目的信托

---

① 谢平. 企业应收款资产证券化涉及有关法律问题探讨. 法制与经济, 2016 (2).
② 魏天辉. 浅析 SPV 破产风险隔离机制. 财会通讯, 2011 (35): 149-150.

（Special Purpose Trust，SPT）两种形式。

SPC 形式：发起人设立特殊目的公司（SPC），以真实销售的方式，将基础资产的所有权完全、真实地转让给 SPC，然后 SPC 向投资者发行资产支持证券，募集的资金作为购买发起人的基础资产的对价。在这个过程中要明确基础资产的所有权已从发起人转移至 SPC，通常由律师出具法律意见书，并有相应的基础资产出售协议等法律文件的支持。

SPT 形式：发起人设立特殊目的信托（SPT），将基础资产设定为信托财产，然后转移给受托人持有，再由受托人向投资者发行信托凭证。该模式利用信托财产的独立性原理，完成基础资产的风险隔离。不论是发起人破产，还是受托人破产，均不会波及到受托人持有的信托财产。目前，我国银行信贷资产的证券化就采取这种信托模式。

SPV 是资产证券化运作的主体，参考国外经验，多由具有政府背景的中小企业管理机构担当，并设置严格的破产条件（有些国家甚至不允许 SPV 破产）。由于我国政府对经济系统的干预能力强，所以严格限制 SPV 破产的可操作性很强。SPV 委托信用增级机构进行增级，提高应收账款支持证券的信用级别，使之符合投资者对证券信用级别的要求，改善发行条件，以便更大限度地吸引不同风险偏好的投资者。信用增级机构可由政府设立风险基金或担保基金来实现。

3. 信用增级

信用增级和信用评级是资产证券化产品能够公开发行的最重要的步骤。

信贷资产支持证券：从已发行产品来看，绝大多数信贷资产支持证券都采取了 4 种内部信用增级措施，即：优先级/次级的分档设计、超额利息收入、储备账户和触发机制安排。少数产品采取了外部信用增级措施，如由发起机构（银行）提供流动性支持等。[①]

券商专项资产管理计划：由于存在破产隔离风险，除内部信用增级外，更为普遍地采用了第三方担保、差额支付安排、流动性贷款等外部信用增级措施。

资产支持票据：和专项计划一样，同样依赖外部信用增级措施，如第三方信用

---

① 邓海清，胡玉峰. 我国资产证券化模式分析与比较. 债券，2013（8）：13-16.

支持、资产抵质押和外部现金储备。

4. 信息披露

在西方发达国家，资产证券化与债券、股市属于企业融资的三大市场。相比较，我国资产证券化产品规模的扩大、市场的完善还有较长的路要走。强化信息披露是风险控制的重要环节。只有加强资产证券化产品信息披露的监测，才能让市场参与者即时了解产品的状况，更好地识别风险，避免因信息不对称带来的损失。

根据《信息披露指引》的要求，无论是计划管理人出具的资产支持证券的计划说明书，还是律师事务所发表的专业意见，均应对风险隔离的效果予以说明。

6.2.5 流程

1. 资产证券化流程

信贷资产证券化总体框架如图6-1所示。

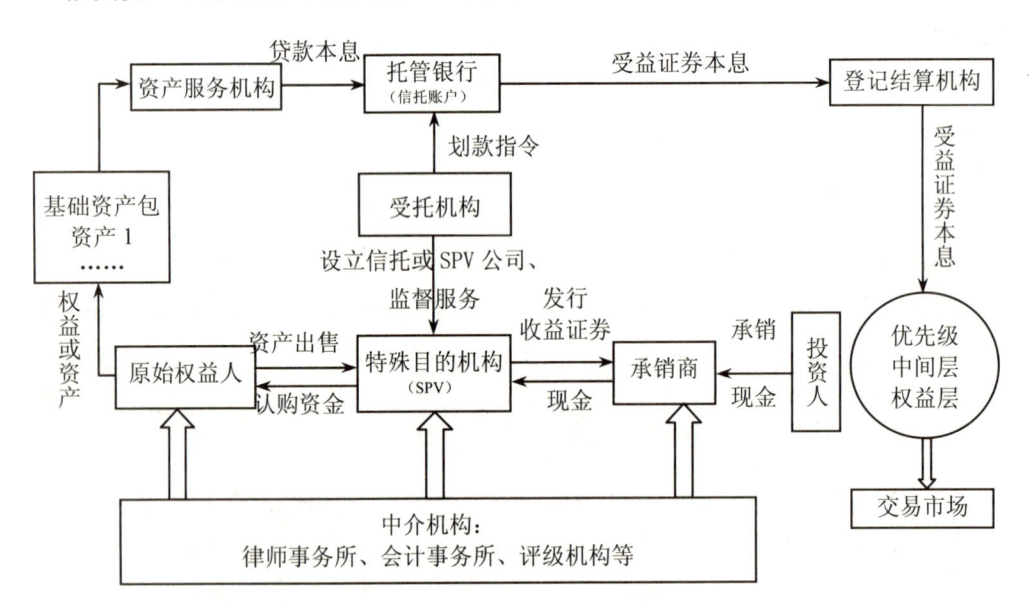

图6-1 信贷资产证券化总体框架

资产证券化流程有以下9个步骤。

（1）发起人（资金的需求方）明确其将要实施证券化的资产，必要情况下也可以将多种相似资产进行剥离、整合组建成资产池。

（2）设立特别目的载体（Special Purpose Vehicle，SPV）作为证券的发行机构，保证其能够实现和发起人之间的破产隔离。

（3）发起人将其欲证券化的资产或资产池转让给 SPV，并且转让必须构成真实出售。

（4）发起人或第三方机构对已转让给 SPV 的资产或资产池进行信用增级。

（5）由中立的信用评级机构对 SPV 拟发行的资产支持证券进行信用评级。

（6）SPV 以特定的资产或资产池为基础，进行结构化重组，通过承销商采用公开发售或私募的方式发行证券。

（7）SPV 以证券发行收入为基础，向发起人支付其原始资产转让的款项。

（8）由 SPV 或其他机构作为服务商，对资产或资产池进行日常管理，收集其产生的现金流，并负责账户之间的资金划拨、相关税务和行政事务。

（9）SPV 以上述现金流为基础，向持有资产支持证券的投资者还本付息，在全部偿付之后若还有剩余，则将剩余现金返还给发起人。

专项资产管理计划框架如图 6-2 所示。

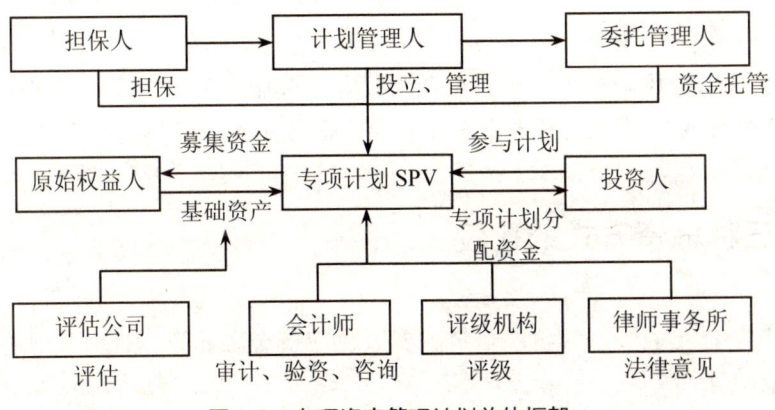

图 6-2 专项资产管理计划总体框架

2. 融资主体

在融资主体方面，优化选择国有企业或大型民营企业（上市公司为佳），主体评级不低于AAA；原则上应在公开市场有过融资记录、主体评级不低于AA、债项评级不低于AA+；无公开市场融资记录或主体评级低于AA，但可提供AA+及以上担保机构担保或相应抵、质押物增信，使得债项评级达到AA+或以上的，上述标准可适当放宽；无不良信用记录。

6.3 供应链金融ABS

资产证券化促成企业融资方式的创新，即主体信用过度到资产信用，这与供应链金融的思想类似。证券化表面上以资产信用为支持，但实际上是以资产所产生的可预期、稳定的现金流为支持的。所以，基础资产也不一定具有物质形态，只要能带来稳定的现金流即可，如应收账款等。

在供应链环境下，中小企业资产证券化的创新模式为：将发起人（债务人）与其基础资产隔离开来，严格监管与基础资产相关物流、资金流与信息流，借用核心企业的高信用度、真实交易关系、融资自偿性原理，实现基础资产的低成本信用增级，组建可证券化的资产池；将中小企业融资需求以不同风险、期限和收益的投资组合进行证券化，以商业票据等形式在资本市场上发行和流通，实现资本供应充足、低风险、低成本的金融效应。

在行业性系统风险较小且核心企业为行业龙头企业的情况下（核心企业主体评级达到AAA或AA），其上游中小企业的应收账款属于可证券化的资产。

6.3.1 三种融资方式的比较

针对中小企业融资，对传统信贷融资、供应链金融和资产证券化进行比较，如表6-2所示。

通过表6-2的对比分析可以看出，在我国金融环境下，金融机构受风险厌恶和利益最大化的趋动，三种融资方式在实际中都存在进入门槛过高的障碍，导致多数中小企业的融资需求难以得到满足，企业也不得不付出较高的融资成本。

表 6-2　中小企业三种融资方式的比较

比较项	传统信贷	供应链金融	资产证券化
融资方式	间接融资	间接融资	直接融资
运作主体	银行	银行	SPV
融资对象	单一企业	供应链所有节点企业	构成资产池的所有企业
银企关系	债权债务关系	一揽子金融方案，长期合作关系	真实出售给SPV，银行为服务商
债权人关注重点	静态财务评价	供应链经营的动态，核心企业的支付能力	在未来可带来稳定现金流的优质资产
风险管理	抵押、担保	控制物流、信息流、核心企业信用捆绑	风险组合，风险隔离，破产保护
融资与交易的关系	按贷款用途，与具体交易无关	真实交易、自偿性、封闭性	严格对应具体交易和预期现金流
资本供应的充足性	受制于银行和宏观调控	受制于银行和宏观调控	充足的资本供应，机构资金、民间资本等参与
融资成本	成本高，利率上浮，有担保费、手续费	无须担保，可降低供应链总体融资成本	低于债权融资成本
投资成本	投资成本高，信息获取成本也高	投资成本较高，执行严格的监管	受制于规模经济
规模效应	无，严格管理	不明显	有，存在最小经济规模
融资门槛	高，抵押、担保	较高，银行选择优质行业及核心企业	高，可证券化的优质资产

供应链金融通过独特的风险控制机制，中小企业的信用风险和道德风险得到有效控制，从而达到银行的授信标准。符合银行授信标准的中小企业基础资产，在理论上也应达到可证券化的资产标准，即基于供应链的信用风险控制，可作为一种构建资产池的有效方法。

6.3.2　供应链金融 ABS 的意义

现有供应链金融模式多属间接金融，为控制债权和质权下的信贷行为，没有实现应收账款的票据化，资金的提供方主要局限于商业银行。虽然供应链金融对于缓解中小企业融资难（融资便利性）问题前进了一大步，但对于解决中小企业融资贵（利率偏高）问题仍然具有很大的差距。融资贵问题的解决关键在于发展直接融资，让更多社会公众和其他机构以直接融资的方式参与供应链金融是未来的发展方向之一。

资产证券化在发达国家已经成为一项主要的直接融资方法。发达国家成熟的金融生态环境和信用管理体系，使得风险控制的有效手段较多、风险成本较低。发达国家完善的金融环境制约了经济主体的主观违约，但中小企业资产证券化也存在诸多风险性问题，如贷款的灵活性高、风险评估难、信用信息获取成本高，以及违约风险往往取决于债务人的个人因素、规模效应等。例如，美国中小企业资产证券化过程中存在诸多障碍，开发信用增强技术是美国证券化创新的主要方向，包括内部增强与外部增强。外部增强由第三方提供财务担保，如私人基金会和政府公共机构等；内部增强主要包括优次结构、提高抵押比率、差价账户等。实现证券化的规模经济是提升信用、成本增加的有效对策之一。

在我国利率市场化的压力下，银行业从以存贷利差为主的盈利模式逐步过渡到以金融创新、金融服务创收为主的阶段，为商业银行参与中小企业直接融资提供了动力。供应链金融 ABS 的意义体现在以下几个方面。

1. 降低投资、融资成本

供应链金融的证券化对于降低投资、融资成本，体现在降低风险控制成本和实现规模效应。基于供应链的风险控制，存在较高的人力成本且规模效应不明显，所以必须采取相应的技术来降低业务操作和监管成本。建立融资信息平台，实现业务操作"线上化"，将融资、回款等供应链交易过程中的资金流信息，实时反馈到融资信息平台；监管机构依据资金流信息，实现精准的物流监管服务。实时信息为风险管理提供预警功能，对供应链中的突发事件进行有效的应急处理，从而将违约风险等损失控制在预定水平。

根据我国商业银行提供的供应链金融业务数据来看，第三方物流企业作为监管机构的服务费约为融资额的 1%。深圳发展银行供应链金融的违约率约为 0.1%。可见，较低的监管成本有效地控制了借款人的违约风险，避免了传统融资模式存在的风险成本较高的问题，如担保费、利息上浮等风险成本。

中小企业资产证券化实现规模效应的关键是放大资产池规模。而中小企业的分布具有地理分散性，结合目前我国供应链管理的发展水平，以及第三方物流实现监管功能，构建公共的融资信息平台，与广泛网络覆盖的第三方物流企业合作，可实现跨地区、跨行业的信息流、物流、资金流的监控，从而形成较大规模的资产池。

2. 降低发起人的进入门槛

资产证券化通过金融脱媒和风险隔离，吸引了大量的资本；供应链金融通过风险控制降低了风险和准入门槛，而两种融资方式在风险控制、资本供应、进入门槛，以及投资和融资成本等方面都有极强的互补性。借用供应链金融的理念和方法对中小企业的基础资产进行风险控制与隔离，形成可证券化的资产池，再以商业票据等形式在资本市场上发行和流通。通过不同的风险、收益组合，大幅降低中小企业资产证券化融资的进入门槛，可实现充足的资本供应。

最低门槛取决于能否有效地控制基础资产的违约风险。通过真实出售和信用增级后，企业原来的信用水平与证券化的资产没有直接的联系，从根本上消除了多数中小企业融资的门槛问题。但如果发起人所在供应链的物流管理和供应链管理水平过低，导致无法实施基于供应链的风险控制方法，则这类行业企业的融资需求将被排除在门槛之外。

例如，在我国传统农业供应链中，如果供应链中不存在优质的核心企业（龙头企业），且以现金交易为主（无法监管资金流），第三方物流发展水平低，则这类行业的企业难以采用供应链金融ABS方法。

3. 吸引巨额的机构资本和民间资本参与

从资本供应的角度看，目前民间资本和机构资本流通受阻。在我国现有金融发展水平下，资本具有稀有性，中小企业融资缺少充足的资本供应。国民储蓄的主要去向仍然是银行存款，而一些机构投资者如保险基金、养老基金等，在法律的投资限制和资产保值增值压力之间左右为难。由于投资渠道匮乏，庞大的民间资本青睐投资房产，或者以"地下金融"方式参与中小企业融资，风险极高。

4. 改善资本结构，提高资本使用效率

企业可实现快速的预期收入变现，提高资金周转率，使资金能更快、更有效地投入到再生产中，进入价值创造的良性循环。另外，也可改善企业财务状况。传统融资方法如银行贷款、发行债券，在增加资产和负债的基础上获取资金，增大企业的财务杠杆，相应增加财务风险。证券化只是资产类账户的一增一减，不影响企业的财务杠杆，有利于改善企业的财务状况。

与企业债务融资相比，前者具备了资产转移、破产隔离的特点。基础资产出售

后，所有权发生转移，证券化发起人（原始债务人）的信用情况和破产不再影响证券的价值；与股权融资相比，证券化发起人的控制权不变。

6.3.3 供应链结构对证券化的影响

供应链金融的成功，实质为基于供应链环境的信用管理创新：信用评级实现从静态考察向动态经营考察的飞跃，风险防范实现从实物担保向物权控制的飞跃；中小企业借助与核心企业的伙伴关系而获得与核心企业相同的信用评级；通过自我担保、池融资等方法实现信用增级。强监管机制下的中小企业资产证券化，供应链环境是影响基础资产信用的关键因素，体现为以下几点。

1. 供应链的竞争力和运作状况是所有基础资产的信用基础

企业竞争过渡到"供应链竞争"模式，竞争模式的转变对中小企业的信用、融资产生深远影响。供应链在最终产品市场获得竞争优势，是供应链中中小企业的盈利能力和基础资产信用的来源。从供应链整体的角度看，可为上下游企业提供全面的融资支持，提高供应链竞争力，改善供应链运作水平。这使得资本市场的投资者更加重视供应链竞争力，而不仅仅是单个企业的信用评价。现代企业管理理念影响资本市场的投资行为，突破传统以企业价值评估为主的投资理念。

2. 核心企业的信用水平、行业竞争力、经营状况和支付能力等，对中小企业基础资产的信用评级影响最大，对基础资产的信用增级起到关键作用

核心企业的竞争力与供应链管理能力，很大程度上决定供应链竞争力，特别是在一些产业集中度高的行业（如汽车、手机、钢铁等行业）。核心企业与上下游企业发展战略伙伴关系，核心企业利用自身的信用等级高、信息获取成本低的优势等，为上下游企业实现多种形式的信用增级，体现利益共享、风险共担的"共生关系"。

3. 内部信用增级的低成本化

借助核心企业的高信用度、中小企业基础资产之间的有机联系进行内部信用增级创新，有利于降低信用增级成本。例如，核心企业承诺为债务人承担回购、销售调剂和未发货退款等准担保责任；依托第三方物流企业和银行的专业能力，对债务人的资金流、物流和信息流实施封闭控制等。

4．风险自留策略

将中小企业的基础资产风险与企业风险隔离，实现基础资产信用评级与发起人的信用评级分离，中小企业的财务和经营状况不影响基础资产的质量。信用评级的重点是审查供应链、核心企业与基础资产的交易背景。即便企业信用评级达不到证券化的标准，但基础资产信用评级（债项评级）仍然可达到证券化标准，大幅降低中小企业资产证券化的进入门槛。

6.3.4　组织与流程设计

1．组织

供应链中的中小企业的基础资产经过强监管机制的过滤后，汇集成规模较大的资产池。建立资产池后，证券化流程大致为：SPV（特殊目的机构）委托银行作为主服务商，负责对资产池和现金流进行管理；银行提前把证券化收益垫付给企业；SPV 对证券化资产进行不同风险、不同收益的组合，聘请信用增级机构、信用评级机构对证券进行信用增级和评级，然后以组合后的资产作为支持，通过证券承销机构向投资者发行有价证券；投资人依据信息披露和风险偏好进行投资决策（购买证券）；SPV 在资本市场上筹集到足够的资金后，向银行支付转移账务的款项；最后，在银行的监管下，资产池的现金流向投资者，清偿本金和利息。

通过强监管机制，将中小企业的基础资产风险与企业风险隔离，实现基础资产信用评级与发起人的信用评级分离，中小企业的财务和经营状况不影响基础资产的质量。信用评级的重点是审查供应链、核心企业与基础资产的交易背景。即便企业信用评级达不到证券化的标准，但基础资产信用评级（债项评级）仍然可达到证券化标准。

在供应链管理的强监管机制下的证券化，资产池建构、信用增级技术、信用评级等，与现有资产证券化存在本质的区别。而 SPV 的设立、外部信用增级、发行与承销等方面与传统资产证券化流程大致相同。

2．流程

由于资产证券化存在规模经济效应，所以资产池应达到最小经济规模，资产池规模应在数亿元左右。参考资产证券化一般流程，供应链金融资产证券化流程与交易结构如图 6-3 所示。

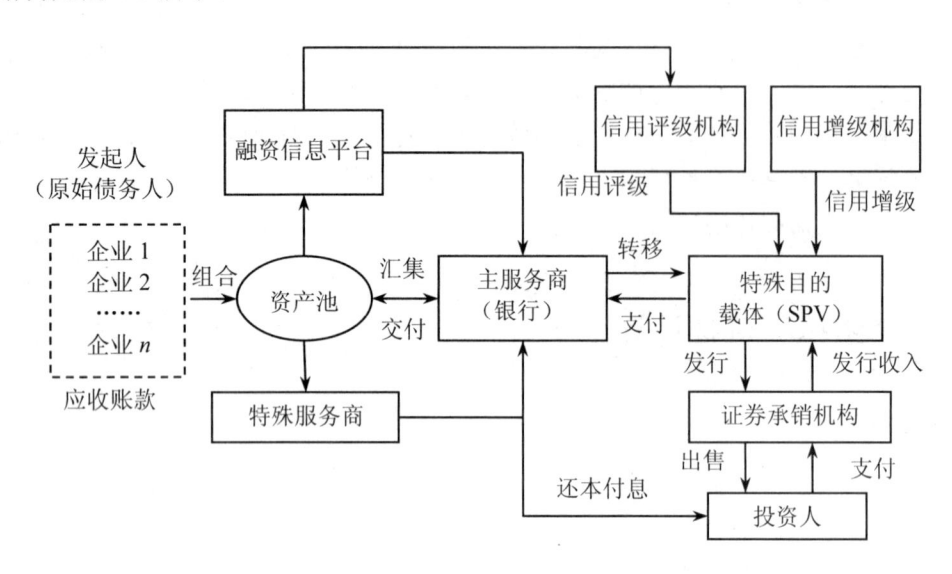

图 6-3 供应链金融资产证券化流程与交易结构

在图 6-3 中，供应链金融资产池由 n 个企业的融资资产构成。在供应链金融的基础资产中，质押融资、票据融资、订单融资等（风险等级不同）都是可证券化的基础资产。为了控制风险，必须对供应链金融的借款合同、与核心企业的真实交易等进行评估，确认基础资产达到可证券化的标准，并真实出售给 SPV。

SPV 委托银行作为主服务商负责对资产池和现金流进行管理；银行提前把证券化收益垫付给 n 个企业。SPV 对证券化资产进行不同风险、不同收益的组合，聘请信用增级机构、信用评级机构对证券进行信用增级和评级，然后以组合后的资产作为支持，通过证券承销机构向投资者发行有价证券；投资者依据风险偏好购买证券，SPV 在资本市场上筹集到足够的资金后，向银行支付转移账务的款项；最后，在银行的监管下，以资产池中的现金流向投资者清偿本金和利息。

为保证基础资产的质量，证券化部分的标准可设定为：期限合理，一般在三个月到一年之间的应收账款为合理的，且是与生产企业存在真实合同而生产的融资需求，同时现金流的产生必须有规律性而且可以预见，具有标准化、高质量的合同条款，可以预测未来违约损失发生的概率。为此，核心企业为服务合同提供担保，以保证发起人债权的有效性。

6.3.5　证券化过程

上述证券化过程可分为 7 个阶段。

（1）构造证券化资产。供应链企业按照银行制定的可证券化预期收入的标准，把与核心企业有关的合同预期收入、质押合同等交付到银行。由于发行的证券是以合同未来产生的现金流为支持的，所以制定合同预期收入选择的标准应考虑预期收入特征、生产企业的盈利和支付能力。

（2）创立证券化特殊目的载体 SPV。SPV 作为发起人和投资人之间的中介机构，其目的主要是实现证券化应收账款与发起人破产隔离，保证投资者利益。

（3）信用增级。经过证券化的合同收入证券，其偿付仍然依赖于被证券化的合同收入所产生的未来现金流是否能顺利实现，这实际上是把风险从发起人转移到投资人，为了控制交易风险，必须通过信用增级的方式来提高合同收入支持证券的信用级别。信用增级的方式有超额担保、现金储备账户和金融担保等。

（4）SPV 还要邀请信用评级机构对证券进行发行评级。只有当其达到可投资级别后，才能吸引更多的投资者。为了提高证券信用的公信度，应选择具有国际主流的评级公司，如标准普尔公司和穆迪公司。

（5）证券设计。由 SPV 委托证券承销商进行具体的设计。机构资本和民间资本都可参与到其中来，不同投资人对风险的偏好不同，在设计证券时需要考虑这两类投资者不同的风险偏好和投资策略。证券设计应进行市场调查，了解我国投资者的区域分布和投资意向，确定主要投资者群体，有针对性地设计证券。

（6）发行证券。SPV 可以选择一家或几家具有较高声望、经济实力雄厚、富有经验、发行网络庞大的证券公司作为主承销商，负责证券的发行。

（7）现金流管理服务与清算。合同预期收入证券出售之后，SPV 将委托专门的服务商进行合同预期收入款项的收集与管理，将收集到的款项汇至 SPV 指定的受托人的专用账户上，由受托人支付到期证券的本息。

下面是一个实际产品的资产结构，如图 6-4 所示。

这个产品采用固定利率和到期还本方式。

证券分层	优先级					次级
	产品1	产品2	产品3	产品4	产品5	次级
规模（万元）	1 000	2 000	3 000	2 000	3 000	10 000
规模占比	5%	10%	15%	20%	15%	50%
信用等级	AAA	AAA	AAA	AAA	AAA	NR
预期到期日						
预期期限（月）	6	6	6	12	12	12
投资者回售选择权						

图 6-4　一个实际产品的资产结构

6.3.6　金融效应分析

采用成本收益模型对降低投资、融资成本进行量化分析。

供应链企业资产证券化的可行性，表示为以下公式：

$$Rd - Rs \geq Cs + Ci + Cr + Cv + Ct + Co \qquad (6-1)$$

式中，Rd 为银行贷款利息；Rs 为资产支持证券利息；Cs 为证券承销费用；Ci 为信用增级成本；Cr 为信用评估费用；Cv 为服务人收取的佣金；Ct 为受托人收取的佣金；Co 为其他费用和税金。

设：
$$R = Rd - Rs \qquad (6-2)$$

$$C = Cs + Ci + Cr + Cv + Ct + Co \qquad (6-3)$$

上式变为：
$$R \geq C \qquad (6-4)$$

只有在 R≥C 的情况下，资产证券化才有实际意义。若 R<C，说明资产证券化的过程使得发起人有净支出，一般不会发行证券。下面以 1 年期证券进行计算。

2017 年 1 年期短期贷款利息为 4.5%，利率可上浮 30%，无抵押担保费率为 3%，加上服务费、手续费及其他支出，约为 1%~3%，则中小企业的信贷成本约为 10%~12%，取中间值，Rd=11%。

假设城乡居民 1 年期整存整取存款利率为 1.5%，1 年期国债（风险可视为零）

年利率为 3%，国债收益大于储蓄存款收益，则取国债利率进行计算，即 Rs=3%。可得：

$$R=11\%-3\%=8\%$$

公式（6-3）为资产证券化成本 C，美国经验值约为 0.5%。

根据我国现有资产证券化实例，承销费用 Cs 为 0.25%，信用评估和增级成本费用（Ci+Cr）合为 0.15%，受托人收取的佣金 Ct 为 0.08%，服务人收取的佣金 Cv 为 0.05%。另外，其他费用和税金 Co 按 0.05%计。以上合计为 0.58%。考虑到其他风险因素，以及我国金融、担保体系不完善，交易成本、信用增级成本等可能较高，将其调高 2 倍，计为 1.16%。

经计算，资产证券化的最低融资成本为：

$$Rs+C=3\%+1.16\%=4.16\%$$

4.16%远低于目前中小企业融资实际成本（Rd=11%），对降低融资成本有显著效果。

而资产证券化的直接动力是 R–C 的数值：

$$R-C=8\%-1.16\%=6.84\%$$

资产证券化可取得较大的正收益。对于投资者来说，最低的收益率为 3%，最高的收益率为：

$$Rd-C=11\%-1.16\%=9.84\%$$

在 3%～9.84%收益率之间，可发行不同"风险—收益"组合的证券，满足广大投资者的不同风险偏好。

6.4 区块链+供应链金融ABS

6.4.1 资产证券化的业务痛点

资产证券化具有复杂的交易结构，参与机构众多，各机构之间还存在对账、清算等问题，传统以手工为主的业务模式存在诸多痛点问题。

（1）协同难度大，参与方众多。基础资产包的形成过程中涉及多方参与，包括资产方、信用中介（如第三方征信）、资金方、SPV、行业监管等多个不同金融机构，导致协同效率低且费时费力，增加了证券化的成本。

（2）数据管理成本高。参与各方都有其独立的核心业务系统，从这些异构系统中抽取数据，存在获取成本高、数据不准确的问题。

（3）人工方式的对账清算费时费力。在交易结构中，交易量大、交易频次高，各机构间信息传输的准确性问题使得对账清算一直是行业痛点。

（4）资产信息管理与披露信息的质量。投资人及监管方对基础资产质量、披露信息的真实性等存在信任度问题。

资产证券化作为一项复杂的金融产品，特别需要信息数据的披露。美国《1933年证券法》就是以"完全信息披露"为指导的，保护投资者利益，防止证券欺诈。针对资产证券化的特性，美国证券交易委员会（SEC）还设定了额外信息披露标准，如需要公布参与机构信息、证券信息、基础资产池信息、借款人信息、交易结构信息、静态池信息、信用增进措施和重要衍生合同等。对于不同的资产，在保护隐私的条件下，要逐笔披露基础资产数据。服务机构还要出具合规报告，受托机构负责人要对报告进行审阅并签名，承担相应的责任。

信息披露是对风险进行识别、分散和防范的重要前提，是资产有效配置的要件之一。在资产证券化中，底层资产的形成、交易、存续期管理、现金流归集等全流程都实现了资产真实、信息实时和各方同时监督，防范各级金融风险。重要的披露信息包括：底层资产的真实性、资产存续期的监控实时性、现金流的提前偿还、逾期情况的及时性，产品回购、代偿条款实施的可行性，以及中介机构履约的客观性等。传统 ABS 要实现这些功能，需要人工、逐笔、主观地进行核对，可能产生信息不对称的风险、操作风险和道德风险，且公允性难以被认可。

从监管层面上看，区块链的解决方案不仅减少了监管成本，还进一步增加了监管部门与政策制定者对金融市场的观察深度。通过精确到秒的时间序列交易记录和真实可信的数据结构，政策制定者将对我国金融市场有更为准确的把控。

6.4.2 京东金融 ABS 的区块链方案

2017 年 3 月，京东金融事业部推出基于区块链技术的资产云工厂底层资产管理系统，这是区块链首次在我国 ABS 业务领域的实践。

京东金融 ABS 的底层为"ABS 云平台"，采用"资产云"模式，京东金融作为资金方，与合作的消费金融服务公司共同参与每一条资产的风控、放款和还款环节，并负责资产包形成后的结构化发行全流程管理。首先，基于大数据风控的应用可实现快速筛选符合证券化标准的基础资产。其次，在系统构架上，在本地部署 ABS 业务系统，在云端则部署服务系统。本地系统包含资产池统计、切割和结构化设计等系统功能，为中介机构提供本地部署的全流程分析、管理和运算体系，增强中介机构承接 ABS 新业务及现有存续 ABS 业务的管理能力。云端系统为参与机构提供 ABS 资产动态信息。

在基础资产包生成的过程中，资产方、资金方（京东金融）、SPV 方（信托公司）各掌握一把私钥，共同审核。一笔借款通过京东金融的投资决策引擎审核，交由京东支付完成放款后，京东支付就会实时返回交易流水的唯一凭证，并写入区块链中，即完成一笔贷款资产的入链。系统设置了三个验证节点，底层资产池中每笔贷款的申请、审批、放款等资金流转都将通过区块链由各个验证节点共识完成。京东白条资产证券化交易流程如图 6-5 所示。

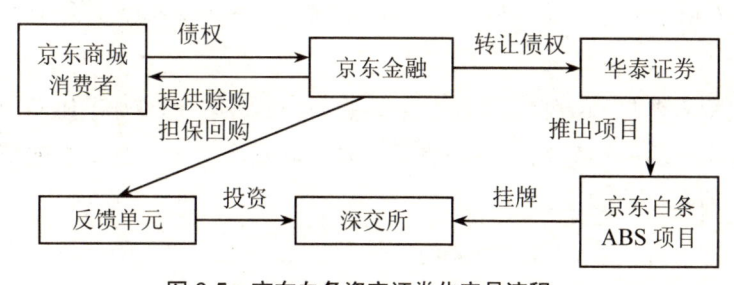

图 6-5 京东白条资产证券化交易流程

京东金融开展的资产证券化业务以消费金融资产证券化和互联网保理资产证券化为两大特色，随着京东金融 ABS 云平台的推出，京东金融开启了布局资产证券化业务供应商的模式。电商平台拥有数据优势，在开展资产证券化业务方面具有更加高效的特点，同时电商平台更具灵活性和多样性，在业务模式创新方面走在前面，因此电商平台的资产证券化业务还有进一步发掘的空间。

基础资产数据的真实性、不可被篡改性，提高了资产质量和信息的对称性，使得机构投资者的信心和意愿增强。实时、共享记账机制解决参与机构间对账、清算的费时费力问题。投资人与监管机构可以直接获得穿透性极强的基础资产信息，实时掌握资产的信用信息和评估违约风险。

区块链技术主导的 ABS 结构如图 6-6 所示。

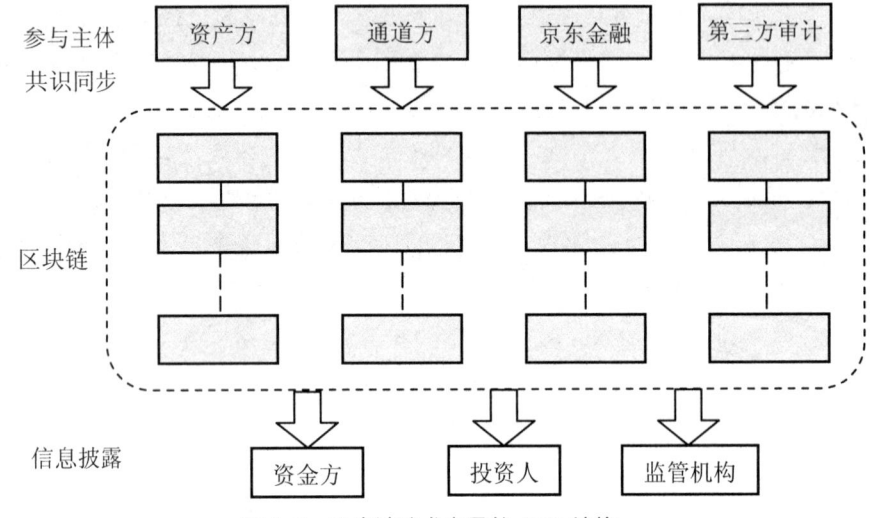

图 6-6　区块链技术主导的 ABS 结构

在图 6-6 所示的结构中，相对于传统 ABS，区块链技术主导的 ABS 模式解决了以下难点问题。

（1）架构于各机构的业务系统之上，解决异构系统之间难以协同的问题，以及各机构间信息传输的准确性、对账清算、对基础资产质量与真实性的信任问题。这些问题一直都是行业痛点。

（2）以区块链技术作为应用架构，采用去中心化结构，既能安全地存储资产交易数据，又能确保信息不可伪造和篡改。所有市场参与者共同维护一套交易账本数据，实时掌握并验证账本内容，并维护账本的真实性和完整性，在相应的权限内实时披露基础资产信息，极大地提高资产证券化系统的透明度和可追责性。

（3）自动执行智能合约机制，无须中心化机构的干预即可自动执行。这对于提高系统的可信度和维持系统信用的良好生态具有积极意义。

（4）各个机构间的信息和资金通过分布式账本和共识机制保持实时同步，有效解决了机构间费时费力的对账清算问题。

京东金融的 ABS 实践创新，为整个金融交易市场提供了降低成本、提高效率、保证资产数据真实和透明的宝贵经验。在上游供应商回笼应收账款的前提下，实现核心企业在应付账期和现金流上的有效管理。通过资产证券化这个金融工具，降低供应链两端的综合融资成本，优化企业报表，平衡供应链上下游企业之间的利益，促进闭环产业链的良性发展。传统 ABS 每单约为 8 亿元起，京东金融 ABS 每单可以实现 2 亿元起，融资成本降低约 1~3 点利息；提升资产证券化中介机构的服务效率和管理效率 20 倍以上，例如原来 20 个人的业务现在可由 1 个人来完成，金融效应显著。

京东金融与贵阳创业公司高登世德合作，将区块链应用到新的资产管理体系。京东官方网站透露，自该公司成立以来，已经为国内主要金融机构提供服务，例如中国民生银行、招商证券和华润信托等。经过严格的测试，京东金融已经正式开始使用高登世德的资产证券化系统，每天通过高登世德的系统处理的资产数量超过 1900 万笔，发行的证券产品里包含近 200 万笔资产。高登世德也成为我国目前唯一有能力处理这个级别证券化产品的金融大数据服务商。

6.5 小结

供应链金融是一种独特的信用风险控制方法，而资产证券化具有良好的金融效应，两者之间可进行集成创新。通过强监管机制，将中小企业的基础资产风险与企业风险隔离，实现基础资产信用评级与发起人的信用评级分离，中小企业的财务和经营状况不影响基础资产的质量。

信用评级的重点是审查供应链、核心企业与基础资产的交易背景。虽然企业信用评级达不到证券化的标准，但基础资产信用评级（债项评级）仍然可达到证券化标准。以系统化的信息监管来控制风险，而风险控制成本远低于传统的担保成本，从而产生了新的金融效应。

在供应链管理的强监管机制下的证券化，资产池建构、信用增级技术和信用评级等与现有资产证券化存在本质的区别。而 SPV 的设立、外部信用增级、发行与承销等方面与传统资产证券化流程大致相同。

中小企业融资新方法具有门槛低、投融成本低、充足的资本供应和流通强的特点，对于目前我国中小企业短期融资困境的解决具有重大的实现意义，也为我国巨额的民间资本和机构资金提供了一个长期稳定、风险低的投资场所。

第 7 章

供应链金融风险控制

7.1 风险控制概述

金融机构需要多个经营周期来获得主体信用的经验值,包括从风险识别到风险度量,再到风险评估,最后到风险控制。在系统实现技术方面,通过建立数据集市来抽取和维护供应链各角色提供的数据,并加工成面向主题和维度的信息,通过数据挖掘和决策支持来分析当前的数据和信息,以帮助决策者确定风险控制方案,并将方案和结果更新到知识库,为下一次风险决策服务。当金融机构获得主体信用的经验值以后,可以根据经验值修改融资方案。

对于供应链金融的风险管理,金融机构在实践中主要采用"主体评级"(针对融资企业)和"债项评级"(针对具体交易)进行风险评价,利用对物流、资金流的控制和面向交易等来隔离企业的信用风险和部分系统风险。这种对物流、资金流的控制实际上多数采用的是法律、财务和金融手段,从各类信息系统中抽取数据或获得系统的关键变量数据(如库存量、发货量),再采取相应的措施,且多为无反馈的单向控制过程。系统、动态、实时的风险控制要求使得金融机构不得不收缩目标市场,转以控制水平相对较低的行业作为目标市场。

随着平台规模化、大数据应用、物联网和自动化仓库等智慧技术的推广,供应链金融的风险管理联结多个异构系统,系统结构越来越复杂,且要求实时响应(反馈）到线下的操作现场等。因此，传统风险控制的线性、单向和无系统反馈、实时性不强等不足，使得系统效率低且缺少灵活性，难以适应严密的操作规程和严格的监管制度，不能实现对风险因素变化的快速、动态响应。

供应链金融属于风险自留策略，虽然将节点企业的抵押资产风险与企业的信用风险隔离，但是中小企业的财务和经营状况不影响抵押资产的质量。在风险自留策略下，风险控制的重点是审查供应链、核心企业与抵押资产的交易背景。供应链金融通过风险控制降低了融资的风险和准入门槛。供应链金融不同于传统的风险转移方法（如保险），它不转移抵押资产的风险情况，而是基于现代物流与供应链管理技术手段，以"系统控制"方法、通过信息监管来控制风险，使得风险控制成本低于传统的担保成本，从而产生了新的金融效应。

供应链金融风险控制的假设为：社会信用体系的约束功能不足，抵押资产的信用风险要么通过金融创新转移到外部（机构或投资人），要么进行严格监管，将违约风险控制在适当水平，即系统控制原理下的强监管机制是社会信用体系的补缺机制，是供应链金融风险控制的核心逻辑。

强监管风险管理方式决定了供应链金融的创新模式。风险管理分为"风险自留"与"风险转移"两类基本策略，而社会信用体系对债务人主观违约（理性违约）的约束性，是选择风险策略的主要依据。欧美等发达国家金融环境成熟、社会信用体系健全，经济主体的信用意识强、违约成本高，债务人的违约现象比较少。目前，我国社会信用体系的约束功能缺位或弱化，多采用将基础资产的风险通过担保机构转移到外部的方式，即以"风险转移"模式为主。信用风险转移工具主要包括核心企业类担保、机构担保、保险产品、资产抵押和担保抵押等。

供应链金融的风险控制逻辑思路如图7-1所示。

供应链金融的风险控制，依托核心企业实施上下游企业物流、资金流的控制和监管，有效隔离企业信用风险，形成一种独特的中小企业信用风险控制机制，达到银行的授信标准。

将借款人与其基础资产隔离开来，严格监管与基础资产相关的物流、资金流与信息流，借用核心企业的高信用度、真实交易关系、融资自偿性原理，以系统控制实现基础资产的信用增级，将风险控制在预定的水平之内，从而实现利率目标，即低风险、低成本的金融效应。这种方法基于供应链中商流、物流、资金流、信息流等要素的集成，建立在自动控制、物联网、大数据和区块链等科技的基础之上，本书称之为"供应链金融系统控制"，以区别于传统的风险管理，适用于制造与流通领域。

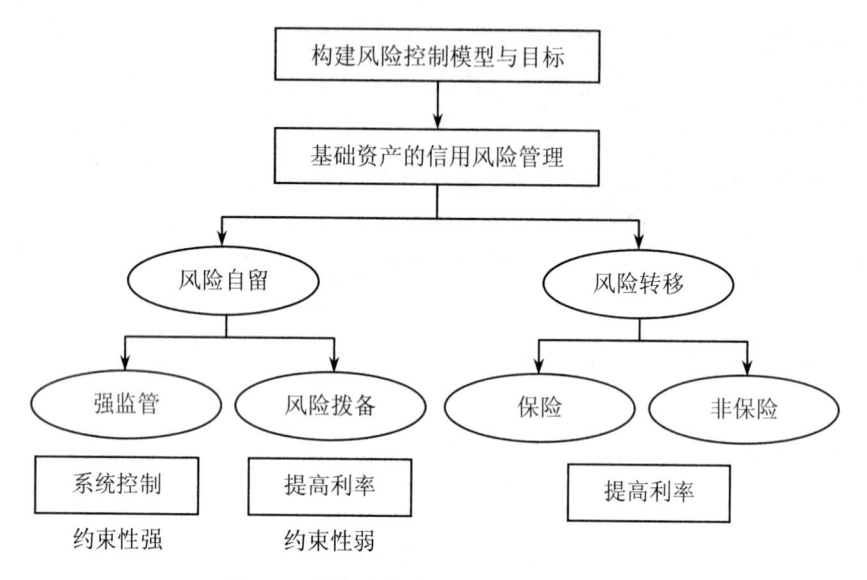

图 7-1　供应链金融的风险控制逻辑思路

系统控制以强监管来代替弱监管，在风险自留的策略下进行基础资产的风险控制创新，主动抑制风险的产生并降低风险敞口。

7.2　区块链架构下的风控特点

我国的供应链金融实践已经有 10 年以上的时间。

银行作为资金端的主力，风控逻辑主要依赖核心企业的信用背书，在风险规避的策略下，质押担保是主要的授信策略，如存货质押、应收账款融资、预付款融资等。而购买债权的保理业务占比较低，贸易融资的自偿性特性没有得到充分利用。这与银行的信用创新技术和风控方法有着密切联系，银行对于交易真实性的判断与票据审查，仍然具有诸多技术上的困难。

区块链架构提供"穿透"多层交易结构的信用技术，使得银行可以对远离核心企业的节点进行授信。现有的供应链金融，核心企业的信用杠杆一般只能传递给一级供应商或一级经销商，而对于二级以上的供应商与经销商，由于缺少与核心企业的直接交易关系，银行因核心企业无法进行信用背书而不能提供融资服务。在区块链架构下，可以构建多节点参与的交易关系，依据 ERP 构建连续的合同关系，再结合云仓库、VMI 等库存管理模式，使得全链都可以获得核心企业的信用支持。

区块链架构可以打通银行急需解决的信用瓶颈。虚拟系统对于供应链金融的最佳支持，是对于全链所有节点交易的可视化，不仅包括线上的交易链（商流），而且包括交易的各类支持流程，如线下的物流、单证流、价值交换的真实证据等，只有当银行认为已经获得足够、充分的信息时，才能排除质押品风险，充分的授信服务才可能实现。

7.2.1 从虚拟到平行、交互

快速发展的电子商务、科技金融、虚拟现实和其他众多的智能技术，已经根本性地改变了现代商业的采购、生产、营销、消费等模式，形成了现实物理世界与虚拟网络空间紧密耦合、虚实互动、协同演化的平行世界。

可靠的数据是虚拟世界存在的基础。基于区块链架构构建的虚拟系统，在"双工交互"模式下，能实现与真实系统同构的方式反映交易历史，实际上虚拟系统已经具有客观实在性，因为虚拟系统不再是原来可以任意删改的信息系统，而是与真实系统相对应的平行系统，现实系统与虚拟系统具有相同的真实性，所以虚拟系统的信用也是真实可信的，这对于以"真实性"为本的金融业务的开展具有极大的支撑作用。

区块链架构下的虚拟系统是平行于真实系统的。或者说，在区块链架构下，人可以理解的系统分为两个世界（由两个世界组成），这两个世界都是真实的，互为补充、交互执行。

7.2.2 政府节点的重要性

政府各相关部门具有丰富、高质量的信用信息资源，如工商、税务、公安、海关、检验检疫等部门。这些部门的信息获取具有严格的要求并受国家法规的保护，是建立在自身业务范围基础之上的，但是缺乏统一标准。

政府部门的信息一般对内交流，不与社会商业系统进行互通交换、资源共享。而在现有供应链金融的平台中，信用信息资源分散、透明度低、获取信息的难度大、成本高，较大地制约了信用创新及信用评级业务本身。政府部门大量有价值的信息资源处于闲置和浪费的状态中，这甚至是商业信用创新的一个"瓶颈"问题。

以外贸为例，有运输服务、港口及空港物流园区（保税）、海关及电子平台、检验检疫、综合服务平台（如一达通）及大量功能性服务机构。在管理及效率的驱动下，近年来各类机构及平台不断创新服务模式，在效率上取得较大的进步。但在实践中，贸易便利性问题仍然没有得到很好地解决。目前，主要问题是海关、港口、物流园区的服务功能并不以"贸易"本身为中心来构建，这就给平台的金融服务创新造成极大的困难。

参考国外的先进模式，商业平台的构建以"贸易"为中心，是整合各政府服务部门、职能部门、运作实体的大服务平台。以贸易为中心，是把以"商流"为中心的交易网作为最高层次的平台，其他平台、实体、职能机构围绕交易平台来展开和对接服务、衔接流程，最终的目标是实现"贸易便利化"。这种模式将为供应链金融服务的导入和创新提供巨大的空间，便利化的结果是交易成本的快速下降。这也是我国发展实体经济的重要策略之一。

未来，大型平台中的供应链金融必然要将政府节点的引入作为区块链架构的关键之一。政府节点加入后，高质量的信用信息可以增强系统整体信用，也将促进参与交易的各方守信并增加动力，为金融服务的创新和融资范围的扩大提供有利的条件。

区块链架构并不是去中心化，而是减少传统的信用中介成本，政府节点的加入并不会导致中心化模式的出现，政府节点与其他节点处于平等的地位，政府节点并不实施控制权，而是在公开环境下实施行政职能。

7.3 真实性证明

交易真实性审查，包括审查合同自身的交易逻辑（如合同期限、交易双方权责，以及发货时间、发货地址、承运人的安排），合同附件完整性、内容与借款人的主营业务及其业务规模的匹配性，发票的内容、时间与主合同的匹配性，发票流向的合理性，发票是否伪造、变造或套印等。

总之，交易真实性可从复杂的供应链结构中进行自证，即供应链中复杂的数据结构可以支持交易真实性的证明。其基本假设在于，没有一个主体能够串通所有节点进行虚假交易，或者在交易系统中，至少存在一个不愿意参与虚假交易的节点。

7.4 计算信用

7.4.1 计算信用简介

在经济新常态下，中小企业的结构调整和转型相应步入新周期，给授信审批决策提出更高的要求，基于大数据的计算信用成为精准授信决策的有力支持。

在传统模式下，掌握企业信息的渠道比较单一，信息量有限，财务数据具有滞后性，现场核实成本非常高，不能以工人方式对成千上万的企业进行有效整合。信息数据的有限性、滞后性和局部性，使得在进行授信工作时很难甄别企业的隐性风险，甚至造成对企业风险的错误判断。

大数据通过广泛收集的企业各渠道、各类型的信息，从数据的深度和广度两方面对企业的各种行为数据进行采集分析和相互验证，包括财务信息和反映客户个人基本特征及企业经营特征的"软信息"等，多维度还原企业真实面貌，达到授信的准确性要求。

在平台模式下，大量中小企业的信用计算不可能采用工人审查的方式进行，大数据用于信用计算和征信是实践中的重要工具。大数据征信为市场提供了多元化、多层次的金融服务需求，在优化征信市场布局、促进传统征信业改造升级和推动差异化竞争格局的形成方面具有重要价值，是我国信用征信业转型发展的基石。[①]

大数据信用征信尚处于初级阶段，顶层设计、法律框架和行业发展规范还未成熟，面临着诸多挑战和现实性困境，有赖于未来强力、有效的协调与规范。

---

① 李真. 大数据信用征信：现实应用、困境与法律完善逻辑. 海南金融, 2015（1）: 5-9.

7.4.2 【案例分析7-1】易流科技支持物流企业融资的计算信用[①]

1. 中小物流企业融资难背景

我国物流业市场集中呈现高度分散的"小、散、弱、多"特征，中小微企业是市场主体，在诚信体系尚未建立的情况下，企业融资需求难以得到满足。据统计，我国有近80万户中小物流企业和近800万名物流个体从业者，其中从事公路货运的超过80%，在这其中，A级以上物流企业不到3000家，仅占到总量的3‰，而全国物流50强企业所占市场份额也只有12%左右。

物流企业证明其具有还款能力且信用良好，是获得正规融资服务的要件之一。除实物抵押证明外，物流企业的业务所具有的未来现金流收入，可以向金融服务机构证明企业具有可用于支持贷款的优质资产，但物流企业缺少合适的方式来将资产价值证明给金融机构看。

如何计算物流企业的资产信用，成为行业融资方案的关键问题。

2. 公司简介

深圳市易流科技股份有限公司（以下简称"易流科技"）是我国领先的运输产业链互联网平台企业、国家级高新技术企业、深圳市重点物流企业，于2016年2月在全国中小企业股份转让系统挂牌。

公司在2012年与中科院深圳先进院成立了"物流信息服务创新技术联合实验室"，确立了"产、学、研"合作关系，以充分利用中科院深圳先进院数字所云计算研究中心在云计算、海量数据处理等方面的技术优势和资源优势。联合实验室利用中科院丰富的人才资源和软硬件环境，给予本项目的顺利实施提供了技术支持和人才支撑。

同时，公司于2015年开始与西安交通大学合作，成立物流大数据研究实验室，从事物流大数据技术的研究开发。经过多年的合作，已经取得初步成果，可以为本项目在物流大数据技术应用方面提供一定的帮助，可以加快本项目的技术攻关，助力项目顺利实施。

---

① 案例资料由万联网提供

3. 用计算方案

易流科技的物流金融服务平台为物流企业提供信用计算服务。

平台通过互联网、云计算、大数据、物联网等技术，实现物流每单业务操作过程的全程透明化和互联网化，并利用大数据技术分析、挖掘物流企业历史信用数据，系统的信用计算可以为物流企业提供信贷的背书，支持物流企业快速获得金融贷款。该平台自 2015 年上线以来，2016 年累计服务物流企业上千家，放款总额超过 1 亿元，信贷优良率 99.999%。

易流科技的物流金融平台是易流科技实现我国最大的物流产业链互联网平台企业战略的一部分。该平台实施的基础是易流云平台和 e-TMS 平台上海量、真实的数据资源。其中，易流云平台实现物流过程的透明管理，强调物流细节管理，其产生的数据多为速度、时间、里程、温度、油耗、图像、开门、停车、驾驶习惯等数据；e-TMS 平台则实现物流单据、业务流程的透明管理，从整体层面进行系统的优化管理，数据多涉及订单、运单、流程、上下游、业务节点等。平台上积累的海量、真实、可信的物流大数据，应用物流大数据技术通过数据分析与挖掘，为物流企业提供个性化的物流金融信息服务。

易流科技的物流金融平台系统结构如图 7-2 所示。

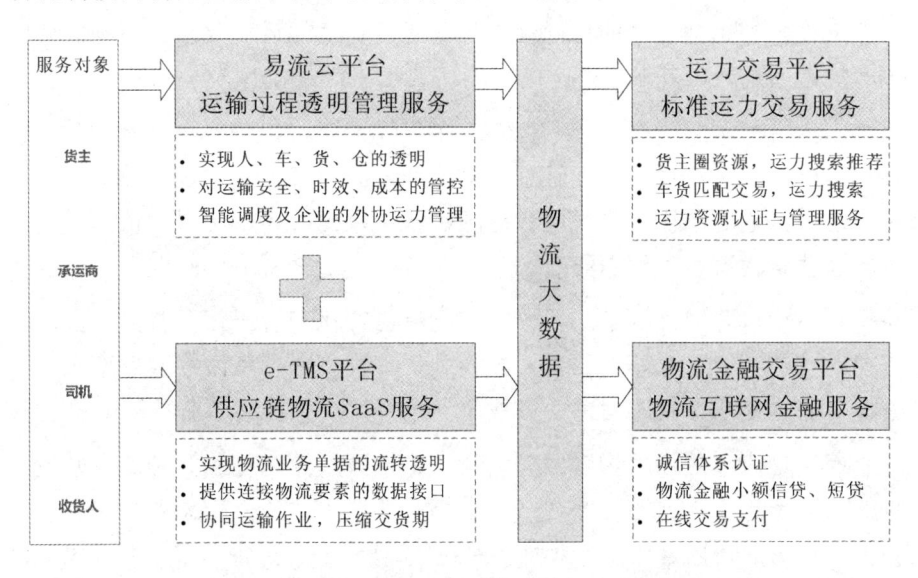

图 7-2 易流科技的物流金融平台系统结构

在图 7-2 中，物流大数据的产生不仅为物流金融平台的建设提供基础，而且为实现物流企业在线运力交易提供可能。物流运力的在线交易一直以来都是物流企业的心愿，但因为信用和利益的因素，在线交易一直以来都面临落地难的困境。

通过互联网手段，把线下的真实运力信息"搬"到线上，同时保障每一个运力数据的真实、可靠和及时有效，且做到对每一个运力的透明化管理，锻造优质运力的资源池，形成运力资源的平台化运营，用以吸引货物信息进行在线交易。

4. "物流透明3.0"理念

"物流透明 1.0"侧重于人、车、货、仓等物流要素的时空、状态等物理信息的透明。

"物流透明 2.0"侧重于物流单据流转、流程节点、业务网络节点等业务逻辑信息的透明，尤其是业务运营信息的透明。

"物流透明 3.0"侧重于供应链和需求链组织过程的信息透明，以及基于供应链和需求链的产业信息的透明。核心思想是充分利用各种先进信息技术（以各类传感器为代表的数据采集设备、移动通信、互联网、地理信息系统等）将物流全要素进行透明连接，将物流全要素的信息进行采集、整理、存储、处理、流转并通过互联网透明展示给物流操作过程中的各个相关主体，有效地保障物流过程的安全，提高物流业务操作各个主体之间的协同性，进而提高物流的运作效率。在物流要素、物流主体广泛透明连接的基础上，连接制造和消费，最终构建全产业透明的生态系统。

例如，某跨国日化企业在我国有 3000 多家经销商，产品要从工厂送到经销商处，再到客户手中，整个过程的周期管理是一个非常大的问题。传统的做法是，每年招标选择承运商，但是承运商又可能将这项工作转包出去，如此层层转包之后，产生的最大问题就是物流运输效率低下。

易流科技给该公司开发了一套"全球物流可视化和透明化"监控平台，将发货到收货中所有的环节如仓库、货车司机、到货签收、信息反馈等节点连接起来，通过订单流打通，使其过程透明化、可视化，从而将整个物流运输时效压缩了 30%。

透明连接物流，就是用物联网、云计算、大数据等先进的信息技术采集各个物流节点的物流信息，再通过互联网共享给物流活动中的各个相关主体，进而使各个物流相关主体高效协同合作。未来商业模式 C2M 模式的发展，需要直接把消费者和制造各环节都连接起来，建立全产业链的物流透明生态。

7.5 闭环负反馈控制

控制论是研究动态系统在变的环境条件下如何保持平衡状态或稳定状态的科学。一般分为开环控制与闭环控制。开环控制是最简单的一种控制方式，按照控制信息传递的路径，它所具有的特点是，控制量与被控制量之间只有前向通路而没有反向通路，控制作用的传递路径不闭合，故称为开环。

而在闭环控制中，控制作用不是直接来自给定输入，而是系统的偏差信号，由偏差产生对系统被控量的控制；系统被控量的反馈信息又反过来影响系统的偏差信号，即影响控制作用的大小。这种自成循环的控制作用，使信息的传递路径形成一个闭合的环路，称为闭环。

负反馈控制是基于反馈原理建立的自动控制系统，就是根据系统输出变化的信息来进行控制，即通过比较系统行为（输出）与期望行为之间的偏差，并消除偏差以获得预期的系统性能。在反馈控制系统中，既存在由输入端到输出端的信号前向通路，又包含从输出端到输入端的信号反馈通路，两者组成一个闭合的回路。

在供应链系统中，供应链金融具有自偿性，其风险控制是一个典型的闭环负反馈控制过程，如存货量控制、质物价值控制等。以存货质押为例，金融机构依据借款人的贷款金额来控制库存总量，将风险控制在合理水平。

传统的库存管理在各环节基本上都处于开环状态，采用事后结算的方式对风险进行控制具有滞后性。一是库存计划编制不闭环，基本由仓管员自行完成，风控人员、财务人员不参加库存计划编制，缺乏全员参与的环境和氛围，对于指标的设置仅限于经验值和订货计划，指标单一，降低了计划的科学性、严肃性和有效性。二是出库执行系统不闭环，仓管部门常以客户的要求为事由变更出库量，执行的随意性大，使得库存量出现风险敞口。三是风险分析不闭环，分析时间随意、风险评价不闭环。

以存货量控制为例，其控制模型为：

（现有库存+进货量－出库量）×质押率×单价≥贷款金融

控制目标：当出库量大于进货量，并且库存量不断减少、逐步接近控制量时，需要控制出库量，使得存货量在控制量之上，采用负反馈机制进行控制。

存货质押的闭环负反馈控制的关键在于系统的闭环运行，包括以下几个方面。

（1）参考输入（Input）：制定风险控制要实现的目标，可用动态质押率或风险敞口来表示。

（2）系统建模（Model）：基于数据和事实的风险控制模型。

（3）信息反馈（Feedback）：建立从系统输出到系统输入的一个反馈链。

（4）误差测量（Measurement）：对系统输入量和输出量进行测量和比较。

（5）系统控制（Control）：通过误差测量发现偏差，强化"对过程的实时监控"；通过纠正措施及时消除偏差，进而达到"系统稳定、快速响应、误差最小"的要求，最终实现风控目标。

存货质押的闭环负反馈控制结构如图 7-3 所示。

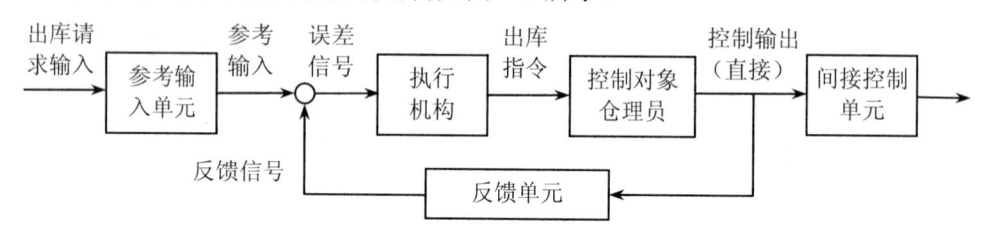

图 7-3 存货质押的闭环负反馈控制结构

在图 7-3 中，外部环境对库存系统的作用为出库请求（指令输入、系统的输入量）；产生相应的控制作用信号操纵被控对象（库存管理员），使它的输出（出库量）符合对系统所提出的性能要求。存在"控制输出"单元，对输出变量通过"反馈单元"产生"反馈信号"，从而对参考输入信号进行调整。反馈单元的存在使得控制器可以分析实际情况，抓住关键环节，动态调控，实现达成目标快、偏差最小的风险控制方法。

闭环负反馈控制的优点是利用控制和减小偏差的原理，这对于我国大量管理基础薄弱的物流仓储企业（系统）尤为适用，是一种中国化的管理方法。它强调抓住关键点并进行适时调控，有利于培养人们的系统思维，并且操作成本低，既易于理解，又便于推广。[1]

---

[1] 包丽君. 闭环负反馈理论在预算管理中的应用：A 公司经验介绍. 财会月刊，2012（15）：60-61.

7.6 双工系统控制

供应链系统是由真实系统（线下）与计算机系统（线上）构建的双工系统。

大型的供应链系统因其高度的工程复杂性不可避免地会存在"默顿系统"的特性，即不确定性、多样性和复杂性，在"经济人"的决策规则下，极易出现不受约束的失信行为。

在线下系统中，会有大量的经营决策和操作，需要在跨组织的链式关系中创造价值和传递价值，而这类线下操作又需要在线上进行债权交换、财务操作、金融管理等，所以线下与线上是双工系统，同时运行，互相作用。

双工系统控制的理念为：主体行为受环境的影响而不产生静态条件的可预期行为。个体行为在干预之后将发生显著变化，即统计率在交互模式下，准确率不高。干预前的概率与干预后的概率会有显著变化。

两者构成供应链运营的时空世界，其结构关系如图7-4所示。

在图7-4中，双工系统的结构解释如下。

线上系统是计算机系统联结而成的虚拟空间，主要包括金融服务系统和信息平台。

（1）供应链金融服务系统在分层结构的最上层，接受信息平台中提交的融资申请（单证），然后进入审核流程，还包括风控模块和贷后管理模块。另外，为防止系统风险，还需要对所有层次进行关键环节的监管。

（2）信息平台。信息平台不是某个企业的平台，实际上是所有参与机构、节点的信息系统的集合。为满足金融服务数据管理的需要，从各个系统抽取数据（单证）。同时，需要实现协同作业和风控等跨组织流程。

线下系统以人工操作为主，主要包括以下几点。

（1）供应链管理。供应链管理一般是以服务外包来实现的，为运营层提供采购执行、分销执行、物流管理（如VMI）等服务。供应链管理整合第三方物流、运输企业，并提供接入标准，使得接入机构能够按标准流程运作，最终实现更快的交货速度、更低的物流成本和更短的生产时间等。

（2）核心企业、节点、物流商和运输服务商等，属于以线下为主的运作。线下运营受供应链服务的指挥（线上），实现协同作业。

双工方式即线下系统与线上系统可以同时发送和接收信息的信息交互方式。例如，欧浦智网的钢材无人仓，其智能出库作业就属于典型的双工方式。

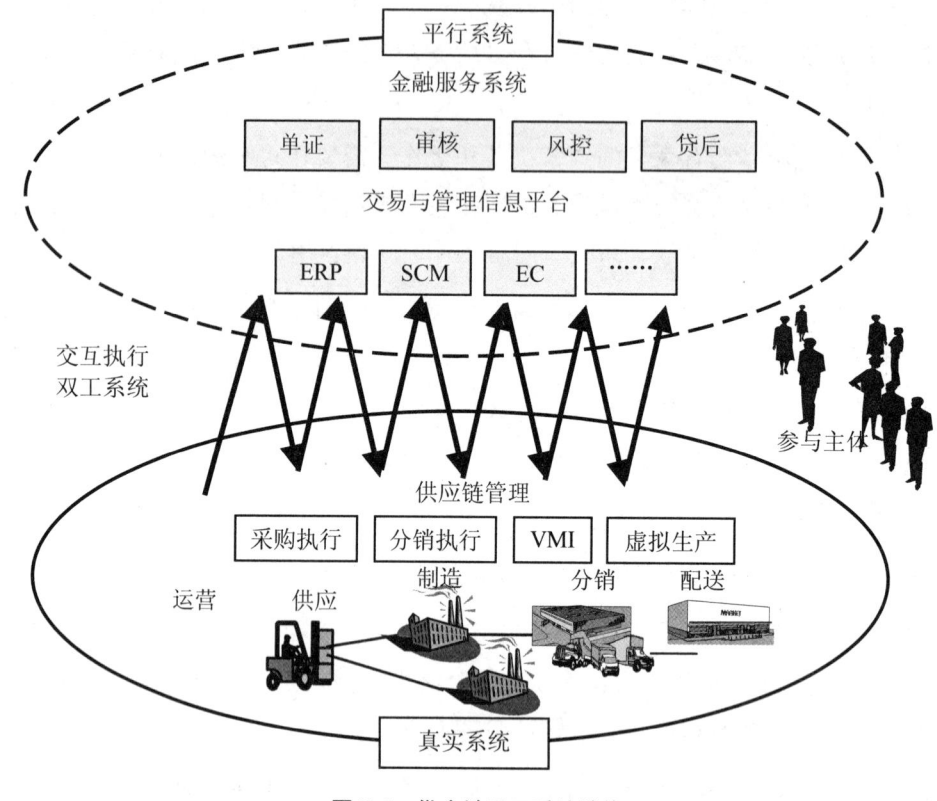

图 7-4　供应链双工系统结构

异常出仓的双工交互执行结构如图 7-5 所示。

在图 7-5 中，控货单元（每一卷钢锭）内置 RFID，货物的仓位、移动、出库由系统指令控制，不允许现场主动操作。当货物在仓库内异常移动（非系统指令）时，起重机将拒绝启动，系统发出报警，并要求现场人员前往异常地点；如果货物继续移动，且现场人员不能在 5 分钟内达到并响应系统，系统将自动关闭仓库大门（卷闸门），货物将无法出仓。

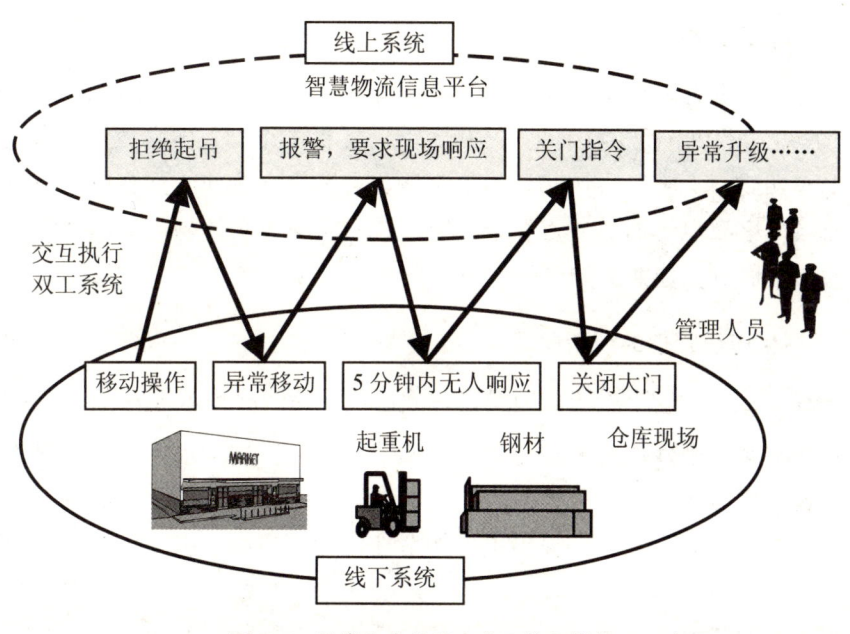

图 7-5　异常出仓的双工交互执行结构

7.7【案例分析7-2】欧浦智网的智慧物流与物流金融服务[①]

1. 行业背景

近年来,钢铁业现状不容乐观,受制于我国基础建设投资周期收缩及房地产整体过剩的影响,产业链企业普遍存在成本偏高、利润微薄、出厂价持续下跌的现象,在新一轮的国家供给端改革过程中,钢铁行业的困难重重尤其引人关注。企业破产、重整和其他风险事件,使得银行业持续收紧贸易的信贷,一度让众多钢贸企业陷入了困境。

钢贸链的商业模式在经营压力下开始求新思变,行业中出现了欧浦智网这样的新兴电商,在交易模式的基础上叠加融资创新,给行业发展注入了活力,为钢贸行业的升级转型指明了方向。例如,钢企由重生产向重服务转型、钢贸商由重销售向重销售与服务相结合转型、第三方物流企业向产业链服务转型等。

---

① 案例资料由万联网提供

2. 欧浦智网简介

欧浦智网股份有限公司（以下简称"欧浦智网"）成立于 2005 年，于 2014 年 1 月 27 日在深交所中小板（股票代码：002711）挂板上市，是国家高新技术企业、国家 AAAAA 级物流企业，中国物流示范基地、省现代产业 500 强企业，公司位于全国唯一的"国家级电子商务试点"乐从镇，是一家集"实体物流"与"电子商务"为一体的国内商贸流通业的领先型企业。

3. 钢材供应链管理的创新逻辑

供应链管理创新以市场需求的变化为导向，并结合科技来提升企业竞争力。

（1）终端客户个性化、多样化要求。钢铁行业在供过于求、竞争激烈的大背景下，服务创新成为同化竞争的突破点。在制造企业的库存压力下，消费者和终端客户对钢铁材质、加工、服务都提出了更加个性化的要求，以供应链的柔性来应对市场需求的变化成为竞争的关键要素；钢材属于大宗商品，在交易过程中伴有加工、配送、转货、融资等多个环节，满足客户个性化、多样化、专业化的制造需求，是钢贸产业链的服务创新基础。

（2）信息化时代的持续创新要求。钢企旗下的电商融资平台、第三方融资平台、P2P 个人贷等适应钢铁贸易发展的新兴钢铁电商的出现，从源头上改变并突破了当前行业的发展瓶颈，引领行业的发展方向。在整合欧浦智网强大的硬件系统的基础上，将供应链管理、流程作业等管理环节和资金支付、仓储、加工、运输等物流环节纳入其中，形成了高效、低耗的大型现代化物流及电子商务体系。这一系列信息化技术集成系统不仅增强了企业自身的竞争能力，而且对推动周边企业电子商务化进程和钢材大流通起到了积极的作用。

（3）平台化商业模式的创新。在物流信息平台上，基于互联网，通过欧浦智网电子商务平台的建设，欧浦物流实现了供应商、企业和顾客之间的系统对接，实现了真正意义上的物流信息和物流功能上的共享，物流资源的配置效率得到大幅度提高。欧浦智网以可靠的第三方物流监管方的身份，保证了交易标的的安全性，解决了货物交割的安全性、真实性等问题，使"现货交易、电子合同交易"两大交易模式无缝衔接。同时，由于信息对称，钢铁交易的"透明度"得到大幅度提高，有效杜绝了传统交易中可能出现的"混乱因素"及"潜在漏洞"。欧浦物流的成功转型彻底改变了人们对传统钢铁市场的印象，促使钢铁市场从传统交易模式向现代物流模式的跨越式发展。

（3）微利模式的降本增效需要。在"微利"的新常态下，客户更需要产业链的配套全流程服务，从采购、加工、配送到融资的"一站式"服务。网站提供的电子现货交易、电子合同交易两大创新交易板块打破了传统钢材市场落后的交易模式，推动钢铁贸易向集约化、规模化、网络化经营的新台阶迈进。为客户提供专业化、个性化、多样化的服务，正是企业持续经营和降本增效的体现。

4．线上运作模式

（1）订单集成管理

线下实体物流包括仓储中心和加工中心。欧浦（国际）物流钢铁交易中心拥有9个区域共81座大型五星级仓库，总储存量150万吨、年加工能力达200万吨的大型钢铁加工中心，庞大的专业运输车队，还有九江仓储加工中心、华东仓储加工中心及多家加盟仓，这为客户仓储、加工服务需求提供了保障。该项运作模式有如下两种流程。

仓储订单流程：客户转仓（转货）需求→话务员接单→进销存排单→任务通知→司机接单（转货无需此环节，仅为货权转移）→仓库收货确认→客户收到信息反馈。

加工订单流程：客户加工需求→业务员接单→进销存排单→任务通知→班长终端→机长终端→司机接单（配送）→收货确认→客户收到信息反馈。欧浦仓储、加工体系以订单和客户个性化需求为中心，为客户提供从下单到收货全流程的服务，提高了集成运作的高效性和协同性。

（2）供应商集成管理

欧浦智网与上游钢企建立了长期供应的战略合作，共同探索不同的销售模式和合作模式，通过厂家直销模式，减少了供应链全过程的交易环节，节约了各环节成本，最终让利给终端商，这种模式的普及改变了过去传统的多级代理模式，对于产能过剩、利润微薄的当前行业来说，是发展的必然趋势。上游供应商、物流第三方、终端客户三方利益共赢，集中交由中间商提供销前代理、订货，以及销中（质押融资、加工服务）和销后服务，"一站式"为终端用户定制供应链服务，确保了货源的真实性和仓储加工服务的质量，通过缩短交易环节，降本增效显著。这种以"金字塔"坚固式的架构，从上游供应商直达下游贯穿交易全过程的供应链模式，实现了高效运行。

（3）物流集成管理

订单集成与物流集成相辅相成，以客户为中心的订单需求直接决定了物流需求的方向。公司已引入物联网技术，提出打造"智慧物流"的线下战略，旨在通过高效的物流运行，实现信息化、智能化。方便、快捷的配送体系搭载了物联网的仓储物流后更加高效，欧浦智网已在全国各地布局网点，开设线下仓储、加工、配送、金融等综合服务，在欧浦智网信息化的作用下，实现智能物流的普及，这将满足更多客户对智能物流服务的需求。在订单驱动的物流运作模式中，欧浦智网负责统筹规划整个物流系统的业务流程，控制和协调各成员企业间的运作，以使物流各个环节能有效地衔接，从而实现物流资源的最有效利用和服务质量整体最佳，并负责制定统一的服务标准、操作规程和管理规范等。

（4）融资集成管理

供应链金融是欧浦智网致力打造的核心战略方向，欧浦智网推进线上电商平台和线下实体物流的建设，依托线下有优势的仓储物流及加工核心竞争力，实现早期客户的快速积累；依托线上成熟的电商运营，整合线下优势，为客户提供多盈利模式的融资服务。欧浦智网已推出"网上贷""欧浦商城"购货贷款等服务模式，贷款范围普及到全国钢网所有会员，在满足客户线下需求的同时提供以线下动产质押为前提的线上金融服务，为客户定制个性化的融资需求。

5. 供应链整合模式：三网合一

（1）天网：基于电商核心能力的多元化发展

2014年欧浦智网对"钢材超市"进行了升级，升级版定名为"欧浦商城"，并同期推出"欧浦家具网"，其中"欧浦商城"首日交易量就突破了13782吨。"欧浦商城"的成功上线，打破了过去多级代理的销售模式，缩短了供应链环节，让利终端商，成效显著。"欧浦家具网"发挥了欧浦智网的原有配送优势，行业首创全国免运费，45天无理由退换货，试运行当天点击率突破3万，有近100家供应商等待战略合作，开启了家具行业全网链服务新模式。

（2）地网：物联式的智慧物流系统

2012年，公司基于物联网技术启动"物联式钢铁仓库互联商务平台应用示范"

项目，实现货物信息自动采集及物联式仓储管理。系统通过应用无线射频识别技术、格雷母线定位技术、红外感应抓拍照片等物联网技术，对仓库中每件货物的出厂标签内容、实际重量、存放立体位置、全方位照片等信息进行自动采集，通过无线网络与互联网实时将这些数据传送到计算机系统，通过"物联式仓库管理系统"实现货物入库、出库、监控、盘点等智能化管理，将传统的钢铁仓库升级成"物联式钢铁仓库"，实现物联智能化管理后极大地提高了钢铁在物流仓储环节的管理能力。除实现仓库自身信息化、智能化管理外，还通过信息技术将多个"物联式钢铁仓库"互联起来，建立开放式的具备钢铁电子商务现货交易和钢铁金融质押监管等业务功能的互联商务应用平台。如图7-6所示为智能化物流配送中心实况。

图7-6　智能化物流配送中心实况

（3）金网：提供线上融资服务、第三方支付等服务

欧浦智网通过供应链整合，为商家和买家提供多样化线下配套服务和线上金融服务。欧浦智网依托线下支撑，配合线上模式的电商平台，最终为客户构建一个定制化、专业化的供应链金融服务，实现供应链各环节的利益共享。2014年，欧浦智网推出"欧浦商城"线上购货贷款业务功能，打通了客户以低成本融资进货的渠道；为家具供应商提供20亿元反向保理融资额度的服务。此外，欧浦智网第三方支付牌照申请已进入审核阶段。欧浦互联网金融服务将推广至供应链各环节，并延伸到钢铁、家具以外的各个产业，最终让商家和消费者受益。

6. 物流金融：欧浦小贷

由于钢贸企业大多固定资产不足，并且流动资产主要体现在其存货上，因此难以迈入银行融资的门槛。加之近两年钢材行情低迷，银行对钢贸企业的货押及联保互保类贷款的准入和审批控制严格，即使获批，其贷款比例也不高，对企业的帮助有限。

佛山市顺德区欧浦小额贷款有限公司（以下简称"欧浦小贷公司"）成立于2010年11月，注册资本为3亿元，由欧浦智网单一股东持股。目前公司业务定位做钢铁行业的融资理财专家，同时也为小微企业及工商个体户提供小额流动资金贷款服务。

欧浦小贷公司是广东省首家网络借贷业务拓展至全国的小贷公司，也是继阿里小贷后为数不多的可向全国会员发放网上贷款的公司。欧浦小贷公司的经营模式与一般的小贷同行有所不同，一般的小贷同行经营不同行业的贷款业务就好比售卖各种产品的"百货公司"，而欧浦小贷公司就像"专卖店"，其主要经营特色是通过线上和线下的互动，专门解决全国钢铁商贸企业融资难问题，同时也为小微企业及工商个体户提供小额流动资金贷款服务。

公司按货物质押形式推出了"线下"贷款（含优质客户信贷计划和常规线下短期贷款业务）和"网上贷"两大业务品种。

7. 风险防范措施

欧浦小贷公司贷款业务的基本操作流程是：贷款业务受理、项目上门调查、审查、审批、落实出账条件、正式贷款和贷后管理共7个环节。在日常业务的开展中，除综合审查企业经营情况外，还会通过市场、同行等信息渠道对申请人的实力规模、信誉情况等要素进行评级，并同时要求其自然人股东提供连带反担保责任。另外，严格按照以下步骤实施风险评估与控制。

（1）质押货物核价

欧浦小贷公司受理的押品在进仓前都会经过欧浦智网仓管部门的严格检查，每件货物都经过拍照、重新过磅的程序方可入仓，如发现货物有烂包、散包、变形等现象都会进行详细记录。在客户申请贷款时，欧浦智网监管部还会再一次对货物进行实地观察、拍照，再根据货物的市场通用性和状态参照欧浦智网运营部门每日报出的市场价格进行合理估价。同时，还会严格核对货物和其对应的发票，保证货物来源的合法性，综合控制押品的市场风险。

在质押的过程中，监管部门严格、细致的操作模式一直得到相关合作银行的充分认可和客户的理解。欧浦智网通过现代化的信息手段，自行研发了仓储进销存操作系统和运输车辆 GPS 定位系统，进行动态监控，使得欧浦物流成为佛山地区 10 多家银行指定监管仓库。此外，欧浦仓库拥有自主开发的强大信息管理系统，及时更新货物信息，第一时间接收市场走势和波动信息，严格管理货物入仓和出仓。其管理系统可以查询客户以往的所有交易明细和信用情况，查看客户实际的货物转流信息。质押后监管部门将贷款客户的信息每天汇总发至欧浦小贷公司作为贷中控制参考，以降低贷款风险。

（2）跌价补货要求

为了方便客户进行货物销售周转，欧浦小贷公司允许客户通过缴纳赎货款或以货换货的形式进行在押货物周转。只要客户的在押货值与赎货款总值不超出一定的风险水平，就可以灵活销售。同时，欧浦小贷公司通过欧浦智网监管部门对客户反担保的货物每天进行评估，当客户的押品跌价超过 5%时，公司会马上通知客户在 2 个工作日内，以补充货物或追加赎货款的方式补足跌价敞口。当押品跌价 10%且客户没有及时补货或追加赎货款时，公司会根据双方签订的委托、反担保合同、动态质押协议等相关委托文件约定，对货物进行变现（主要通过网上拍卖、线下销售等手段），确保公司的经济权益不受损害。

（3）贷后检查与风险处置手段

贷款发放后，小贷公司每天与欧浦智网监管部门核对押品账目，每月不定期实地或通过监控摄像进行仓库检查、月末进行库存盘点。管户业务员对在贷客户进行每月不少于一次的上门走访，了解企业经营及资金使用情况，并详细填写《贷后检查表》存档备查。此外，欧浦小贷公司和欧浦智网的业务人员每天都会在市场上收集相关行业和客户信息并进行交流。一但发现有不良传闻，公司的业务人员都会及时上门走访以了解情况，并上报公司管理层提前采取相关的防范风险措施。

当发生风险事件时，欧浦小贷公司可发挥其专业市场的优势，依托欧浦智网的信息平台轻易并迅速地寻找到买家信息，短时间内将押品变现。从寻找买家到质押物变现一般只需一个工作日即可完成。由于欧浦小贷公司拥有完善和严谨的风险管理流程，所以开业至今不良贷款率为零。

8．公司的下一步战略

欧浦智网将在采购货源、对外投资、新技术的研发、品牌宣传等方面加大投入，紧紧围绕公司"三网合一"发展战略部署，推进各供应链节点建设。

（1）重塑战略合作伙伴，联手国内强企，加强多渠道战略合作，培育新的项目，提升企业品牌影响力。

（2）引入战略投资方或专业合作团队，为公司发展提供不断的资金支持和团队力量。

（3）加快线下实体配套全国布点，突显优势面，增加与上游厂家的采购谈判筹码。

第 8 章

从理论到实践：循环产业供应链生态圈构造

8.1 产业级供应链生态圈设计思路

8.1.1 产业级供应链生态圈的构成要素

一个产业级供应链生态圈的构成要素如图 8-1 所示。

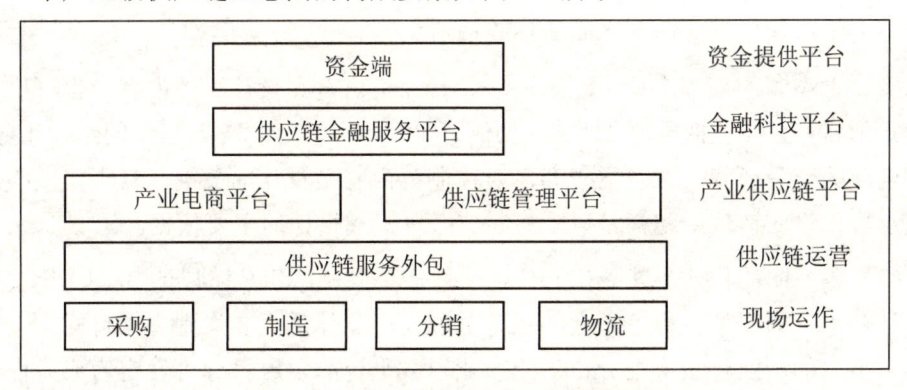

资金端	资金提供平台
供应链金融服务平台	金融科技平台
产业电商平台　　供应链管理平台	产业供应链平台
供应链服务外包	供应链运营
采购　制造　分销　物流	现场运作

图 8-1 产业级供应链生态圈的构成要素

在图 8-1 中，产业的底层是现场运作，制造与流通业典型的环节有采购、制造、分销和物流等；而供应链服务外包将供应链运营内容以外包的方式来实现，是供应链管理的常见模式；产业级供应链生态圈是产业电商平台（实现交易撮合、双边市场）与供应链管理平台的结合，并在此之上构建供应链金融服务平台，顶层为资金端（如银行、基金、P2P 等）。

供应链金融服务平台是建立在产业电商平台与供应链管理平台的基础之上的，是以金融科技为支撑的技术平台。在区块链架构下，供应链金融服务平台应当与其他平台（产业电商平台、供应链管理平台及金融机构的业务平台等）保持独立，因为供应链金融服务平台是构架于其他系统之上的，使得其他多种机构能够在此平台上协同开展融资业务。供应链金融服务平台所需要的关键资料及真实性证明数据，通过数据接口或控件方式，由其他系统向供应链金融服务平台提交，供应链金融服务平台所保存的数据与构建业务流程数据，属于区块链记账内容，只能增加，不能删改。

8.1.2　产业级供应链生态圈的构建逻辑

在实践中，产业级供应链生态圈的构建逻辑如图 8-2 所示。

图 8-2 的相关要点解释如下。

（1）对产业的现状和内在逻辑的理解是进入一个产业或构建产业生态逻辑的关键。其中，分析供应链结构是平台设计的要点，不同产业具有不同的供应链运营特异性，决定产业级供应链生态圈的核心价值。

（2）生态圈的规划实质是理解需求、设计价值链和设计服务内容，也可称为商业模式创新，主要包括典型"四流（物流、商流、信息流、资金流）"的结构化分析，产业电商的交易模式、融资需求和风险控制等内容是设计的关键。其中，核心企业信用水平、供应链信用结构是风险控制与融资模式设计的主要依据。

（3）生态圈的构建不能一步到位，一般需要明确给出分阶段的 3～10 年发展目标，结合平台的投资目标，平台的经营范围及产业体量上要达到规划目标。一般来说，中小型的产业体量或细分市场的产业中，平台的发展目标可设定为成为行业平台的"独角兽"。

第8章 从理论到实践：循环产业供应链生态圈构造

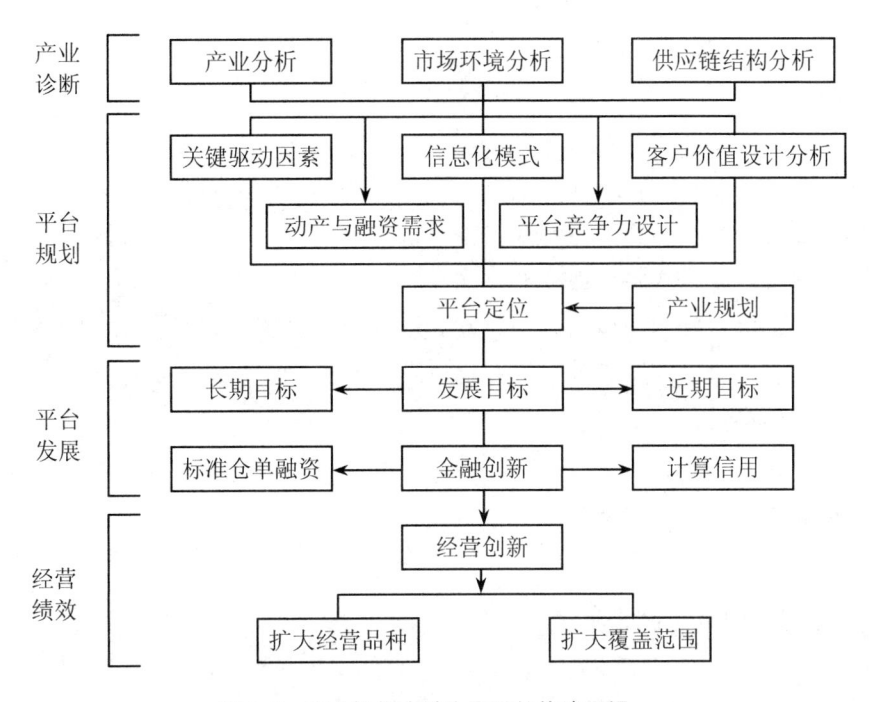

图 8-2 产业级供应链生态圈的构建逻辑

8.1.3 "找铅网"简介

"找铅网"于2015年11月成立，运营方为深圳市找铅网电子商务有限公司，属于典型的产业电商模式，打造以"互联网+供应链金融"为核心的铅循环再生产业生态圈，通过移动互联网技术采集各地电动车、汽车经销商的需求，结合线下物流仓储配送，将铅酸电池回收再生流程"O2O回收—冶炼—生产—销售"进行全信息化管理，为产业链中的冶炼厂、电池厂、代理商、销售商、门店等节点提供在线交易、数据分析、融资等供应链金融服务和IT服务。

"找铅网"以建立我国铅蓄电池流通和回收体系、提高铅资源无害化再生率、促进工业体系绿色化可持续发展为己任，致力于打造我国最专业的铅蓄电池回收和供应平台，并依托物联网技术，实现再生铅资源在产业链中的无损循环。这种理解的背后是如何打造基于产业互联网思维的再生铅供应链管理平台。目前，该平台已经运作近2年时间，经营效果显著，未来将供应链服务扩充到全产业链，将形成社区型、服务高度外包的供应链管理平台，为产业链中多环节企业提供全程的供应链服务及金融服务。

2017年10月13日，国务院办公厅出台《关于积极推进供应链创新与应用的指导意见》（国办发〔2017〕84号），该文明确指出"……（五）积极倡导绿色供应链……3.建立逆向物流体系。鼓励建立基于供应链的废旧资源回收利用平台，建设线上废弃物和再生资源交易市场。落实生产者责任延伸制度，重点针对电器电子、汽车产品、轮胎、蓄电池和包装物等产品，优化供应链逆向物流网点布局，促进产品回收和再制造发展（国家发展改革委、工业和信息化部、商务部等按职责分工负责）"。

这个文件的出台，将为我国大力推进再生资源的循环利用、构建产业级的回收平台等构造良好的政策环境，铅、铜、塑料等多种可回收、再利用资源的产业电商平台，将成为产业电商领域的明星平台。

8.2 循环产业诊断

8.2.1 循环经济发展的重要性

现代工业产品市场的增长以消耗大量的自然资源为基础。世界上发现的矿产种类近200种，其中铁的存量丰富，静态储量的保证年限在125～223年；而较为紧张的铜、铅、锌等静态储量的保证年限大约为20年。2014年我国工业产值占世界工业产值超过22%，已经连续几年超过美国，制造业净出口居世界第一位。按照国际标准工业分类，在22个大类中，我国在7个大类中名列第一，钢铁、水泥、汽车等220多种工业品产量居世界第一位。我国的自然资源短缺现象已经十分严重，其中人均拥有储量仅为世界的58%，位列第53位[①]。以GDP增长的速度来消耗自然资源，显然现有的储量远远不够支持GDP的连续增长。

传统经济是一种以"资源—产品—污染排放"方式单向流动的线性经济，其特征是"高开采、低利用、高排放"。由于部分自然资源是不可再生的，所以消耗不可再生资源的产业具有不可持续性。再生资源或回收利用是解决这个矛盾的关键。

---

① 智颖飙等. 我国矿产资源禀赋与静态储产比特征. 中国人口·资源与环境, 2010.

循环经济针对工业化运动以来线性经济的高消耗、高排放，是一种善待地球的经济发展模式。它把经济活动组织为"自然资源—产品和用品—再生资源"的封闭循环式流程，转化为"资源—产品—废弃物—资源"的闭环式经济系统，其特征是低开采、高利用、低排放，使经济系统和谐地融入到自然生态系统的物质循环过程中，在经济社会活动中实现资源消耗的减量化、产品的重复使用和再循环使用。循环经济发展有三个原则：减量化、再利用和资源化。再利用原则属于过程性控制方法，使产品尽可能以初始形式被反复使用，避免过早地变为垃圾，旨在提高产品的使用效率，延长产品的使用周期。[①]

　　"静脉产业"概念由日本学者提出。资源的开采、产品的生产与制造、流通与消费这些过程构成了物质的正向物流，也称之为"动脉流"；而废弃物的回收、拆解和分拣，以及最终的再处理构成了物质的逆向物流，也称之为"静脉流"。废弃物的回收、拆解和分拣，以及最终的再处理这三个步骤与流通、生产和开采资源相对应，是一种逆对称。第一产业的开采自然资源与在垃圾填埋场掩埋的最终处理过程逆对称，第二产业的生产制造与拆解和分拣的中间处理过程逆对称，第三产业的流通与回收也是逆对称的。[②]

　　"城市矿产"概念近年来开始在我国传播，是指工业化和城镇化过程中产生和蕴藏在各类废旧工业产品和废料中，存在的可循环利用的钢铁、有色金属、稀贵金属、塑料和橡胶等资源。随着自然资源的逐渐枯竭，城市矿产存量以废弃物形态不断增加，城市将是未来最大的资源集中地。工业革命以来，自然资源经过300多年的开采和利用，世界上80%可工业化利用的矿产资源已经从地下转移到地上，以垃圾的形式堆积在城市空间中的总量已达数千亿吨，并以每年100亿吨以上的速度增长。西方发达国家开发"城市矿产"已经成为新兴朝阳产业，其中美国每年产值高达数千亿美元。将城市矿产变废为宝，有效替代原生矿产资源，是未来支撑经济发展的重要战略资源。[③]

　　自然资源消耗的不断加剧，使得提高资源利用效率、提高再生资源回收利用比例、减少环境污染，成为目前我国经济增长的刚性约束。实施可持续发展，大力发

---

① 王克强，赵凯，刘红梅编. 资源与环境经济学. 上海：复旦大学出版社，2015.
② 李蔚娅，胡微. 中国城市静脉产业发展现状及对策研究. 北华航天工业学院学报，2014，24（3）：40-42.
③ 周永生，章昌平. 国内外"城市矿产"研究与实践综述. 学术论坛，2012，35（4）：118-124.

展循环经济，建设资源节约型和环境友好型的循环性社会，是我国大力发展循环经济的目标。2016年3月全国人大发布《中华人民共和国国民经济和社会发展第十三个五年（2016—2020年）规划纲要》，提倡发展绿色的生产方式和生活方式，大幅提高能源和资源开发利用效率，降低能源和水资源消耗，大幅减少主要污染物排放总量。其中的"第四十三章推进资源节约集约利用"明确提出要树立节约集约循环利用的资源观，推动资源利用方式的根本转变，加强全过程节约管理，大幅提高资源利用综合效益；其中的"第五节"为大力发展循环经济，"……健全再生资源回收利用网络，加强生活垃圾分类回收与再生资源回收的衔接"。

在我国，传统思想认为再生资源回收利用是一个主要依靠政府投资的行业。目前我国再生资源回收利用企业主要以民营为主，在灵活的经营机制下，这类企业普遍实现了盈利。但整个行业的规范化发展，需要现代化的企业组织和技术手段改进传统回收模式，同时要求政府在法律和政策上给予有力的支持。其中，废旧铅蓄电池回收就是一个具有代表性的再生铅产业。

8.2.2 我国铅循环经济发展概况

在全世界消费的铅中，大约有80%～85%用于铅酸蓄电池。近年来，虽然锂电池、镍氢电池等新能源电池发展迅速，但铅酸蓄电池因其安全性和性价比方面的优势，仍是目前市场主流。欧美日发达国家的废铅酸蓄电池回收率均超过90%，有的甚至接近100%。

我国再生资源大多处于个体散户回收的状态，整体上我国再生资源回收体系缺失，2014年我国废铅酸蓄电池理论报废量500万吨，但实际报废量仅有其70%左右，总量不到350万吨，原因在于蓄电池超期服役和正规回收体系的缺失，正规回收的比例不到30%。

废旧铅酸电池是《国家危险废物名录》中的49类危险废物之一。电池酸液未经处理直接流入自然环境，必然对自然环境造成极大污染。目前，铅酸电池在拆解过程中，大部分小型再生铅厂没有机械破碎设备，几乎都是人工粗放式拆解，也没有任何防污措施，致使酸液随意排放，导致地面腐蚀情况严重，也严重污染环境。

发展铅循环经济意义重大。我国作为全球最大的铅蓄电池生产国和出口国，铅蓄电池年产量约占全球总产量的40%左右，总产值达到近7000亿元。再生铅能耗仅为原生铅能耗的25.1%～31.4%，每生产1吨再生铅，可节约1360千克标准煤，减排固废98.7吨，节水208吨，减排二氧化硫0.66吨，大大减少铅废料对环境的污染和资源浪费。[①]

随着相关产业及环保政策陆续出台及实施、环保执法日益严格，预计我国再生铅循环产业的现有生态将逐步转向规范化运作模式，产业集中度将大幅提升。预计未来3～5年，大量中小型再生铅企业将被淘汰出局，产业整合持续深化，再生铅企业数量有望从200家缩减至10家以内，行业中将出现真正的再生铅生产龙头企业。

8.2.3 发达国家铅回收管理经验

发达国家对再生资源与环保要求的管理特点是建立政府监管下的"闭路循环"，构建严格的配套法律法规，并采用多种经济手段约束或刺激循环体系内的利益相关方，尤其在回收环节做出明确规定，保障废铅酸蓄电池的回收率。

例如，美国以电池回收法规对消费者、零售商、批发商等进行严格约束：消费者有责任将废电池返还给零售商、批发商或再生铅企业，禁止自行处理；零售商必须将回收电池交由批发商或再生铅企业；顾客在购买蓄电池时，需支付至少10美元的押金，退回废弃的相同型号的电池时，再取回押金，如果自购买新电池之日起30天内，顾客没有退还旧电池，则押金将归零售商所有；批发商也要求零售商必须以旧换新，时限为90天。政府对零售商、批发商等进行抽查，违反规定者将受到相应的处罚。如图8-3所示是美国铅酸蓄电池回收渠道示意图。[②]

总之，发达国家的管理策略是完善法律法规，形成蓄电池生产企业、用户、回收商、再生厂共同组成的"闭路"循环体系，对各方责任做出明确规定且奖罚分明。"闭路"循环模式的优点在于行业管理可以进行统一的信息化采集与数据汇总，最终形成对经济主体的约束或激励。

---

① 李家玲. 废铅酸蓄电池回收再生过程污染源分析及节能减排技术. 中国资源综合利用，2012，01(1)：40-42.
② 席暄，安克杰，陈志雪. 基于物联网的废铅蓄电池逆向物流回收体系的建立. 蓄电池，2017，54(2)：55-59.

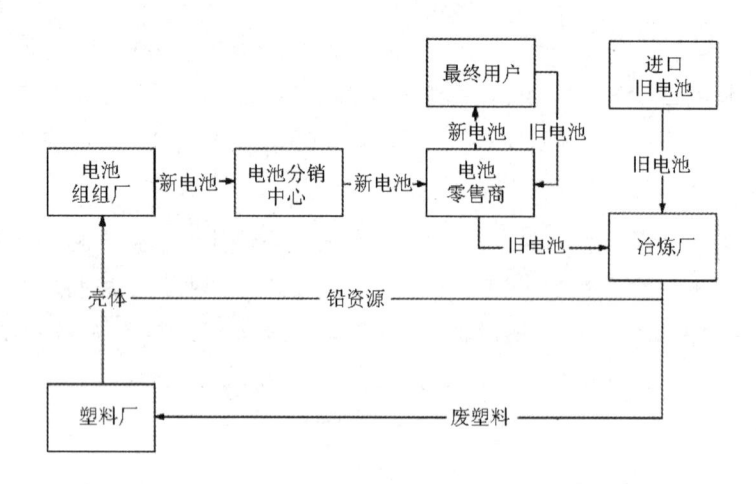

图 8-3 美国铅酸蓄电池回收渠道示意图

相比较，我国的现有法律法规中尚未给予铅回收以税收优惠，而正规企业在税收制度下与非正规企业竞争处于劣势地位，导致行业无税经营盛行，规范企业因此难以承担行业的生产责任。现有政策也不能限制回收及再生企业的废铅流向，不利于循环体系的建设。

可见，我国政府应当在产业规制上学习发达国家的经验，结合产业运营模式的发展，出台有利于向正规化方向发展的产业政策。例如，针对铅电池的零售环节，建立有效新旧电池交换网络，针对再生铅产业各环节，制定更严格的环保法规，对污染严重的再生铅企业实行重罚，直至追究法律责任。

8.3 铅循环产业供应链生态圈设计

8.3.1 生态圈核心价值

平台的供应链管理机制是产业级供应链生态圈价值的来源，可以从以下 4 个方面进行理解。

1. 产业链协同

产业链协同是铅循环产业供应链管理的核心机制，全产业链整体价值的提升来自于产业级生态圈的协同效应,是供应链生态圈的首要目标。

铅循环产业供应链生态圈的整体利益是指铅循环产业供应链中所有成员能够获得的全部利润,其他利益相关者还包括政府与普通消费者。产业供应链生态圈从全产业链的高度来协调整个供应链。

例如,在库存和终端价格方面,行业中多个核心企业(品牌电池厂商)存在直接的价格与市场份额竞争,核心企业之间彼此难以协调,导致企业在终端展开价格战、在供应链节点上进行库存备货,容易因"牛鞭效应"而形成较高的库存和资本占用率。在生态圈模式下,供应链管理平台可以直接接管两家及多家核心企业的库存,协调终端价格(但不形成价格同盟),最终可以明显改善库存水平与盈利状况,甚至可以直接大幅降低企业的营销成本和品牌成本。

可见,生态圈针对产业的整体利益,在协同关系下进行帕累托改进,在没有使任何人境况变坏的前提下,减小改革和推进创新的阻力。

2. 产业集群的优化和协同

铅循环产业供应链生态圈为精铅、电池产业集群的生态建设提供良好的基础。

供应链外包服务为铅电池产业聚焦提供集中化、一体化服务,在云库存、VMI、全链资金注入等供应链运作模式下,企业间的协同水平不断提高,形成良性的供应链协同运作的生态环境。

为降低成本,供应商、客户,甚至竞争对手都可以进行合作,共享信息、共享资源,协同与共享经济的效应,使得合作关系得到加强。

3. 铅循环产业供应链的服务外包

"外包"战略是供应链服务的市场基础和基本动机。在再生资源产业中,多数流程应当采取非核心业务外包战略,使得处理企业、资源生产和产业制造企业更多专注于产品的创新(研发)及市场营销(品牌)。一般来说,中小企业的人力资源、财务管理、广告、物流、采购等流程都可以进行外包。

"互联网+供应链管理"在传统行业的应用与普及,是近年来互联网技术广泛普及的结果,使得企业的管理流程实现模块化,企业原来不可储存、不可运输、不可交易的服务环节和流程,皆能够通过网络模式进行异地的储存、传递和交易,进而形成服务外包产业。这也是目前供应链服务企业大量出现的基础。

铅循环产业供应链服务企业以第三方角色介入供应链运营、提供供应链服务，服务众多中小企业，以服务外包的业务模式、以平台商业模式的方式，实现对再生资源的代理采购、结算，不断优化资源配置，改进业务流程，实现再生资源供应链在物流、商流、资金流、信息流等闭环集成运行，以提高整体效率，在流程层次实现跨企业的协同。

同时，外包服务逐步建立标准化的运作流程与模式，这是服务产业化发展的必然结果。在"互联网+"模式下，供应链外包服务企业接手企业外围的事务性流程，通过整合社会化的资源，实现跨企业流程，企业可以把精力用在客户、市场、专有能力的构建和核心战略上去，整合的最优水平是边际成本趋近于零。为了利于金融服务的导入，设计外包服务体系时要将所有流程有机地联系和匹配起来，数据与信息的管理要结构化，最终实现业务闭合化。

在铅循环产业中，众多产业链上的企业将非核心业务外包给供应链服务公司，从而形成一个典型的供应链服务场景。场景的效果体现为交易成本的降低、技术创新效率的提高和企业内部资源的优化配置。

8.3.2 铅循环供应链结构

1. 供应链结构示意图

从产业角度来看，供应链核心企业是电池厂（品牌厂商），其上游从消费者（投废者）开始，包括回收终端（小贩、回收店）、回收商（有资质）、加工厂（正规厂、非正规处理厂）、精铅厂；下游则包括品牌电池的分销网络，主要为代理商、卖场、店面。其中，两端是极度分散的（回收店、卖场销售），而精铅厂和电池厂则具有较大的产业集中度，也为供应链外包服务的构建提供了基础。

铅循环产业供应链结构示意图如图 8-4 所示。

在图 8-4 中，核心企业属品牌企业，具有较高的信用，是供应链信用的来源，而其他节点企业的信用与核心企业存在显著的差异。

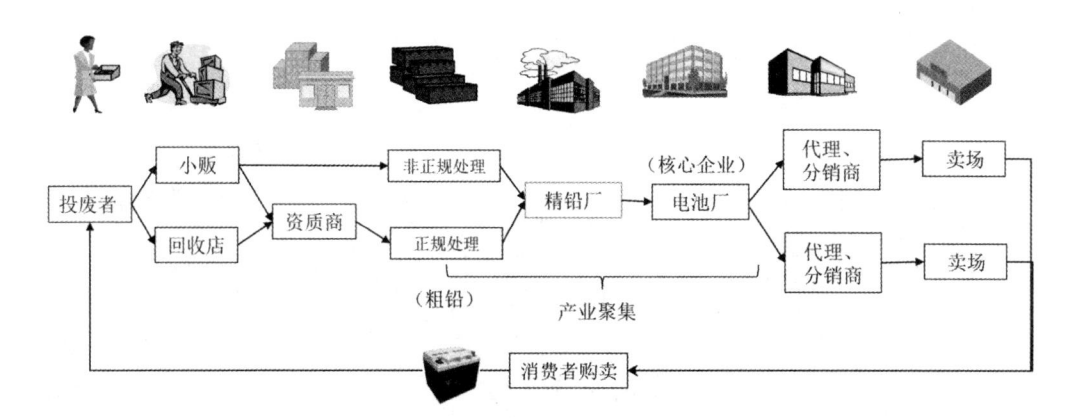

图 8-4　铅循环产业供应链结构示意图

2. 逆向物流特点

再生铅回收属于逆向物流，是产品从消费者向生产者的逆向流动，具体环节包括运输、流通加工、储存、装卸、包装和信息处理等，并且增加了转移、回收翻新、循环利用等环节。再生铅的逆向物流与电池的正向物流（销售物流）存在明显的不同。

（1）回收产品的不确定性

正向物流由生产者提供商品，再生铅回收由消费者提供产品，因此回收的产品、渠道和成本具有不确定性。

（2）起点的地理分散性

再生铅回收的起点是消费者，正向物流的起点是生产者。消费者的分布是发散的，缺少规律性。

（3）营销模式不同

正向物流的营销模式是将同质的商品销售给不同消费者，而回收的产品包装不一，质量参差不齐，营销效果不确定。

环境的压力和法律法规的约束也使逆向物流快速发展。逆向物流的对象是产品的运输物品、产品、包装材料，以及产品流通过程中产生的各种废弃物，将它们进行重用、改制、回收、翻新、无害化和资源化处理。再生铅回收的重点在于对产品或废弃物进行无害化和资源化处理，降低对环境的危害，甚至达到零污染，这是铅循环回收端的重点和难点。

8.3.3 生态圈客户价值设计

生态圈和多产业融合的模式正成为工业制造领域的主要创新模式。

供应链管理平台将客户、供应商、银行、物流公司等进行对接，实现物流仓储、库存管理、融资服务、生产外包、代理采购、分销等环节的电子商务化和信息化，形成社区型、服务高度外包的供应链管理平台，是一种革命性的创新，具体措施如下。

（1）降低供应链总成本

通过线上服务平台和线下回收服务体系的两线建设，将逐步改变传统回收"小、散、差"的状况，减少行业中间环节，使价格、供求信息更加透明化，同时有助于降低供应链总成本。通过价格激励机制，鼓励居民与企事业单位主动交出废品，实现线上信息流和线下物流的统一。

铅循环产业供应链生态圈的构建，相当于制定生产运营的规则和惯例，规则的执行可以避免制度性摩擦的高成本，大量减少反复沟通与谈判的程序，使得相关流程的操作更快速，信息的传递更畅通；最终可降低信用成本、沟通谈判成本、流程操作成本、合同监督执行成本和资金借用成本。

以上举措可有效优化供应链总成本。

（2）金融服务创新

供应链金融可以较好地解决传统企业融资难和融资贵的问题，跳出单个企业的局限，站在产业供应链全局和高度的角度，对所有成员企业进行融资安排，通过中小企业与核心企业的资信捆绑提供授信。围绕核心企业，管理上下游中小企业的资金流和物流，并把单个企业的不可控风险转变为供应链企业整体的可控风险，通过利益链条将风险控制在最低。供应链金融的实现既能有效解决产业链中的企业融资难题，又能保障信贷资金的安全。

（3）制定与推广铅回收行业标准与运营标准

生态圈的构建使得行业标准的制定与推广建立在规范的程序之上，生态圈成为宣传与监管标准执行的便利场所。同时，为对接各类运营机构，平台通过制定物流、供应链管理、信用评价、资产（如标准仓单）、物联网等运营规范，使得机构能以统一的接口和数据接入平台实现线上和线下资源的无缝衔接。

标准化可实现优化资源配置、建构行业大数据的目标，提高回收企业组织化水平、降低交易成本，最终提高产业链的整体管理水平。

（4）优化资源配置，产业链价值最大化

建立大数据信息收集平台，通过对商户、废物种类、进出线路、仓储配置等信息的收集，优化货运资源，做到进出货物点对点运输，全面降低综合物流成本，最终实现以电子商务为主导，配合线上银行结算、仓储、物流系统，为客户提供再生资源产品的线上和线下交易服务平台。

平台化的回收模式，使得线上和线下资源实现无缝衔接。利用互联网、大数据和云计算等现代信息技术和手段，为上游回收企业与下游拆解和利用企业搭建信息发布、代理采购和物流服务平台，提高回收企业组织化水平，降低交易成本，优化再生资源回收。

平台是一种新的经济模式，在"双边市场"模式下，参与机构通过使用平台使彼此受益，形成平台经济效应。供应链平台使产业链甚至产业生态圈中不同的企业进行合作，以网络方式实现共享信息，以整体实现降本增效和供应链生态圈的利益最大化。

（5）对接物联网应用，实现服务升级

构建生态圈的步骤与物联网进行深度结合可实现服务的升级。充分利用已有集散市场的线下资源，建立专供再生资源回收体系的物联网平台，实现废品的 GPS 实时跟踪，全程监管废品进园到入园拆解、交易，再到加工的整个过程，将真正实现行政部门和行业协会对该行业的智能化、可视化监管。

8.3.4 供应链运营问题分析

铅循环产业链的节点比较多，分为回收端、生产端（精炼铅、电池生产）和销售端。供应链运营的主要问题是环保与不确定性。

在回收端，铅循环产业供应链管理不仅是一种标准化的管理问题，而且也有着其行业的特殊性，其物流运作（包装、运输、储存）有危险品的操作规范和属性，所以针对回收行为的供应链操作，必须达到相应的行业标准，才能接入产业，比如铅蓄电池的容器标准化、车辆的标志与安全措施等。

供应链运营的不确定性主要体现为以下几点。

（1）逆向供应链起点的不确定性

逆向供应链的起点可以是数以万计的最终消费者，也可以是零售终端、分销端、制造末端和制造过程中的任何一个节点，只要有回收或退货，就会产生逆向供应链，所以逆向供应链产生的起点、时间和数量难以预见。

（2）回收产品数量的不确定性

逆向供应链需要回收的产品，其数量是由产品的质量、寿命、使用时间和使用环境等多种因素共同决定的，因此单位时间内的回收数量具有较大的弹性。

（3）回收产品的损坏情况和处理方法的不确定性

回收产品的损坏程度有轻有重，损坏的方式也各不相同，因此需要对其进行分类和检测，针对不同的情况采取不同的处理方法。

（4）需求的不确定性

目前，再生铅需求市场在时间和空间上存在较大的不可预测性，这就要求需求企业变被动为主动，减小再利用产品需求的随机性，即企业主动去订购废旧产品。

可见，不确定性对产业链的供应链管理能力提出了更高的要求，在现有核心企业管理不能打通整个产业链的情况下，B2B电商模式结合供应链管理平台，将成为整合铅循环行业、构建产业供应链生态圈的基础。

8.3.5 生态圈规划的关键因素

产业级供应链生态圈规划的关键因素包括以下几点。

1. 满足铅循环产业链中的融资需求

目前，再生资源行业以中小企业为主，找原料难和融资难是再生资源行业发展的两大难题。赊销是交易的主流方式，处于供应链中上游的供应商，很难通过传统的信贷方式获得银行的资金支持；而资金短缺又会直接影响其他环节的运作，甚至出现资金断链问题。维护供应链生态就必须提高供应链资金的充足性，供应链金融创新成为解决这个问题的重要方法。

2. 针对铅循环产业特点

平台经济的实现是基于电子信息技术快速发展而建立的，不见面的交易模式具有更低的成本，使得传统不可能的交易转变成可实现的交易。生态圈模式将极大地改变传统的营商模式（如熟人社会），将虚拟与现实有机地结合起来，以O2O、社群经济等模式来创新交易模式，形成新经济。

铅循环产业供应链生态圈的原理是通过契约、信息共享等协调方式，在平台上构建回收供应链各成员之间和部门之间的协调渠道和协调机制，共同消除逆向供应链协调障碍，消除逆向供应链中各成员、部门因目标不同而造成的利益冲突导致的负面效应和各环节中的不确定性，使整个回收供应链系统保持高效的运作效率，实现供应链整体利益最大化的目标。

3. 构建原则

供应链管理的核心机制是协同，生态圈需要遵循以下规则或原则。

（1）生态圈以协同供应链管理为核心

在协同机制的前提下，将生产端的产业集群和回收端的供应链共同管理，协同技术支撑，在信息共享、资源共享的基础上，从整个产业链上下游系统的全局出发，促进全产业供应链企业内部和外部协同发展，实现整个产业内的信息流、物流、资金流协同共享，整体统筹规划，在最短的时间内对外部变化做出迅速且适当的调整，以最小的成本实现最大的效率，从而实现产业供应链协同的企业价值最大化。

（2）生态圈是相对稳定的生态系统

供应链生态系统必须有固定的商业模式、运营机制和操作标准，平台是主要的构建模式，实现供应链协作管理规则和奖惩机制，确保整个供应链系统管理规则的实施执行，构建健康和谐的产业生态，这也是系统的目标之一。

（3）平台制定系统运营的标准

业务流程的协调需要构建标准化的业务模式与流程，即运营标准，为采购、物流、产品设计、开发、生产、分销和销售、售后服务和客户服务等各个环节设计合理的标准。更进一步，供应链生态圈将先进的理念和技术引入到供应链管理和运营中，可进一步提升竞争优势。

8.3.6 生态圈建设策略

生态圈搭建双边或多边平台，聚焦大量的供、需端用户，平台用户在平台上实现低成本、简便性的信息交换和业务撮合，双边市场参与主体通过平台获得"收益"。平台在铅循环产业发展中具有引领性作用。

生态圈实现以上目标需要实施的关键内容如下。

（1）生态圈的规模

平台经济的一个重要特点是：平台一方的参与主体越多，就越能吸引另一方的参与者，平台的规模也就越大，其实现交易的可能性、平台的规模效应也越明显。交易的增加一方面可增强用户的黏度，另一方面使得更多的用户将业务转移到平台上。在铅循环产业本身规模有限的前提下，如何在较短的时间内吸引大量的用户参与平台交易，且与其他竞争对手（传统模式）拉开差距，成为创建平台的关键。

（2）平台的核心竞争力

平台的核心竞争力也是平台的吸引力，即吸引各类用户参与的创新模式和稀缺资源。平台聚集与产业相关的信息资源、信用资源和创新资源，以标准、数据服务和金融创新等打造规模化交易、创新导向的平台。优良的物流服务商、低成本的资本提供方、专业的技术开发商等，是平台竞争力的构建要素之一。制定标准、提供大数据服务、实现金融创新是构建这类平台竞争力的主要方向。

（3）平台服务的全面化

作为产业级的服务平台，与铅循环产业相关的发展理念、新技术与新标准，都应在平台中实现。在平台模式下，外包不再只是借助单一的互联网技术，同时也将服务理念、服务内容、服务方式和服务效果进行反馈及改进等，用户可对服务流程的改进进行全过程的监管，平台最终实现服务的全面化。

（4）平台成为生态圈的维护者

生态发展模式是平台成功的一般路径。维护交易的公平、公正，监管交易成员的信用，平衡参与各方的利益关系，预防不发生系统性风险等，这些都是生态圈的重要使命。

总之，生态圈模式的成功，是商业模式、金融市场、开发技术和营销定位等一系列科学规划与运营的结果。

8.3.7 生态圈战略定位

1. 发展定位

再生资源产业升级是一次历史性的发展机遇。生态圈以金融科技为核心，制定运营标准，进行一体化数据管理和创新金融服务，建立铅循环产业供应链的信息化底层架构、标准化运营和管理底层架构、金融服务底层架构等，以支撑完善的供应链外包服务，最终发展成"产业综合服务平台"。

生态圈具有多种角色，是科技平台，是资源整合者，是运营标准制定者，是服务创新者，也是利益相关者的价值创造引擎。

下面结合找铅网的战略规划，介绍详细的设计内容。

2. 找铅网的供应链生态圈定位

找铅网的定位为"中国铅循环产业服务商"，其产业供应链生态圈结构如图8-5所示。

使命

以"技术、标准、金融"促进铅循环产业生态圈的效率提升与价值创造。

目标

帮助生态圈中的成员企业获得效率与质量的提升、资源与客户的共享，在生态系统中不断成长。

将铅循环产业生态圈打造成一个开放共享、协同高效、健康规范、创新繁荣的产业生态系统。

找铅网：中国铅循环产业服务商

- 产品交易
- 物流、监管
- 技术服务
- 网络社区
- 信用体系
- 投、融资

找铅网产业生态圈

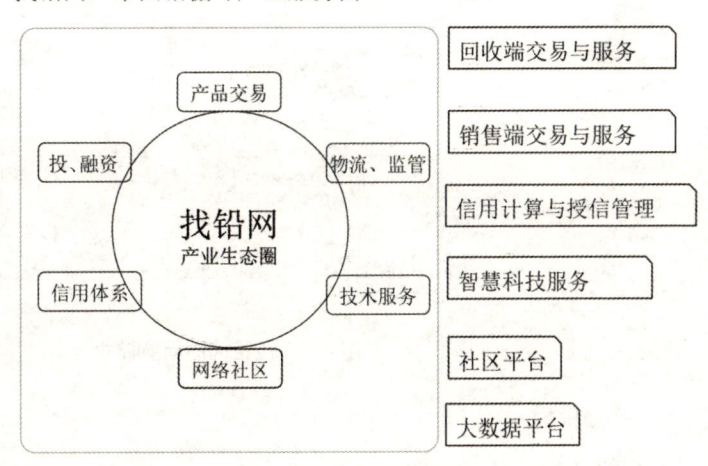

- 回收端交易与服务
- 销售端交易与服务
- 信用计算与授信管理
- 智慧科技服务
- 社区平台
- 大数据平台

图 8-5 找铅网产业供应链生态圈结构

在图 8-5 中，通过平台创新，建立多方共赢的生态圈。根据再生铅行业的融合发展特点，产业链中的企业不断整合交互，以共享资源、提高效率为基础，搭建产业联盟平台。同时，创建整合化的平台，实现本行业商业模式的变革，实现产业级的生态圈构建；基于生态圈分工协作，在产、供、销、研发等多个环节进行优化，形成良性博弈循环。

生态圈的发展目标是逐步建立互利共赢的运营模式。生态圈的制度和技术环境成为各行为主体选择的约束条件，而参与主体的创新活动又可以对已有的制度和技术环境进行改善，构成相互约束、不断进化的生态系统。

3. 供应链生态圈的整体商业模式

找铅网作为产业级的服务平台，通过运营标准、数据和金融创新的全面建设，搭建标准化的运营标准，包括物流接入、供应链外包、资金端、软件服务、行业监管等多种服务，提高供应链运营绩效，提升产业整体价值和更和谐的产业生态。

找铅网的商业模式如图 8-6 所示。

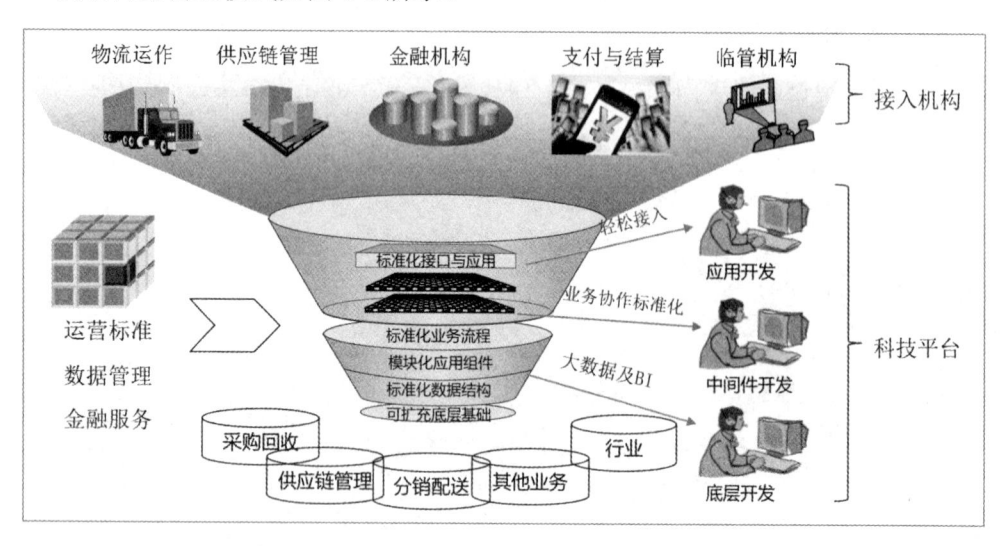

图 8-6 找铅网的商业模式

4. 核心价值

找铅网的核心价值如图 8-7 所示。

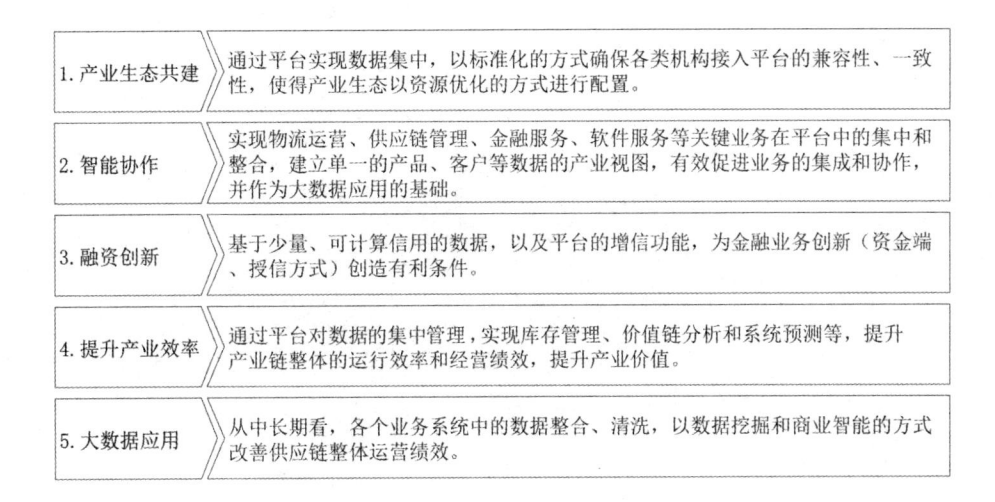

第 8 章 从理论到实践：循环产业供应链生态圈构造

1. 产业生态共建	通过平台实现数据集中，以标准化的方式确保各类机构接入平台的兼容性、一致性，使得产业生态以资源优化的方式进行配置。
2. 智能协作	实现物流运营、供应链管理、金融服务、软件服务等关键业务在平台中的集中和整合，建立单一的产品、客户等数据的产业视图，有效促进业务的集成和协作，并作为大数据应用的基础。
3. 融资创新	基于少量、可计算信用的数据，以及平台的增信功能，为金融业务创新（资金端、授信方式）创造有利条件。
4. 提升产业效率	通过平台对数据的集中管理，实现库存管理、价值链分析和系统预测等，提升产业链整体的运行效率和经营绩效，提升产业价值。
5. 大数据应用	从中长期看，各个业务系统中的数据整合、清洗，以数据挖掘和商业智能的方式改善供应链整体运营绩效。

图 8-7 找铅网的核心价值

8.3.8 发展规划

找铅网主要分三个步骤来实现可持续的平台创新能力，逐步迈向云平台，如图 8-8 所示。

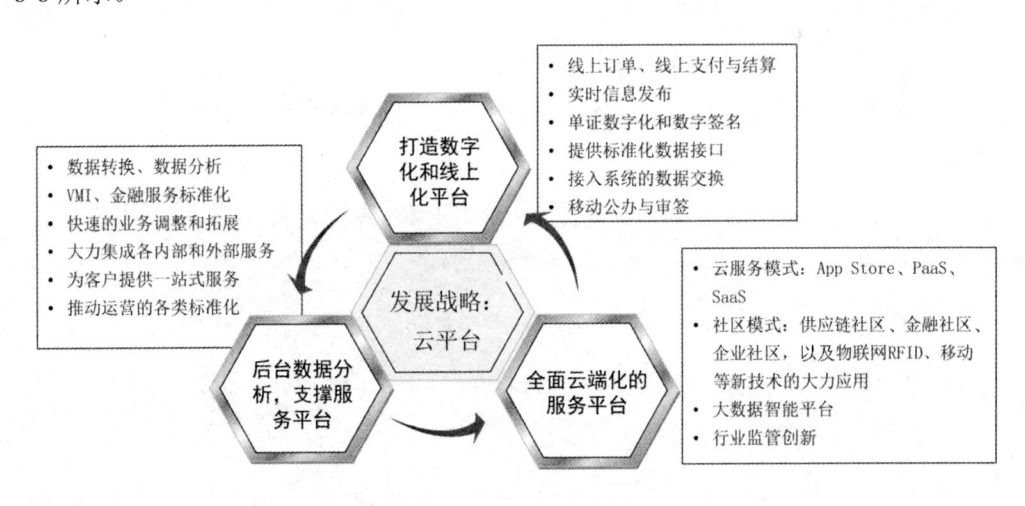

图 8-8 找铅网的发展规划

找铅网发展规划的三个步骤解释如下。

1. 打造数字化和线上化平台

创新回收交易模式，从底层开始推进行业健康生态的建立。在充分依托定点有信用、有资质的商户，布局覆盖区域、城市、街区、回收网点的基础上，建立交易电子商务平台，将回收交易终端进行深入，把废旧资源回收到线上，并转换为线上的虚拟货币或积分等，实现再生资源的"云回收"。

（1）线上订单、线上支付与结算：与店面的交易界面实现无纸化交易模式。

（2）实时信息发布：采用透明价格机制，使得投废人与店面获得更高的利益。

（3）单证数字化和数字签名：交易信用的保证。

（4）提供标准化数据接口：为建立后面的大数据做准备。

（5）接入系统的数据交换：与其他系统对接。

（6）移动公办与审签：流程自动化与无纸办公。

通过打造数字化和线上化平台，逐步改变传统回收"小、散、差"的状况，减少行业中间环节，使价格、供求信息更加透明化，有助于降低供应链总成本。

2. 后台数据分析，支撑服务平台

对系统和资源配置的优化，首先来自于后台数据的支持，平台结合商业智能BI，对数据进行进一步的筛选、分拣和预处理后，管理人员可用于优化配置。例如，库存管理、VMI、信用计算、配送最优化等，都需要使用系统的数据实现对线下业务的支持。

（1）数据转换、数据分析：结合业务规划的商业智能分析。

（2）VMI、金融服务标准化：利用大数据对库存、信用进行管理。

（3）快速的业务调整和拓展：利用分析结果指导业务运营。

（4）大力集成各内部和外部服务：完善系统功能，配置优化资源。

（5）为客户提供一站式服务：服务平台化。

（6）推动运营的各类标准化：运营标准及行业标准的推行。

平台标准化和数据管理使得平台具有垄断性，成为铅循环产业的首选接入平台。

3. 全面云端化的服务平台

利用互联网、大数据和云计算等现代信息技术和手段,实现云服务模式,包括 App Store、PaaS、SaaS 服务等。构建社区模式,如供应链社区、金融社区、企业社区,以及物联网 RFID、移动等新技术的大力应用,推动行业监管创新。

(1) 云服务模式:App Store、PaaS、SaaS。

(2) 社区模式:供应链社区、金融社区、企业社区,以及物联网 RFID、移动等新技术的大力应用。

(3) 大数据智能平台:更进一步的商业智能应用。

(4) 行业监管创新:辅助行业、政府实现监管职能。

8.3.9 生态圈发展对策分析

通过对以上内容进行分析,可以得到该项目的对策选择矩阵,如表 8-1 所示。

表 8-1 找铅网对策选择矩阵

	优势(S)	劣势(W)
机会 (O)	SO (1) 利用国家及地方倡导发展再生铅、环境保护等方面的政策,迅速导入项目,快速进行分期建设。 (2) 从线上、线下平台两方面共同发展,创新移动互联应用,构建多维度、多渠道创新的供应链运营模式。 (3) 充分发挥资本方的品牌优势和资本优势,强化品牌形象,统一企业标识,加速推进重点地区的回收布局。 (4) 借鉴国外发展经验,注重内在的差异化发展,不打价格战,不破坏行业生态,成功打造让多数参与者受益的生态模式。 (5) 引入其他战略级的资本方,配置项目发展所需要的关键战略资源	WO (1) 充分借鉴国内其他类似或相近的产业电商平台的成功经验,同时结合铅循环行业的实际情况,以发展项目的核心竞争力为优先目标。 (2) 在项目的运营过程中,注意平衡盈利性服务与非盈利性服务内容,引导产业的培育、发展与成熟阶段的发展模式;控制项目风险,为资本方获得合理的回报。 (3) 为实现创新性运营,引入高水平的营销与咨询团队,建立起点高、标准化的运营系统。 (4) 加强与上游产业集群区的合作,快速发展产业整合业务
威协 (T)	ST	WT

续表

优势（S）	劣势（W）
（1）利用项目的优势，发展共赢的交易模式，避免与小贩进行激烈的竞争。 （2）以市场信息来引导旧电池回收的正规化，并充分利用价格机制发挥其重要的导向作用。 （3）利用雄厚的资金优势与该项目的地区影响力，收购并整合行业优质资源，深化与重组铅循环产业链，快速推进有序竞争	（1）建设确定的业务重心、回收模式，并形成稳定的利益来源，保证收入的稳定性，稳中求胜。 （2）部分功能模块在需要专业能力的情况下，切忌轻率冒进，可分阶段实施，边做边摸索经验。 （3）利用国家的各项支持政策。 （4）引入"期货交易"制，减少价格波动风险

8.4 "互联网+回收"的产业电商模式

8.4.1 回收端概况

回收端的无序化是影响废铅蓄电池循环资源回收的源头问题和重要症结。回收渠道散乱，从业小贩对投废人价格歧视，小贩在市场上哄抬价格，使得大量资源流入非正规处理机构（粗铅厂），对环境造成污染，而正规的再生铅企业却出现原料采购困难、生产量上不去等问题。目前，我国非正规处理机构的再生铅产量大于正规企业的再生铅产量，直接导致税收损失每年近 150 亿元。[①]

废铅蓄电池回收对贮存、运输、回收、处置、利用等环节有着非常严格的规定。一块废铅蓄电池内含 74%的铅极板、20%的硫酸、6%的塑料辅助物，拆解不当会对人体造成损害，并对生态环境造成危害。我国废铅蓄电池正规回收比例约为 30%，根据全国铅酸蓄电池行业协会 2016 年统计的数据显示，全国铅酸蓄电池产量为 3.06 亿 kVAH，较去年增长 7%左右，2016 年废铅蓄电池产量高达 400 万吨，庞大的产业体量下存在巨大的隐患。

目前，全国有资质的废铅蓄电池回收企业仅 30 余家，平均每个省份不到一家。由于行业门槛较低，非正规的"小作坊"回收成本低，比正规机构更具有竞争力。而废铅蓄电池回收的点多、面广、量大，监管部门的单打独斗难以影响整个局面。

---

① 铅蓄电池："铅"言万语"蓄"回收之痛，长江有色金融网，2017-06-12.

正规回收企业经营成本高，在市场供应中缺乏谈价的优势，且环保措施、设备、技术等方面的投入加大了经营成本。另外，普通市民的环保意识较弱，在利益的驱使下，即便将废铅蓄电池卖给非正规渠道也没有认识到对环境造成的严重污染。

铅循环回收端的供应结构如图8-9所示。

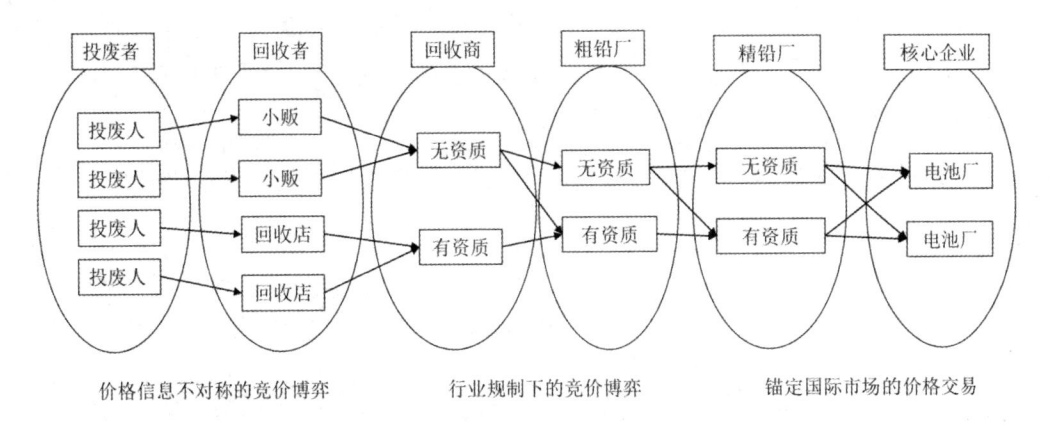

图 8-9 铅循环回收端的供应结构

在图 8-9 中，产业链中的交易对象存在三种价格博弈机制，构成铅循环产业供应链的总体结构。

（1）价格信息不对称的竞价博弈：相对于投废人，小贩具有信息优势。投废人难以得到准确的市场价格。

（2）行业规制下的竞价博弈：受行业规制的影响，非正规渠道具有成本优势，出价机制灵活，更容易获得货源；而正规机构处于竞争劣势。

（3）锚定国际市场的价格交易：我国国内的铅定价锚定国际市场的大宗交易价格，因为铅是期货市场和大宗商品交易市场的主要品种之一。可见，我国作为铅生产和铅利用的大国，由于市场交易的非标化和不集中，反而不具有定价权。

综上所述，铅循环回收端痛点如下。

（1）投废人：缺少价格信息，是价格接受者，谁出价高就卖给谁。

（2）店面：有服务优势，但缺少灵活的定价手段，有存货资金压力，需要频繁出货。

（3）正规粗铅厂：成本劣势，竞争劣势。个体商贩抬高废铅蓄电池收购价格，卖给无资质企业，小贩具有成本优势、近货源优势和价格弹性，无资质粗铅厂有成本优势，争夺废电池货源占优势（占 70%~80%），致使有资质的回收企业和再生铅企业处于"无饭可吃"的境地。

（4）公共福利：环境受到污染。无资质处理厂的工人随意粗放式拆解，无防污措施，酸液随意排放，地表腐蚀严重，对其他无回收价值的回废物随意丢弃或填埋，严重污染环境。

（5）行业监管：信息不畅，回收体系的相关法律法规缺失；多部门联合管理难度大。

在回收端的底层，小贩相对于回收店具有优势，因为小贩具有成本优势，在物理空间距离上更接近投废人，回收行为更具有比较优势，其结果为：投废者获得最低价，非正规机构的低成本获得更大的处理量，环境受到影响。

总之，作为世界上最大的铅蓄电池生产国和出口国，我国亟待建立规范的废铅蓄电池回收和再生网络。

8.4.2 "互联网+回收"模式

以回收端的成本与价格优势为基础，推进以电子商务为核心的互联网平台建设，充分结合供应链金融与产业资本的整合优势，打通上下游产业链。平台与供应链服务企业合作，通过服务外包运作的规范化，达到高效的供应链运营绩效水平，重视物流标准化与规范化建设，使之符合政府和行业监管的要求，成为铅循环产业生态圈的基础服务商。

"互联网+回收"模式如图 8-10 所示。

在图 8-10 中，"互联网+回收"模式创新废铅蓄电池回收交易新模式：循环产业电商平台 B2B+供应链服务云平台 O2O。铅循环产业供应链服务与供应链平台，形成完整的有机整体，二者定位明确、功能互补。

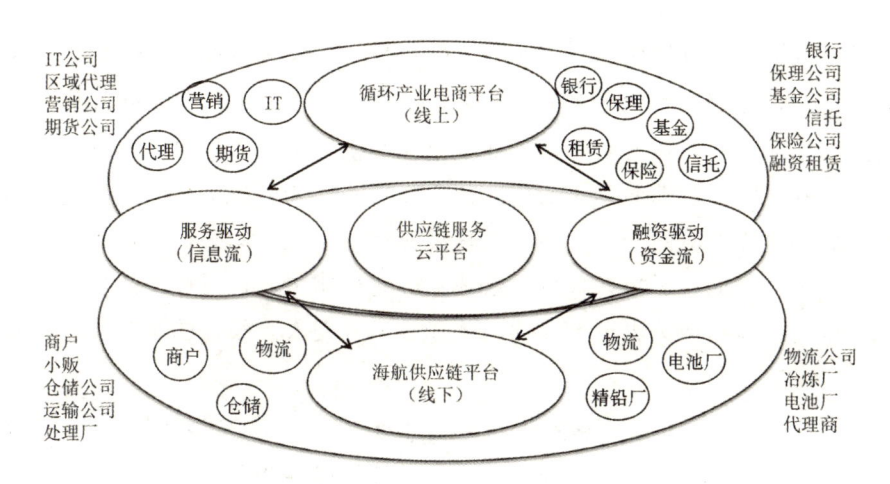

图 8-10 "互联网+回收"模式

8.4.3 "互联网+回收"产业发展展望

回收是废旧资源回收和综合利用的关键。我国城市矿产的回收体系建设进展十分缓慢，是发展循环经济的重要软肋，主因在于传统的回收模式不能支撑现代的商业模式。"互联网+回收"模式对于我国城市矿产的开发利用，将具有革命性的影响。

首先，"互联网+回收"模式突破了地理区域的限制，传统线下必须依靠特定地点、特点人群才能完成的回收，在互联网模式下足不出户就可以完成供需双方之间的交易，广大群众作为投废人和卖出人，拥有了充分的市场信息和议价权，可极大地激发民众的热情。

其次，将原来散乱的产业整合为供应链，线上、线下开始融合。传统回收链条冗长、效率低下，产业利润空间较小且分配不具有激励性。互联网平台的筛选机制可重组散户的组织化运作，使产业上游、下游整合而打通全产业链环节，真正建立闭合式的生态循环系统。

再次，正规化回收力量大为增强。传统回收的非正规化处理是污染环境的主因，使得再生物质多流入非正规化处理渠道。在互联网模式下，将逐步淘汰非正规机构，环保效益会得到极大的增强。

最后，平台模式使得循环产业组织化模式加强，从传统小、散、差的状态过度到系统化、规模化、可视化的回收模式中,并有望成为我国新兴朝阳产业。

但从技术角度看,再生资源的回收系统构建对于互联网回收运营商的专业化水平有极高的要求。运营商既负责全部线上电商和供应链服务外包平台的构建,又负责整合线下回收网点和业务操作的标准化。随着平台功能的丰富和回收资源的多样化,平台需要建立资源的分类、检测、评估等技术系统。同时,平台还需要发展金融服务,为平台内的各类机构提供更低成本的融资服务,这对运营商提出了更高的要求。平台运营商将成为大量专业化人才和技术开发人才聚焦的平台,将朝着技术服务型公司发展。

"互联网+回收"模式是网络时代发展的必然结果,是再生资源回收的主要模式。利用互联网建立电子商务模式,通过建立完整的报废铅酸蓄电池回收平台,利用报废铅酸电池回收的渠道,进一步促进报废铅酸电池回收快速发展,不仅可以加大铅酸电池回收力度,也可以减少环境的污染、节约资源,是未来铅循环产业的发展趋势。

从铅循环产业的发展趋势来看,国家将从多方向大力发展铅循环产业,推进企业的规模化、大型化,提高行业集中度,加快淘汰落后产能,包括鼓励研发和推广再生铅节能环保生产的新技术;鼓励采用无污染的再生铅生产技术,降低能耗,提高铅回收率;提高技术装备及其自动化水平,提高机械自动化水平,破碎分选采用机械化流水线作业等。

8.5 供应链管理设计

8.5.1 供应链外包服务、供应链管理与平台的关系

供应链外包服务、供应链管理与平台的整体模式如图8-11所示。

在图8-11中,作为铅循环产业的供应链外包服务提供者,供应链服务的核心功能是采购执行、分销执行,并为全链提供适当的供应链金融(基于存货、应收账款)。

供应链管理所形成的"四流"中的物流、资金流和商流在信息处理、共享中,与平台紧密结合,依据平台制定的标准,在平台的指挥下正确、有效地执行指令,

从而达到规范、高效的目标。场景运作的完善过程,也是整个供应链的优化过程,实现最低的成本、最高的效率,达到客户的利益最大化。

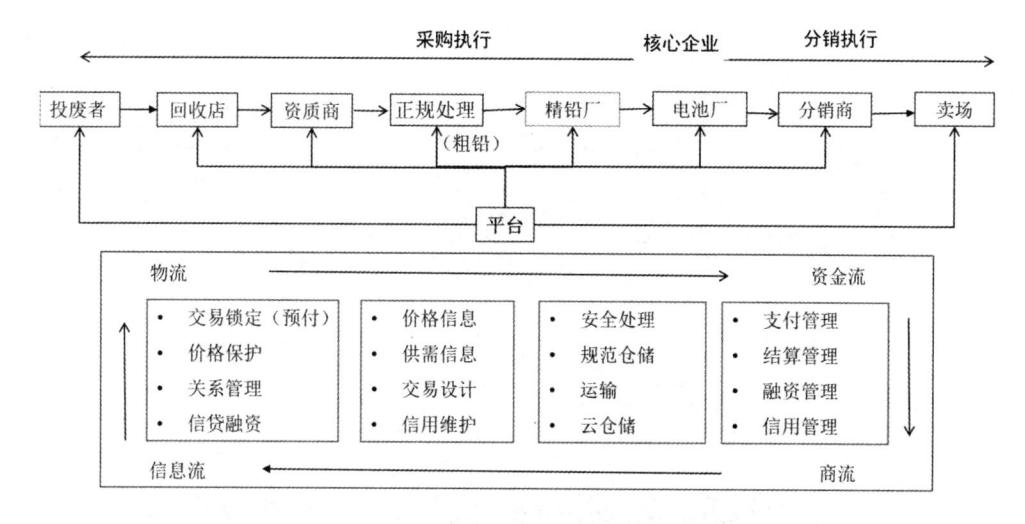

图 8-11 供应链外包服务、供应链管理与平台的整体模式

供应链外包服务以现场运作、具体操作、服务外包功能为主,可理解为线下服务。

平台是产业供应链运作的大脑,以标准制订、数据处理和金融创新服务为核心功能,为供应链服务的众多公司提供运作支持。

供应链外包服务与平台的关系是共赢的供应链协作,依据共享理念和基于互联网的信息共享与知识创新,使场景与平台密切交互,在信任、承诺和灵活性的基础上建立合作协同关系。

8.5.2 供应链外包服务内容

供应链外包服务内容主要包括以下核心功能。

1. 采购执行

回收过程由需求驱动,取决于上游企业的采购需求:粗铅厂需要采购旧电池,精铅厂需要采购粗铅。采购行为必然伴随物流、现金支付、价格谈判等服务,而这类服务外包给供应链服务来完成，即采购执行。

采购执行存在两种模式。

（1）供应链服务公司自主回收，积累到一定的量再销售给下游的粗铅厂。供应链服务公司由利润驱动，收得多，利润就多。

（2）供应链服务公司直接按下游粗铅厂或精铅厂的订单进行采购，价格采用合约价格，收取一定的服务费（如2%）。

采购执行模式如图8-12所示。

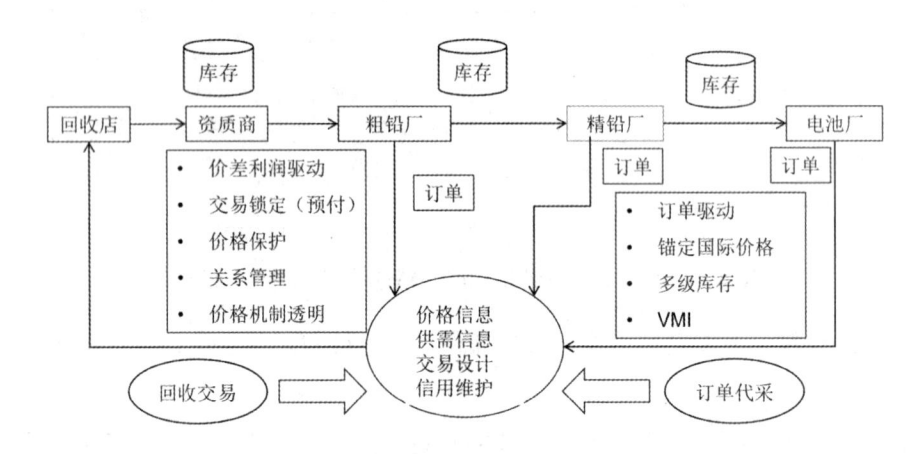

图8-12 采购执行模式

在图8-12中，采购执行服务的内涵为：根据企业的采购需求（订单），依托供应链外包服务企业的运营能力和资源整合能力，为采购方提供商务、物流、资金配套/结算及信息处理服务。

采购执行的服务价值为：采购的"一对多"简化为"一对一"，非核心业务外包，降低运营成本，提供执行效率，加快响应市场需求（配合VMI）。

采购执行适用于频繁采购、金额较大且上游企业不规范的情况。

（1）与小贩竞争，供应链外包服务公司采取的措施

① 交易锁定（预付）。

② 价格保护（一定时期内的最高价成交）。

③ 关系管理（吸引关注回收信息）。

④ 价格机制透明（给卖家准确的价格信息）。

（2）优势

① 资金优势（预支付）。

② 价格保护。

③ 物流成本（返程车为主的招标运输，线路优化）。

④ 营销。

（3）效果

① 降低上门频次。

② 减少中间环节。

③ 价格统一管理。

④ 实现集约化。

⑤ 扁平化。

2. 具体措施

（1）透明价格交易：依据电池型号确定价格，动态锚定国际铅价格，以透明价格争取卖家。

（2）点价：预付后，卖家可选择交易时间，规避了交易双方由于价格不稳定或结算等方面的原因引起的交易风险；交易执行期权（如三个月）为看涨期权。

（3）预支付：是核心功能，提前锁定交易。

（4）O2O：回收工作由物流公司上门完成，在预支付的情况下，降低了对流动回收商贩的依赖。

3. 分销执行

分销执行指电池成品从核心企业到消费者的分销过程，提供物流、金融及咨询等服务。分销执行的商业模式如图 8-13 所示。

在图 8-13 中，分销执行的内涵为：根据核心企业的销售计划，依托供应链外包服务企业的能力及资金量，利用深度分销渠道优势提供贯穿于整个销售执行过程的订单操作、物流配送、资金配套/结算及数据信息处理服务。

图 8-13 分销执行的商业模式

分销执行的服务价值是：减少销售渠道层次，简化营销事务操作，销售网点由当地库存配送，降低客户库存，缓解存货资金压力，提高资金周转率。

分销执行的适用场景是：分销渠道体系不完善、不稳定，覆盖不够广、不够深。

4．供应链库存管理

平台主要采用云库存管理模式，如图 8-14 所示。

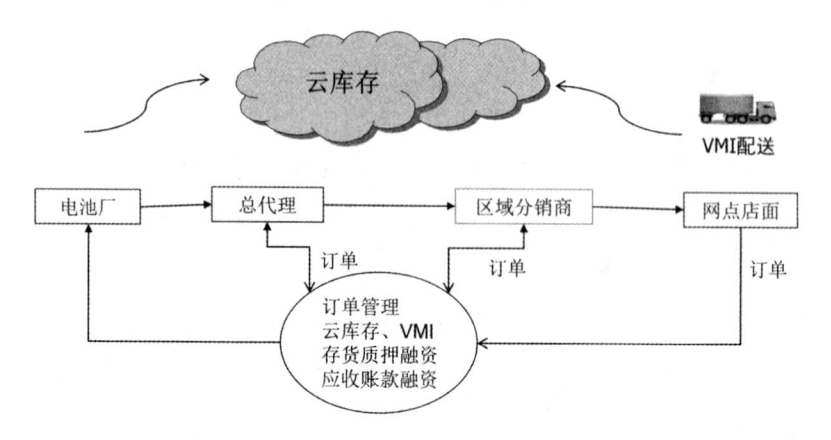

图 8-14 云库存管理模式

在图 8-14 中，在产业预售区与主要销售区建立标准仓库，由区域分销商负责对下游进行配送，供应链管理平台为其提供物流优化管理数据与运输调度管理模式。根据下游销售（库存）数据的变动进行动态库存管理，即 VMI。

云仓储服务平台的启用，实现了融资线上业务开展的高效性。仓库通过评级考核、定期现场审计、库存数据公开、单据规范化等一系列措施，采用标准仓单化来规范"人、货、仓"等关键要素，使得线上授信处理不受线下现实条件的制约，从而形成高效的闭环运作。线下标准服务是线上融资的基础，资金端在确认货物的真实安全、质押状态可控等情形下，线上融资审批与放款能够快速进行。

云仓储系统实现可视化、智能化，货物则采取"RFID 入库"的方式，同时对现场照片、视频等进行上传，实时与平台实现数据共享。通过视频的网络化，客户可实现对货物的远程查看、场所审查；若货物在途，也可以查看在途产品的型号和数量，以确保货物在途的安全性。

云仓储系统使得物理上隔离的仓储系统与线上化授信操作有机结合，进一步将现货交易、仓储系统、融资系统三大核心功能捆绑，实现一体化流程和业务的无缝衔接，线上、线下互动实现货物、资金的关联性、封闭化和实时化。授信（债项）所对应的质物，完全由线下系统来保证其真实性和有效性（质权的唯一性），以及质物可控性。

云仓储实现大范围内客户需求的统一管理，是传统仓库管理中割裂化和信息不畅问题的最优解决方案，可实现分仓库互联、仓库货主互联、仓库监控网络化、云终端实时信息查询和出入库手机短信提醒等功能，保障线上的高效和可靠。

5. 运输

产业链中存在多级库存。目前，我国铅蓄电池在广东、江苏、浙江、福建等地形成产业集群，设立标准化仓库，对企业进行 VMI 库存管理。

铅循环分级仓库与产运模式如图 8-15 所示。

在图 8-15 中，为提高运输和配送的效率，由平台实施统一的库存管理、指挥与调度，即所谓的"云库存"。各地仓库的废旧电池，用专业运输车运往产业集群地区，平台提供智能化的运输调度管理。

云仓库实现有效调度和统一管理，就近仓储下单、拣选配送，节省物流费用，提高配送效率，优化物资配置，优化从区域仓到产业区的运输。智能运输可实现更经济的运输组织。废旧电池的运输需要特殊的容器，并且运输车辆有相应的规定（防止泄漏），对回收、存储、运输、处理等各个环节之间的衔接要求较高。

运输成本是运营成本中占比最大的部分，所以构建智能运输服务平台（与外部平台合作）是现实的选择。智能运输服务平台采用 TMS 管理系统，在平台、承运商、货主之间实现无缝对接。货主端采用灵活的下单方式，可在移动端下单，系统立即自动报价，承运商可以竞价进行抢单，使得运输成本控制在合理的范围内。

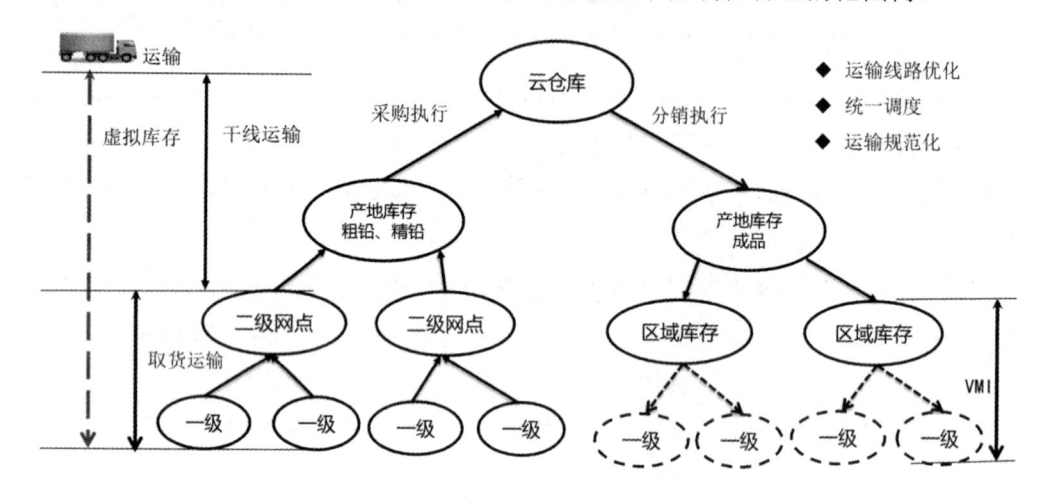

图 8-15　铅循环分级仓库与产运模式

货物在途安全是系统重点监管的环节，需要对承运商和承运工具的选择严格把关，制定承运商管理体系，重点在于消除安全隐患。承运商管理包括运输能力、客户满意度、服务表现等，根据考评实行优胜劣汰。在途车辆实现 APP 监控、GPS 调度。

降低空载率是降低运输成本的重要一环，重点针对线上业务匹配，为客户提供全方位、全天候的服务。

6．标准仓单管理

供应链服务需要提供标准化的服务，使得系统中能产生标准仓单，为仓单交易提供基础服务。

再生铅标准仓单服务模式如图 8-16 所示。

在图 8-16 中，仓单服务包括设置标准化仓库、对库存进行认证和质量检查、建立标准化的合同、执行严格的管理规定等。

依据主合同规定，银行、仓储企业、货主企业等签署仓储合同，形成标准仓单，明确规范货物交付后开具的仓单及仓单的用途、见仓单才能提货等。标准仓单的预约交货、安排入库流程（包括清点货物数量、称重、清点货物的品牌和规格、确定货位等）是仓单服务的主要内容。

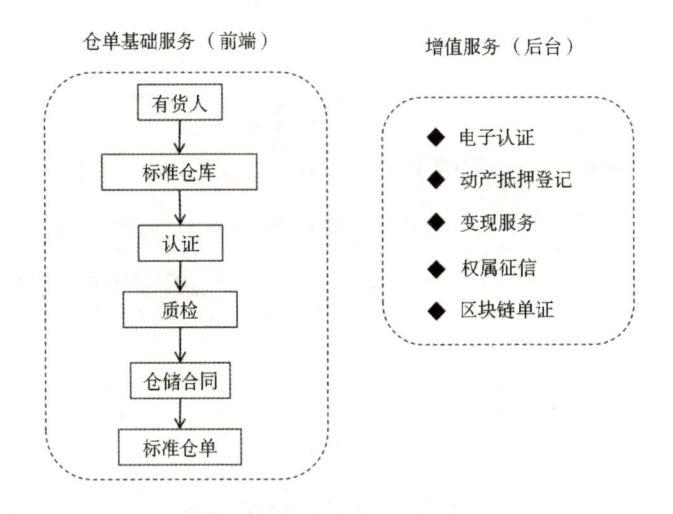

图 8-16 再生铅标准仓单服务模式

8.5.3 供应链外包服务发展策略

依据以上分析，供应链外包服务的具体发展建议如下。

（1）产地聚焦（产业集群区）：构建行业标准仓库，与行业龙头企业建立伙伴关系，实行生产 VMI 服务。

（2）回收服务网络（回收端）：建设覆盖全国主要人口聚焦区（城、乡）的服务网络，提供快速响应的速度型服务，以价格优势、资金优势迅速获得市场份额。

（3）分销网络（销售端）：选择产品使用率高、人口密度大、更替快的地区，构建区域 VMI 仓库，提高快速补货能力。

（4）标准仓单：构建精铅标准仓单，利用仓单在融资与交易方面的优势，形成再生铅的统一市场（交易平台），对接期货市场。

（5）循环产业扩张：供应链管理可快速扩张到其他循环产品和产业，如锂电池回收、铜回收、铅回收、废旧模具或设备回收。

8.6 找铅网核心功能与系统结构

找铅网三大核心功能如图 8-17 所示。

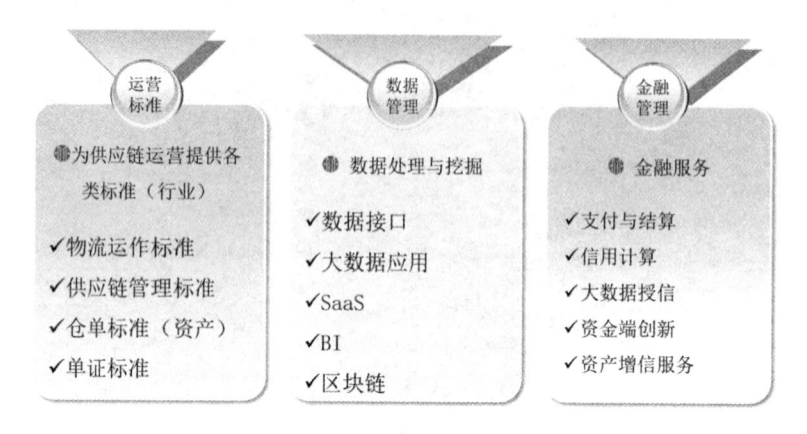

图 8-17 找铅网三大核心功能

找铅网以"运营标准、数据管理、金融管理"为核心功能，基于跨企业、分布式业务流程实现商业自动化，同时实现流程模块化、模块标准化，使得企业间的连接、用户的操作更加方便并减少操作失误，实现高效率的流程协同和信息集成。

8.6.1 核心功能之一：运营标准

平台为供应链运营提供各类标准（行业），包括物流运作标准、供应链管理标准、仓单标准（资产）、单证标准、流通加工标准和物联网监管标准等。

再生铅回收物流的特点如下。

（1）分散性：产生的地点、时间、质量和数量是难以预见的。

（2）缓慢性：废旧物资的收集和整理是一个较复杂的过程。

（3）混杂性：不同种类、不同状况的废旧物资常常是混杂在一起的，回收的产品在进入回收物流系统时往往难以划分。

（4）危险性：废品本身释放危险物质；在外力作用下，危险物是危险的；长时间存放存在一定的危险；规模上的危险性，存货越多越危险。

(5) 层次性：在回收系统中，商户密集的地区建立临时仓库（网点仓库）；一定的地理范围（行政区，如县、市）建立一个中转仓；再将全国各地的区域仓库的货物进行集中，运输到加工仓库（产业集群）。物流系统具有明显的层次结构。

针对以上特点，平台制订的物流运作标准如下。

1．仓储标准

(1) 选址标准：区域、产业聚焦地的仓库选址标准需要考虑行业标准。

(2) 建设标准：包括仓储设施的内部、道路（周边）、安防等标准。

(3) 仓库布局标准：为实现 VMI 运作所要符合的资源标准。

(4) 拣选标准、安全标准。

2．包装标准

(1) 托盘标准：装卸时所用托盘的标准，符合国家标准和行业标准。

(2) 容器标准：为防止泄漏所使用的容器标准。

3．运输标准

(1) 装载标准：不同规格、不同运输方式的标准。

(2) 线路规划：配送与干线运输时的计算机辅助线路规划。

(3) 车辆标准：车辆的标识、安全性及性能标准。

4．流通加工标准

(1) 处理标准：电池的粗加工环节处理标准。

(2) 安全标准：加工时的安全标准，包括防护、环境、排污等标准。

废弃物的回收物流，需要考虑仓库的覆盖半径，避免条块分割造成重复建设。在规划时，综合考虑各种资源的回收利用问题，对收集点、转运中心、分拣处理中心等进行合理布局。

5．供应链运营标准

供应链运营标准如图 8-18 所示。

区块链供应链金融

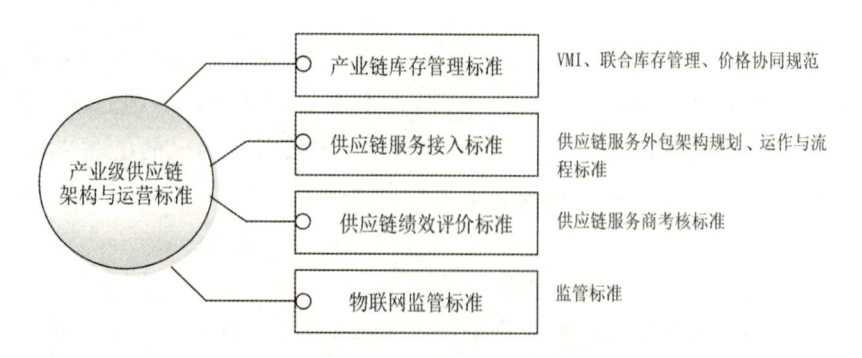

图 8-18 供应链运营标准

产业级供应链架构与运营标准主要是为管理参与供应链的其他机构而制定的。

以供应链绩效评价标准为例，包括定义评价标准指标的唯一性、一致性，将逐步形成的指标纳入一个规范的管理流程中，进行运营标准的更新、发布、使用和监督等工作，以及绩效标准的建立和维护、绩效标准的执行和绩效标准的管理考评。

供应链绩效评价体系如图 8-19 所示。

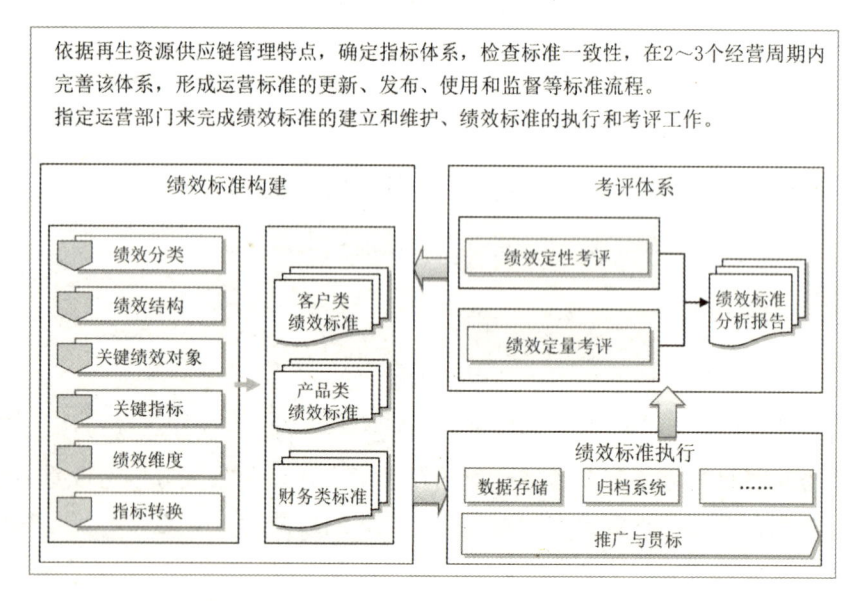

图 8-19 供应链绩效评价体系

6．物联网监管标准

物联网监管标准包括：交投服务体系（建立网络、电话及社区回收网点的综合

· 272 ·

全自动交投服务网络)、回收物流体系、全程可视化监管和监控追踪体系(实现交投、网点回收、物流中心仓储分拣、处置商处置等全程监控追踪)。

物联网的运用可将闭环供应链上的制造商、分销商、零售商、顾客、回收企业、再制造企业和危险废物处置中心等企业紧密联系在一起，使再制造服务的管理信息具有可标志性、可追溯性和可继承性等特征，在减小人工干预程度的同时，可有效加强对再生资源及再制造产品的控制、跟踪和决策，推动闭环供应链服务的集成化管理，进而提高闭环供应链企业的网络化、自动化和智能化水平。[①]

再生资源物联网监管体系如图 8-20 所示。

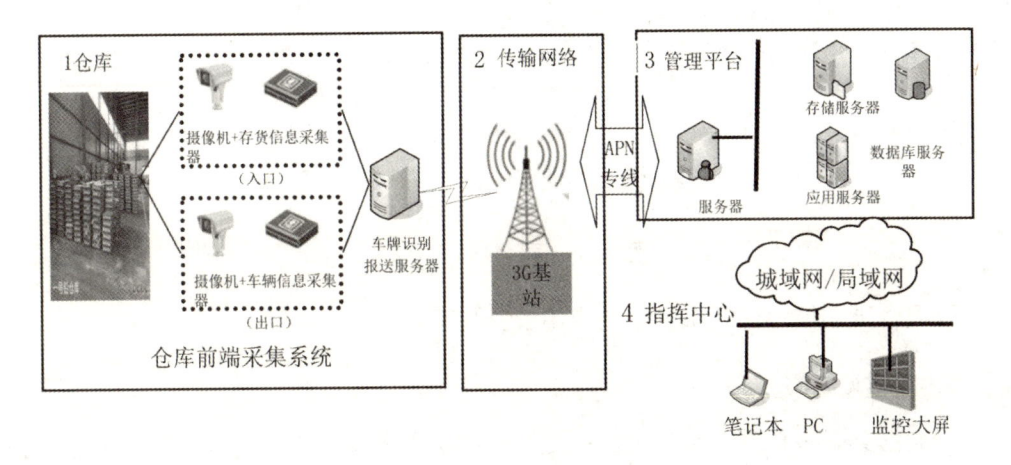

图 8-20 再生资源物联网监管体系

在图 8-20 中，监管体系的主要内容包括仓库前端采集系统、传输网络、管理平台和指挥中心。

8.6.2 核心功能之二：数据管理

平台基于大数据、云平台和移动互联网，实现物流、商流、资金流和信息流的"四流"合一。"四流"合一使得平台的商业模式从撮合交易（订单）扩展到提供采

[①] 唐燕，李健，张吉辉. 面向再制造的闭环供应链云制造服务平台设计. 计算机集成制造系统, 2012, 18 (7): 1554-1562.

购、物流、融资、成品销售服务等更深层次的服务，特别在形成各个环节实现增量的收益供应链后，企业与企业间的生存相关度变得越来越密切，能够实现长期的战略合作关系。

平台数据管理功能如图 8-21 所示。

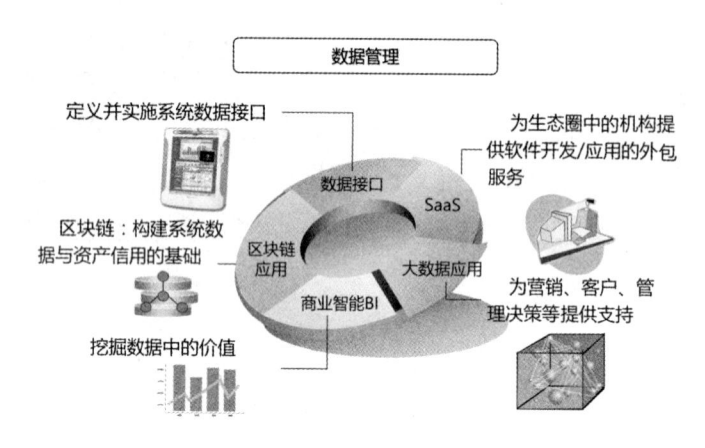

图 8-21　平台数据管理功能

数据管理功能中的几个典型的应用解释如下。

1. 大数据结构

大数据具有多样性，数据来源广泛，数据类型繁杂，首先需要对数据源进行抽取与集成，从中抽取关系和实体，经过关联和聚合后，采用统一定义的结构来存储这些数据。在数据集成和提取时需要对数据进行清洗，保证数据的质量和可信性。大数据资源的开发包括采集、传输、储存、梳理、分析等过程，形成软件和个性化解决方案，然后应用到相关的领域、行业和企业。而大数据的实时、感知和预测等特点可降低成本、缩短生产周期、提升效率、细分产品定位、优化流程和决策等。[1]

平台的大数据结构如图 8-22 所示。

在图 8-22 中，大数据在供应链管理中的应用，有利于更清晰地掌握库存量、订单完成率、物料及产品配送等情况，进而提高供应链反应速度、降低运营成本、优化库存。

---

[1] 孟小峰，慈祥. 大数据管理：概念、技术与挑战. 计算机研究与发展，2013-50（1）：146-169.

```
[回收店] [资质商] [粗铅厂] [精铅厂] [电池厂] [总代、分销] [卖场]

产品溯源应用              仓单信息              销售信息
✓ 供货人信息              ✓ 库存信息            ✓ 市场信息
✓ 物流信息（运输、库存）  ✓ 服务信息            ✓ 订货信息
✓ 加工信息                ✓ 增信信息            ✓ 补货信息
✓ RFID应用                ✓ 交易信息            ✓ 消费者反馈
✓ 交易信息                ✓ 检测信息            ✓ 互动、评论

[店面数据] [交收数据] [仓单数据] [物流数据] [销售订购数据] [消费回馈数据]
```

图 8-22　平台的大数据结构

以铅电池产品营销大数据为例，应用内容与效果如图 8-23 所示。

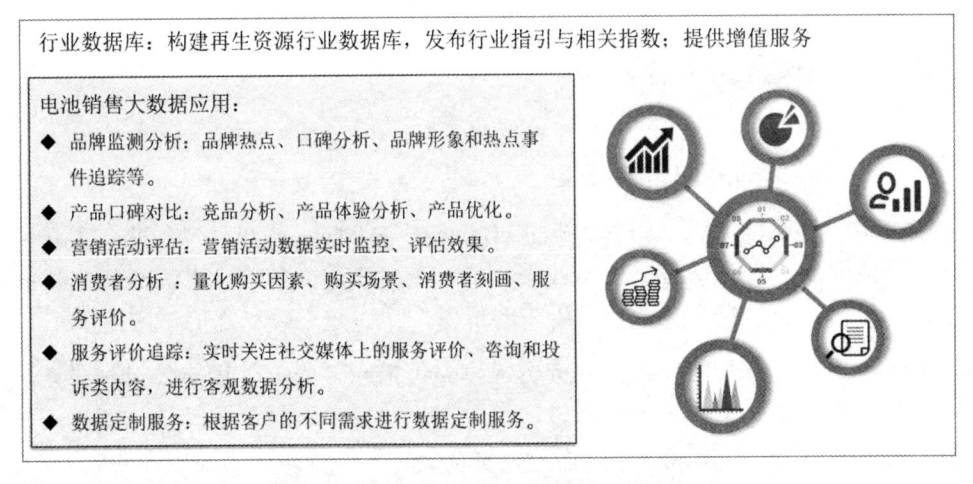

行业数据库：构建再生资源行业数据库，发布行业指引与相关指数；提供增值服务

电池销售大数据应用：
◆ 品牌监测分析：品牌热点、口碑分析、品牌形象和热点事件追踪等。
◆ 产品口碑对比：竞品分析、产品体验分析、产品优化。
◆ 营销活动评估：营销活动数据实时监控、评估效果。
◆ 消费者分析：量化购买因素、购买场景、消费者刻画、服务评价。
◆ 服务评价追踪：实时关注社交媒体上的服务评价、咨询和投诉类内容，进行客观数据分析。
◆ 数据定制服务：根据客户的不同需求进行数据定制服务。

图 8-23　铅电池营销大数据应用内容与效果

2．云计算与 SaaS 服务

平台为生态中的用户提供 SaaS 服务，以按需的形式交付，用户无须购买软件，改为租用方式，也不用维护软件，由平台提供全部的后台维护功能。对于小型企业来说，使用 SaaS 模式能够避免付出高昂的系统建造费用，节省系统维护成本。

云计算与 SaaS 服务的特点与效用如图 8-24 所示。

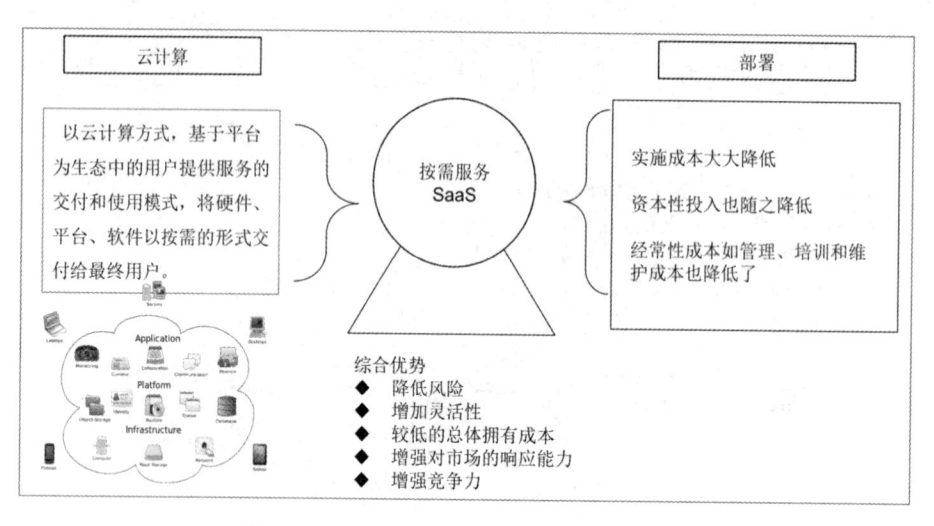

图 8-24　云计算与 SaaS 服务的特点与效用

8.6.3　找铅网系统架构

1．铅循环产业的关键驱动因素

在铅循环产业链中，不同企业的关键驱动因素不同，从而导致企业在平台中的位置、价值取向、产品服务、战略各不相同，平台必须为各类企业提供最大化的价值创新，使得企业能在平台中获得所需的价值，从而建立较稳定的生态圈关系。

平台是以第三方角色介入供应链运营、提供供应链服务外包的公司，服务众多中小企业，实现集中采购、集中销售、集中物流和集中结算等手段，不断优化资源配置，改进业务流程，实现物流、商流、资金流、信息流闭环集成运行的高效模式，在流程层次实现跨企业的协同，获得更高的效率。

铅循环产业关键驱动因素的结构如图 8-25 所示。

2．平台的关键目标

平台化的创新模式，通过对信息流、废物流、资金流的控制，从回收、运输、交易、处理、利用等环节，将回收商、运输者、交易商、处理企业直到新用户等连成一个整体的功能网链结构。

平台是连接回收商到新用户的逆向物流链、信息链、资金链，同时也是一条增值链，废旧物质在供应链上因加工、运输等过程而增加其价值，从而实现再生资源循环利用的价值。

		门店回收商	资质回收商	回收者处理者	精铅厂利废者	电池厂生产商	消费者
关键驱动因素		• 合理的回收价 • 价格信息 • 新电池供应保证	• 合理的价差 • 供求信息 • 仓储与运输合规	• 有利润空间 • 定价权 • 规模效应	• 现金流 • 存货周转效率 • 成本降低	• 稳定供应 • 存货周转效率 • 成本降低	• 品牌 • 产品研发 • 终端需求获取
业务发展	客户	稳定的交易关系	规模与价差	规模扩大	规模扩大与服务	知名品牌，行业领先者	客户满意度和忠诚度的提升
	产品服务	预付与价格保护	利润导向	规模化采购与服务	云仓与金融服务	云仓与金融服务	新产品快速上市
管理提升需求	运营	回收与物流服务信用管理	回收与物流服务管理	代理代购规模上升	库存减少，成本降低库存管理/融资	库存减少，成本降低库存管理/融资	社区服务
	信息与IT	信用、关系管理	代收、物流管理	采购流程管理	供应管理、信用管理、物流管理	供应管理、信用管理、物流管理	准确的市场预测
	财务	价格管理现金流管理	价差管理现金流管理	采购成本降低	融资成本降低	推迟账期提前回款	资金运用的高效和保险全面
	组织	互联网营销	价值管理	跨企业组织	云平台服务	云平台服务	云平台服务

图 8-25　铅循环产业关键驱动因素的结构

平台的关键目标如图 8-26 所示。

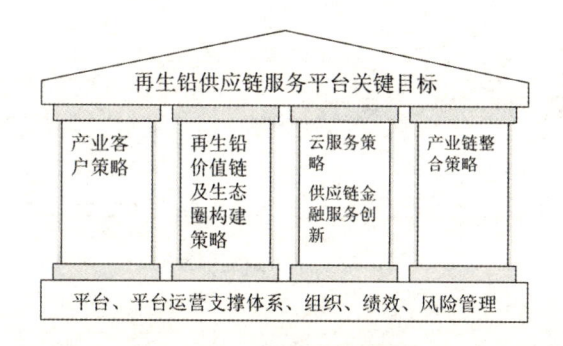

图 8-26　平台的关键目标

（1）"四流"合一，以回收端的交易结构、产业端的物流与金融服务为基础，基于产业互联网技术，建立铅循环产业供应链生态圈。

（2）打造 100 亿级云平台，优化盈利模式，提高增值服务收益。

（3）打造基于全产业链的云服务模式，不断丰富创新的服务内容，树立平台级的竞争壁垒，使平台难以复制和模仿。

为实现上述目标，平台需要构建四大支柱策略和平台支撑体系。

（1）四大支柱策略：产业客户策略、再生铅价值链及生态圈构建策略、云服务策略及供应链金融服务创新策略、产业链整合策略。

（2）平台支撑体系：平台、平台运营支撑体系、组织、绩效、风险管理。

以上因素的相互协同是确保关键目标得以落地实现的战略性举措，也是未来围绕供应链金融实现产业整合、服务创新的基础。

3. 应用架构

平台为各类机构及用户提供入口，依据不用的用户类别配置相应的应用模块。平台的应用架构如图 8-27 所示。

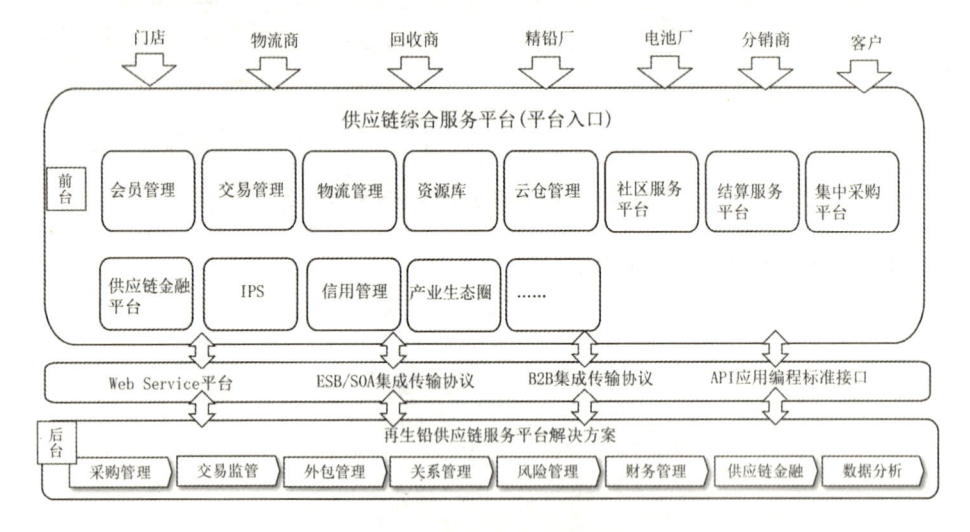

图 8-27 平台的应用架构

4. 技术架构

作为产业级的平台，应根据产业制造模式及服务的需求，结合互联网和企业 ERP（核心企业、分销企业），以"混合云"服务模式为基础，结合云计算、物联网等构建平台，实现海量信息处理和数据挖掘功能，支持行业监管需求、产业升级要求（如中国制造 2025 规划），不断优化应用，建设面向再制造的闭环供应链云制造系统模板工程。[①]

[①] 唐燕, 李健, 张吉辉. 面向再制造的闭环供应链云制造服务平台设计. 计算机集成制造系统, 2012, 18（7）: 1554-1562.

在物联网应用方面，仓储服务区设置 RFID 应用，实现数据资源采集的自动化、建立紧凑型无线和有线传感系统，实现自动化作业、实时监控及调度优化。

平台的商业智能，基于收集的各类基础数据、业务数据、决策数据的元数据体系，支持生态圈内部管理人员、上下游企业管理人员、生态圈外其他企业和消费者进行自主访问。

平台提供强大的分类信息推送服务。在技术架构上，应用模式进行虚拟化封装、管理和部署，有助于降低平台架构的复杂性。

平台技术架构如图 8-28 所示。

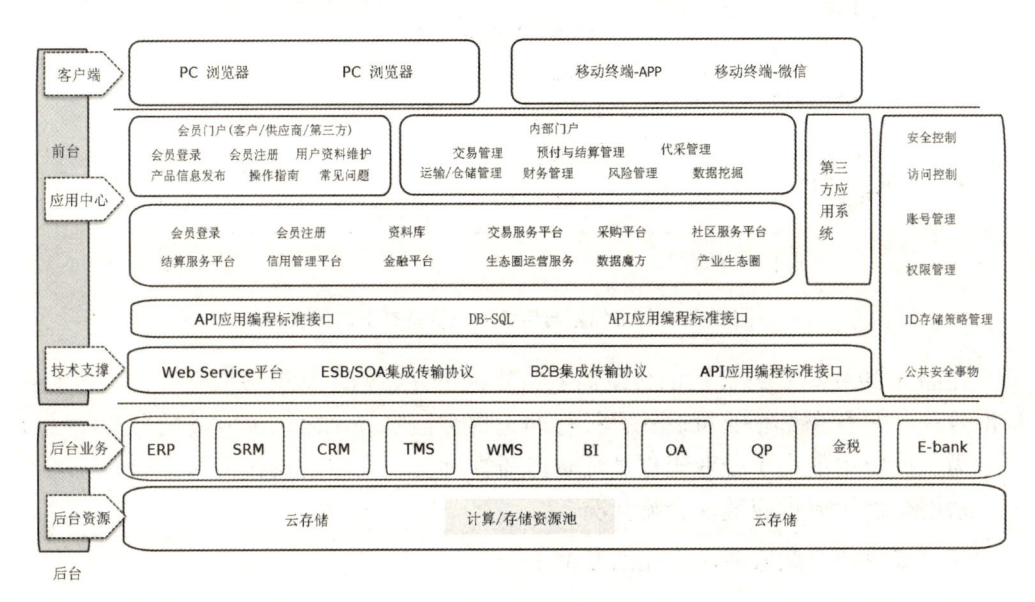

图 8-28　平台技术架构

8.7 找铅网金融服务创新

8.7.1 金融服务的内容

提供完善的金融服务是生态系统的一项核心功能。

供应链核心企业、供应商和分销商/渠道商为金融服务需求方，而以商业银行为代表的金融机构等是资金提供方，其活动所依赖的制度和技术环境，由找铅网中的供应链金融服务平台提供。

生态圈融资创新与传统商业信贷融资相比较，两者的区别如图 8-29 所示。

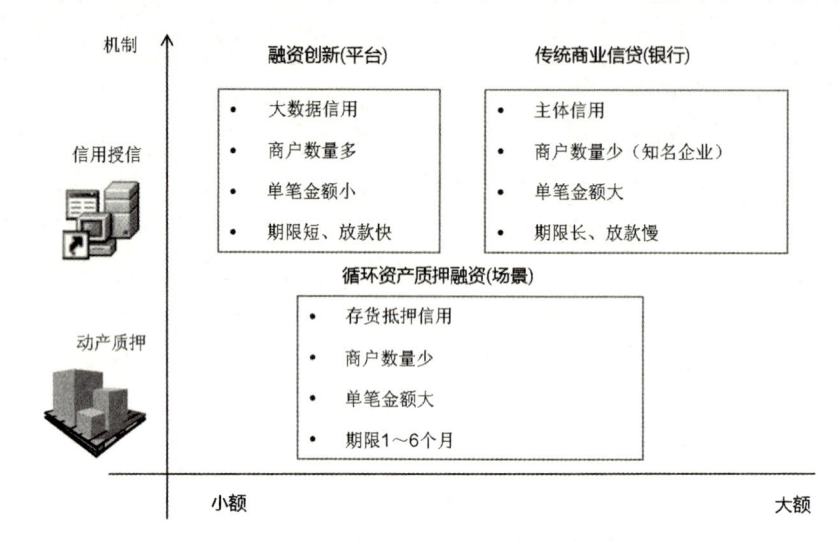

图 8-29　融资创新与传统商业信贷融资的比较

在图 8-29 中，银行提供的传统商业信贷采用静态的主体财务信用评价，要求的标准较高，只有少量企业可以获得银行的正规金融服务。而在供应链场景下，平台可以为供应链中的中小企业提供循环资产质押融资、大数据模式下的小额信贷服务等，从而全面缓解供应链现金流状况。

平台提供的金融服务内容如图 8-30 所示。

金融服务内容

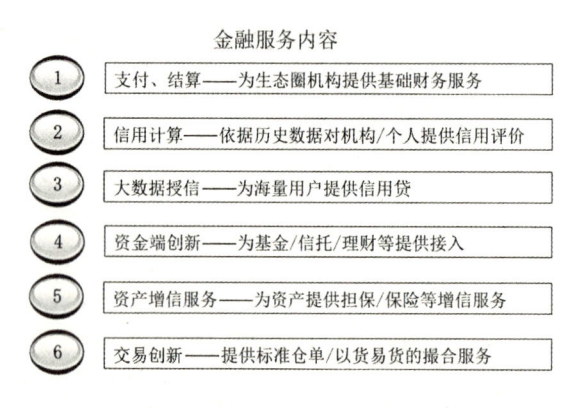

① 支付、结算——为生态圈机构提供基础财务服务
② 信用计算——依据历史数据对机构/个人提供信用评价
③ 大数据授信——为海量用户提供信用贷
④ 资金端创新——为基金/信托/理财等提供接入
⑤ 资产增信服务——为资产提供担保/保险等增信服务
⑥ 交易创新——提供标准仓单/以货易货的撮合服务

图 8-30　平台提供的金融服务内容

图 8-30 中的服务内容解释如下。

8.7.2 支付、结算

打通线上和线下，使供应商、客户、服务商等机构的全渠道实现支付、结算的无缝连接，成为生态圈金融服务的基础。整合线上和线下渠道，实现统一的金融服务管理，支付、结算也是获得系统大数据的主要路径。

支付、结算的应用模式如图 8-31 所示。

综合金融服务的系统服务

图 8-31 支付、结算的应用模式

8.7.3 信用计算：信用贷

以对商户的小额授信为例，前端铅蓄电池回收体系内有 60 万家商户，采集商户的各项数据与回收系统内的交易数据并以此为基础，提供科学的信用风险评估手段，对 60 万家商户进行授信，有效控制废旧电池的源头。

其应用模式如图 8-32 所示。

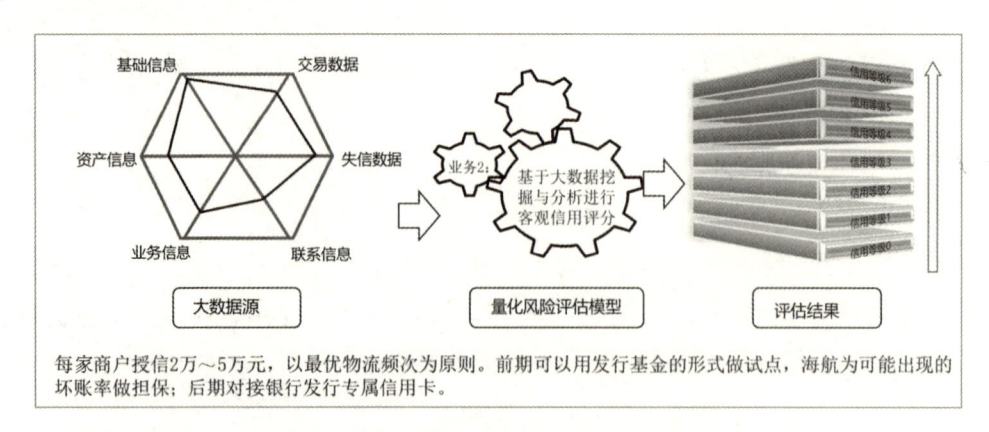

图 8-32 基于大数据信用计算的信用贷应用模式

在图 8-32 中，为确保供应链生态运行风险可控、科学有效，数据分析成为信用管理与风险管理的有力工具。通过数据计算对授信对象进行风险识别，通过平台实现资金的封闭管理，即自偿性，运用互联网进行垂直化管理，平台业务从头至尾形成闭环，大大降低了风险。为达到更高水平的风控设计，系统按风险性与收益性的偏好进行配置。

供应链的运作状况是银行授信的基础，其中核心企业的信用水平高低具有重要意义，是其他中小企业信用评级与债项评级的重要依据。另外，供应链金融是以自偿性融资为基础的，要重视对交易双方企业背景的审查，确保真实交易，并将债务人的信用评级与融资业务（债项）的评级结合，提高债项评级权重。

8.7.4 大数据授信：预付款授信

项目的商户预付款融资，主要针对个体商户，具有以下特点。

（1）资金需求方规模相对小、市场分散。

（2）融资期限短；无抵押，资产不标准；额度低，借款周期短，交易频繁。

（3）信息化程度低，贷后管理难度大。

项目供应端的动产融资主要针对中小企业，具有以下特点。

（1）根据产业特点，行业分散度可能较高，随时都有企业开张和倒闭，不确定性高。

（2）产品种类相对较少，标准化程度不高，价格波动大。

对于数据采集、数据分析和数据评级授信业务，通过给供应链上下游客户进行信用评级授信的服务，获取第三方数据进行对接，从中抓取客户的历史交易数据、工商数据、信用记录等数据进行清洗和分析，通过多维度数据风控评级模型，对客户进行评级并生成一份可靠的评级报告，再把评级报告和授信额度建议批量化提供给诸如银行、小贷、P2P等资金方。

区别于传统授信流程，平台定位为以数据处理为核心的技术服务，将数据进行采集、清洗、分析、处理，然后进行风控定价，并与具有上下游数据积累的核心企业合作，通过不同的第三方系统对中小微企业的数据进行抓取。同时，平台也与多家征信公司进行合作，对用户的贷款记录、逾期记录、信用卡等网上交易数据进行准确挖掘，通过平台风控模型和专业风控团队的审核验证，在线上生成具有高可信度的风控评级报告。

大数据授信流程如图8-33所示。

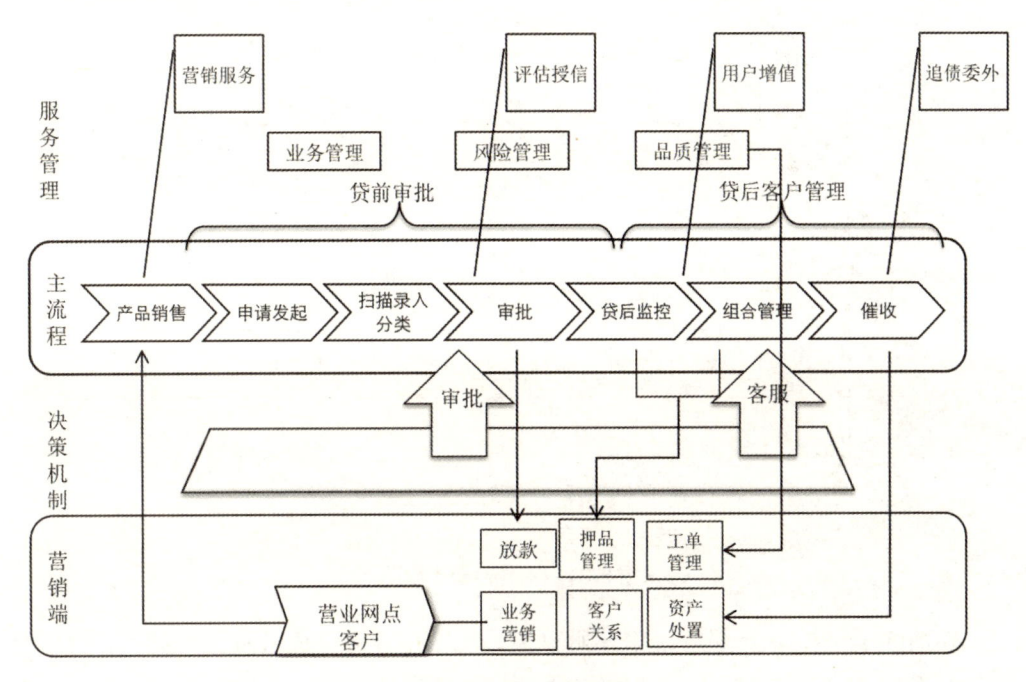

图8-33 大数据授信流程

8.7.5 资金端创新、资产增信服务、交易创新

平台中的大量小型机构属于交易型客户（非战略型客户），风控的关键在于管控以下参数：流程业务的闭合性、测算客户的收入满足自偿性（满足率）、流程的全过程可控、数据相互可验证、主体的基础信用达到最低标准，对高信用客户主要通过信用进行控制。

为扩大资金端的接入数量，平台将对接多种资金端，实现充足的资金供应。近年来，"互联网+金融"模式创新了资金的提供方式，拓展了中小企业的融资渠道，更好地满足了创新型企业的需求，包括互联网支付、网络信贷、股权众筹融资、互联网基金销售、互联网保险和互联网信托等。

对于交易创新方式，系统将制订"以物易物（以货易货）"的标准，从而在产业中实现无须金融媒介的商业交易。

交易创新示意图如图 8-34 所示。

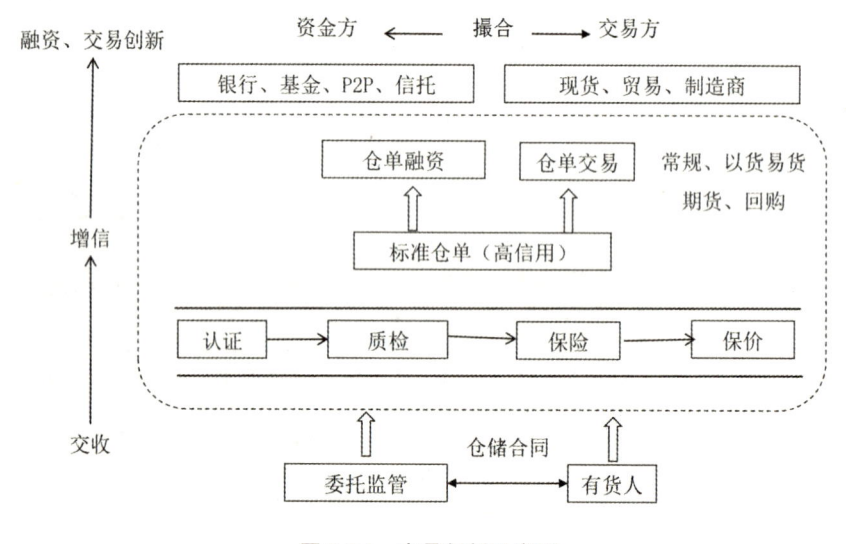

图 8-34 交易创新示意图

在图 8-34 中，供应链在充分掌握上游、下游企业的全面数据的基础上，提供短期的金融服务，可以更好地适应周转快、反复信贷的特点，供应链金融对产业集群的发展也具有积极的促进作用。供应链金融在供应链结构的基础上进行融资设计，

以显著的成绩改进企业的流动性融资，降低融资成本，盘活存货上的资金，促进供应关系的改进。

8.7.6 循环动产质押融资

在全产业链的运作过程中，会产生一些类别的动产，是开展供应链金融的基础。供应链结构中的动产如图 8-35 所示。

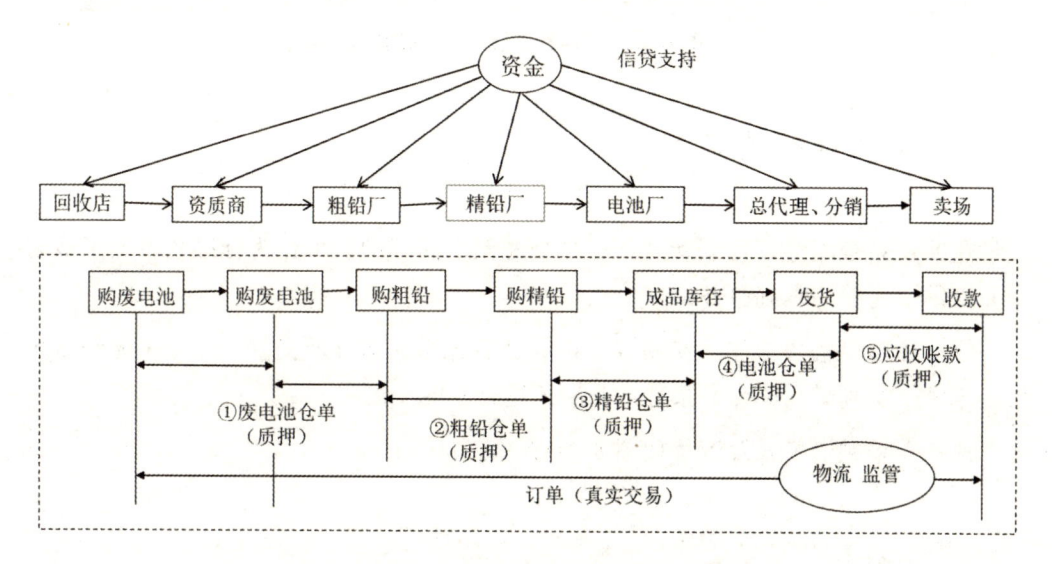

图 8-35 铅循环产业链结构中的动产

在图 8-35 中，动产质押场景具有多样化的特点，需要风险定价和信用管理的融资服务创新，依赖于供应链金融服务平台的技术创新来完成。其中，循环动产质押融资（场景）模式，可采用"厂商银"、"融通仓"等模式。

仓库管理与动产融资密切结合，其运作模式如图 8-36 所示。

在图 8-36 中，动产由云仓管理，有利于实施上游、下游交易结构中的循环动产质押融资。在分销网络中，对下游节点企业的库存接管，易于实施"厂、商、银"等融资模式。

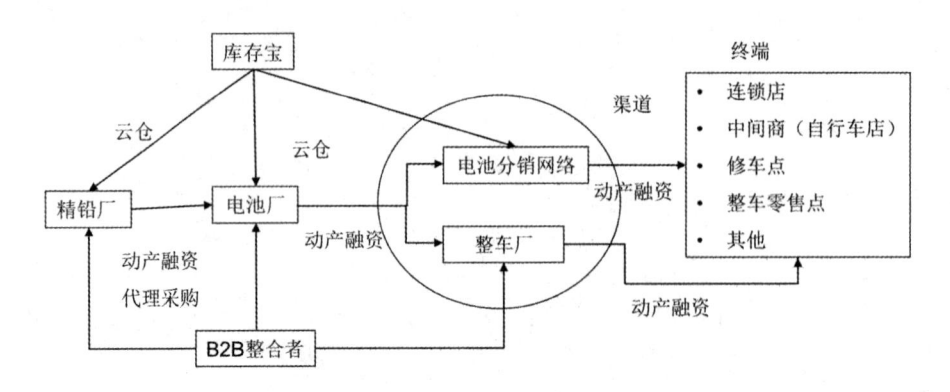

图 8-36　库存管理与动产融资模式

8.7.7　期货仓单融资

仓单是系统库存管理创新之一,是金融创新的基础。平台为标准仓单的形成与交易提供了完善的基础服务。

以期货仓单融资为例,交易双方在成交后并不立即办理交割,而是事先约定价格、金融、交割时间等交易条件,到期才进行实际交割。

期货仓单融资模式及流程如图 8-37 所示。

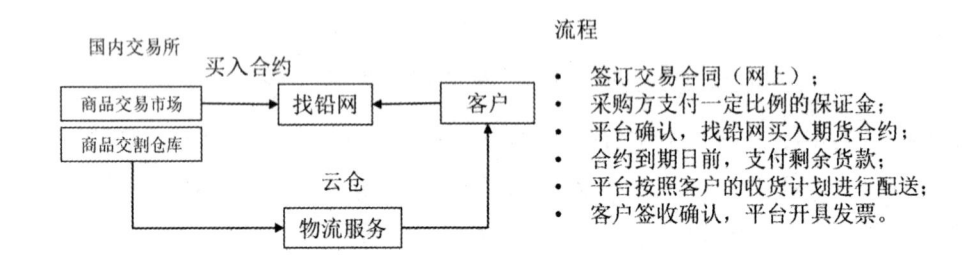

图 8-37　期货仓单融资模式及流程

8.8　"区块链+供应链金融"的应用创新

我国铅循环产业的整体市场达到近 7000 亿元的产业规模,虽然产业体量与房地产、钢铁、粮食、汽车等国民支柱产业体量不在同一个水平,但也足以支撑一个具有典型的供应链金融项目。所以,找铅网创新的金融服务,打造完善的生态圈金融服务模式具有实际意义。

传统线下的现货交易,需要第三方信用中介的介入,才具有可信赖性,且实践中仍然存在诸多问题,其中最大的痛点是线上融资审查、审批,难以对线下的资产交易的真实性、流转单据的有效性等实现快速、有效的审查,达到风险控制、合规性的单证审查目的,需要花费平台或金融机构大量的人力,也不一定能保证融资的时效性(例如,很多资金需求者要求当天放款)。

8.8.1 解决方案

铅循环产业中的资产交易属于不安全环境下的交易行为。

区块链技术对于产业中的金融服务与金融创新,可以起到多方面的作用。数字存证、支持交易真实性证明、降低操作成本,这些是区块链技术的基本应用功能。金融服务的严谨性要求线下业务进行合规性审核,工作量繁重且效率低下。应收账款质押、厂商银等模式,采用区块链存证技术,可以简化线下业务审核的复杂性,减少大量重复的单证审查,使得交易成本下降。

区块链技术以数字存证、共同确认、公共账本的方式验证交易的真实性,在此基础上构建公开、公正的单证流转模式,同时符合交易各方的信息保密性要求,能够解决传统仓单及现货交易的两大信用问题。

(1)交易的真实性证明

交易过程的可追溯性,以"穿透"的模式将传统线下不可见的交易环节,改造成透明度极高的交易流程,实现每一个环节、每一个资产单元的公开、透明,来源可追踪、可溯源,物流运输、仓库管理及参与方交易共同见证、共同背书,以及使用数字化存证(不可被篡改)防止作假和道德风险,确保交易的真实和准确,也使资金端的审查与放款更快捷。

(2)交易的安全性

用户采用电子签名的方式实现身份认证,要求达到或超过国家所要求电子签名的安全标准，使用数据密钥和单证加密的方式，可保证各方的保密性要求，实现操作的不可抵赖，避免传统线下交易的不确定风险。

另外，行业监管部门加入到区块链中，可进一步提高交易的可信度、账本的信用和交易的合规性，监管机构在分布式账本中，对不可篡改的数据进行审查，对不正常信息和行为进行有效监控。监管的实时性得到保证，各方无法虚报、瞒报数据，也无须上报信息到监管方，有效降低了监管成本，使得行业快速转向正规化交易。区块链架构为构建良性循环的交易市场提供可信的技术保障。

区块链技术结合再生铅产业，建立"区块链再生铅交易平台"（现货交易撮合、融资）和"区块链标准仓单交易平台"（融资），以联盟链的方式为会员创造创新交易模式，可有效降低融资成本，提高融资的可得性。

8.8.2 "区块链+电子仓单"交易平台

电子仓单交易平台实现了线上化的交易与质押融资服务功能。

电子仓单需要强有力的线下仓储服务，交易平台需要为仓单的真实性负责。找铅网构建金融服务的基础是标准化的存货管理流程，同时建设强大的电子化管理设施，实现对存货的强监管。

仓单质押融资采用区块链架构模式，"区块链存证+仓单"模式结合智能合约，可实现高效的交易平台功能，如图 8-38 所示。

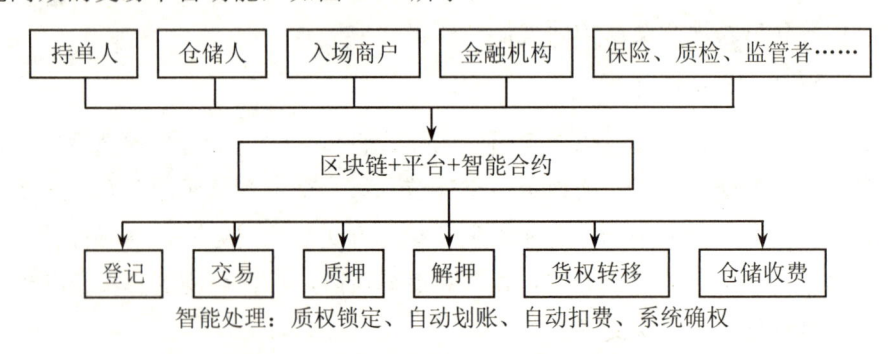

图 8-38 区块链电子仓单交易的平台

区块链架构下的电子仓单交易模式具有以下优点。

（1）身份认证、电子签名等可确保所有参与交易的身份真实，以及操作的合法性和不可抵赖性，能够有效防止用虚假仓单和虚假交易来进行融资。

（2）简化交易流程，一套系统打通不同的机构和企业，避免大量的接口开发和异构平台的同步问题，降低了交易成本和交易门槛。

（3）弱中心化，没有谁管理谁的问题，参与者身份基本平等，不存在绝对的主控角色。

（4）智能合约提高了合约、交易执行的有效性，避免了交易不执行的传统顽疾，防止了道德风险和付款等行为的人为延时、故意不执行等，有助于维护交易生态的公平和守信。

8.8.3 仓单质押融资

"区块链+再生铅标准仓单"采用区块链技术改造再生铅交易模式和交易流程，实现了标准仓单作为流通性良好资产的融资优势，其形成过程如图 8-39 所示。

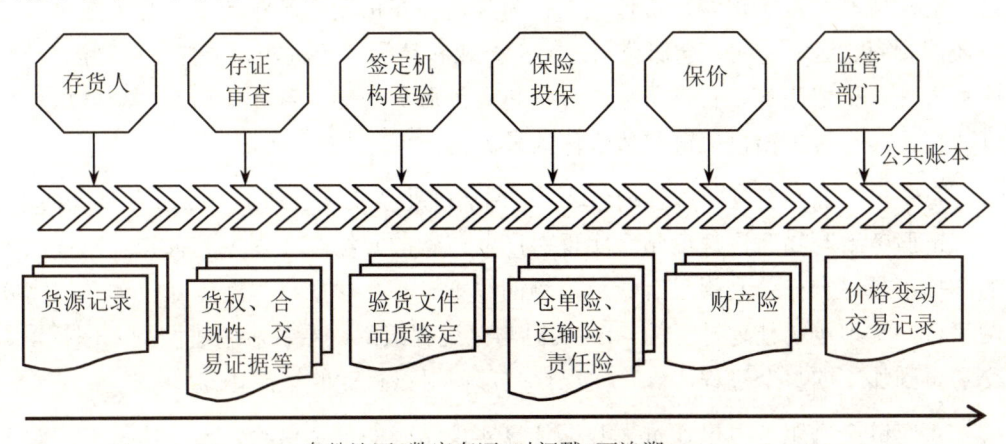

图 8-39 "区块链+再生铅标准仓单"的形成过程

在图 8-39 中，标准仓单的形成过程公开、透明，各种数字化的表单、证据形成之后不可被篡改、不可作假、共同背书（电子签名）；各机构之间的权力互相制衡，形成互相监督机制，政府监管部门的介入对不守信行为形成极大的震慑力，可以有效防止道德风险、相互串通作假。

经过以上分析，可以看出区块链技术在多家协作机构互相监督的场景下，使得传统模式下的私下串通行为难以发生。在公开、透明的机制下，讲信用的机构会获得参与者的一致认同；连续的交易也使得仓单无须重复地进行真实性查验。交易行为的互相印证，将产生"信用自证"和"信用自增"的特殊现象，这是传统信用技术与交易模式不可能产生的信用增级现象。

区块链技术本质上是建立一种机制，它有效抑制人性的弱点（追求私利），而弘扬人性中的光辉，即公正、客观、可信。人是环境中的人，只有构建符合良性发展的机制和制度，人们才会在交易中构建商业文明。人类的商业发展史和曾经发生的金融危机，都很好地说明了这一点。

8.9 小结

产业级供应链生态圈的构建，以实现产业链整体优化、降低交易成本、提高交易效益及便利性、实现客户价值最大化为导向。在铅循环产业链中，对于回收店、资质回收商、运输公司、仓储公司、加工企业和精铅厂等机构，平台提供物流仓储、库存管理、融资服务、代理采购、分销执行等服务功能，各环节动态共享信息并高度协作，实现再生铅供应链整体价值的最大化。

每一个产业都有其特殊性或使命，铅循环产业要实现行政监管责任和环保要求，供应链服务要与物联网深度结合实现对产业监管的升级。在国家完善相关监管法规的前提下，平台充分利用已有集散市场的线下资源，建立再生资源回收体系的物联网平台，实现废物处理过程的 GPS 实时与全过程跟踪，监管废物进园到入园拆解、交易再到加工的整个过程，真正实现行政部门对该行业的智能化监管。

供应链金融服务可以通过大数据计算实现精确的信贷供给，而区块链架构对于金融服务创新具有极强的支撑作用，在标准化的线下服务支撑下，结合区块链数字存证、电子仓单及智能合约，可形成新型的资产交易与融资平台。采用质押或标准仓单的方式，以区块链架构来降低不安全环境下的交易信用问题，以降低监管成本和交易成本为导向，实现在线融资的可得性和及时性。

目前，我国经济发展模式要求传统产业实现转型升级。在全社会效率与质量升级的背景下，企业面对一系列外部环境经营变化带来的巨大压力，必须通过技术、组织和制度、商业模式、运营管理等多方面的创新，提高自身效率和核心竞争力，快速适应市场。

目前，我国产业中的生产要素与劳动力价格持续上涨，实体经济的成本优势不断丧失，通过构建产业级的供应链生态圈来实现商业模式的创新，是产业升级战略的一个重要方向。

再生资源产业的发展趋势为平台化、智能化和金融化。

第 9 章

总结

9.1 主要创新点

目前，研究区块链可供参考的资料多数为区块链技术的应用开发方案，理论层面的研究才刚刚开始。对于本书来说，一方面笔者的研究水平有限，另一方面可供参考的研究资源有限，因此本书可能存在逻辑分析不严格、结论证明不完善、案例代表性不强等问题，诚请业内人士批评与指正。

业界已经出现不少"区块链+供应链金融"的思想和解决方案，这类研发仍然较少地深入到业务逻辑和科学原理的分析中。而系统化的理论构架将在全行业的实践中总结与提炼出来，业内各类观点及方案的提出，都将为普及区块链应用及推动应用升级起到重要作用。

供应链金融实践需要面对严格的业务逻辑、复杂结构的信息平台，以及行业生态的多样化。区块链技术改造现有供应链金融模式，并不是简单的需求分析与软件开发工程，而是需要分析供应链金融的底层业务逻辑，从最基础的单证、合同等层面开始，进而涉及流程改造和商业模式构建，是复杂的管理工程。

对此，本书的研究以供应链结构与供应链信用结构作为区块链架构下信用创新的出发点，以复杂性视角结合区块链技术特点提出信用创新、业务模式创新、商业模式创新和风控机理。

本书的创新点或独到的研究内容，可归纳为以下几点。

（1）明确提出供应链信用、供应链信用结构的内涵及业务逻辑；阐述合同、单证、交易、债项等要素对于交易真实性的逻辑关系，提出交易真实性的计算方法；阐述信用链概念及风险传播机制。

（2）提出区块链架构下供应链金融的业务逻辑与应用架构，包括："区块链+单证""区块链+交易"的业务逻辑和系统结构，并对应收账款质押融资提出区块链架构的详细设计；对于物流金融，在分析业务逻辑的基础上提出"区块链+物联网""区块链+标准仓单""区块链+大宗商品交易"的解决方案；阐述资产证券化对于供应链金融的重要性，分析供应链金融资产证券化的业务模式，进而提出供应链金融 ABS 解决方案。

（3）提出"供应链金融 5.0"概念，阐述其"计算信用、无损传递、双工交互、直接融资"的内涵；在复杂性视角下，针对供应链金融的真实性证明、计算信用、双工交互等概念，结合案例进行说明。

最后，结合本书的理论架构，以铅循环产业供应链为例，详细阐述产业级供应链生态圈的构建逻辑与系统架构，为利用供应链和区块链技术改造传统产业提供一个真实、全面、系统的案例。

9.2 下一代供应链金融模式

近年来，供应链金融领域的理论与商业模式创新实践非常频繁，涉及不同的行业、众多类型的参与主体、进出口业务、大型平台等，其中金融科技对供应链金融创新的重要性和支持力度越来越大。金融服务始终是以严控风险为底线的，在缺少优质核心企业的信用背书、质押物残值不能覆盖风险敞口等情况下，能"穿透"现实的迷雾、获得真实信用的金融科技，是供应链金融持续创新的技术支撑。

区块链架构下的资产交易服务，相对传统模式具有明显的优势，特别适用于不安全环境下的交易环境。供应链金融、物流金融和资产证券化等都因此获得颠覆式的改进。与传统架构相比，信用审查直接调取区块链中的信用信息，简化征信业务流程，提高审批时效性；对于交易过程的持续性跟踪与取证，可有效降低道德风险，实现对交易真实性的全过程控制。区块链架构下的金融效应对于实体经济，具有降本增效的重要意义。

而人工智能的快速发展，将很快会引入到供应链金融的业务处理中，替代简单重复的人工处理，可为在线的海量交易实现快速智能决策，提供可行方案。底层规则与交易秩序的改进，使得"供应链金融5.0"新模式将成为下一代的供应链金融模式：这是以区块链为骨干构架、以计算信用为方法、采用人工智能处理的新一代供应链金融商业模式，也是供应链金融从线下模式1.0、线上模式2.0、平台模式3.0、智慧化4.0，再到区块链技术主导信用创新的5.0模式。

"区块链+人工智能"为核心的供应链金融 5.0 模式，基于区块链架构构建虚拟世界的可信证据系统，将具有"计算信用、无损传递、双工交互、人工智能"等显著特点。在这个架构下，融资便利性与交易成本将比现有模式前进一大步。

供应链金融5.0模式的内涵解释如下。

（1）计算信用

在传统信用技术中，对主体信用、交易真实性及债项信用的计算，依赖于业务单据和体现经营绩效的各类报表，也依赖于线下有经验的业务人员对被考察对象的主观判断，甚至需要持续积累的多个历史经营周期业务数据的支持。

计算信用则是在虚拟环境中依赖机器对交易行为的特征量结合业务逻辑进行计算，进而判断交易行为的真实性、可信度及风险度量。计算信用依赖于交易行为的实时存证，可有效避免人为的道德风险。计算信用在虚拟环境中，以"可信的机器"来代替现实世界中的人工计算。

计算信用能准确反映交易的真实性，计算方法是大数据、商业智能、区块链等技术的结合。

（2）无损传递

面对不安全环境下的交易对手，多数人采用的对策（选择）是不相信交易对手提供的历史交易信息，使得每一步的交易操作和后来的交易参与者，都需要重新进行信用验算，导致交易成本大增。

区块链技术本身并不直接产生信用，但进入到区块链架构下的信用信息将以"无损"模式传递给当前交易参与者及后来的交易参与者。区块链架构下信用的无损传递，交易对手对历史信用的直接认可能够大幅度降低信用成本。

下一代互联网的基础架构中包括了信用链，信用链的特点就是信用的无损传递。在供应链金融中，区块链技术建立的信用链，使得信用溯源变得较为容易，资金端的管理人员可以穿透严密的业务逻辑，直接获得从底层开始的信用信息，省去了大量的重复验证过程。

（3）双工交互

具有"复杂性"的供应链金融系统，由于不能从个体行为来推测系统的整体表现，所以系统控制必然要采用真实系统（线下）与虚拟系统（线上）构建的"双工系统、交互执行"模式。

在复杂性视角下，虚拟系统无法从统计个体行为中计算系统的整体表现，静态条件下的统计概况，其置信水平相当低，使得预测或计算结果与真实系统的运行结果存在巨大差别。对此，将虚拟系统的模拟计算结果传送给真实系统的主体来指导执行，并获得真实系统的执行结果，而这个真实系统的执行结果再用于修正虚拟系统的运行参数，使得真实系统与虚拟系统始终处于相互模拟、不断同步的平行状态。

真实系统与虚拟系统共同构成对供应链金融的风险控制过程，虚拟系统不再是单向的信息处理功能，双工交互强调线上系统对线下操作的指导，以主动的干预来获得线下系统的预期结果，线上系统不再只是等待数据的输入。

"双工交互"这种模式所包括的另一个重要的假设为：在复杂系统中，对微观主体行为的干预，将在系统层面产生显著的效应（系统的涌现性）。

（4）人工智能

证据系统与情景建模相结合，形成依据证据间的联系和对不确定情景信息的处理，由人工智能在此基础上完成对数据、情景和服务的处理，依据推理规则来处理线上化的海量化和快速化的交易，即机器学习和机器决策下的智能化业务处理。人工智能基于情景建模来部分代替人工的预测、规划和专家决策，将大幅提高业务处理的效率，有利于金融机构扩大业务范围，增强规模经济和范围经济效应。

现有供应链金融模式主要解决中小企业融资的可得性（便利性）问题，对于贷款利率下降（融资贵）的作用并不明显，大企业获得正规金融服务的利率仍然大幅度低于现有供应链金融的利率水平。所以，下一代的供应链金融信用创新技术必然针对直接融资模式来寻求突破。区块链架构使得复杂的直接融资过程变得更为简便，使得票据集融资、资产证券化等直接融资模式可以对接大产业、大型平台的供应链金融资金端，最终供应链金融的利率接近行业平均水平。

供应链金融的商业模式创新，是信用机制与信息技术的使然，从传统的手工票据处理到线上化，近年来又出现互联网供应链金融和生态圈模式，显示出聚集化和大型化特征。平台经济的规模效应和产业电商的出现，使得体量巨大的供应链金融项目将成为未来的明星；银行作为资金的主要提供者，将主导供应链金融的持续创新。

几种常见的供应链金融模式如下。

（1）供应链金融 1.0，是以人工授信审批为主的"1+N"模式，在获得核心企业承诺支持与参与的情况下，核心企业"1"为债项提供信用背书，使得与核心企业交易的中小微型企业"N"容易获得授信。这种线下模式依赖于业务人员对行业和核心企业的经验判断，属于被动的授信审批，一项一审，规模效应与技术的应用效果不明显，客户缺少黏性。

（2）供应链金融 2.0，是银行与核心企业的 ERP 系统互联，客户对 ERP 系统的黏性转化为对融资服务的黏性，在核心企业的配合与参与下，银行可以低成本地获得批量客户。线上化实现了融资服务的规模效应和操作成本的大幅下降。

（3）供应链金融 3.0，是在平台商业模式中构建的金融服务。平台以独特的"双边效应"结合"互联网+"的长尾效应，成为整合商流、物流、资金流"三流"合一的信息平台，银行在平台模式下可获得与交易相关的丰富信息。供应链金融 3.0 模式为银行提供了极大的创新空间，打破了传统的"二八定律"和重点客户思维，银行获得大量的潜在客户，操作成本与风险管控成本可进行持续优化。

（4）供应链金融 4.0，在生态系统平台建设上搭建跨产业、跨区域、跨部门，且与政府、行业协会、产业资本等各方广泛联盟，基于云计算和大数据创建的金融生态体系，使得金融能真正服务于整个供应链的各类主体并推动商业生态的发展。[①]

9.3 研究展望

金融领域中探索信用机制的创新是创新的关键所在。区块链技术在金融领域的

---

① 供应链金融智库，招商银行副行长唐志宏：供应链金融 4.0 的若干思考与实践，2017-6-29。

创新，目前以大公司、银行的应用开发为主导，也是业界关注的焦点。目前，结合供应链金融与区块链技术相结合的研发、试用项目，本书基本上给出了理论化的应用原理、构建机理与系统构架。

全球的金融界对区块链技术翘首以待，在大量机构的研发投入下，可以预见不久将出现令人眼花缭乱的应用创新，其中供应链金融将是金融创新的明星之一。展望未来，区块链技术结合供应链金融的创新，以下方面的突破将具有重要意义。

（1）区块链架构下的信用机制创新，是理论研究与应用创新的核心。目前，供应链金融的应用场景多、应用行业多、平台类型多，但其核心的信用机制和风险控制逻辑仍然较少有人涉及，因此是研究与应用创新的重点。

（2）区块链架构下的数字资产交易，是实现供应链金融高级化的重要步骤，供应链数字票据及票据交易场所、机制如何构建，将是供应链金融创新的又一个热点问题。

（3）在区块链架构下，供应链金融对接直接融资的创新，将针对中小企业"融资贵"这项顽疾，针对供应链金融的不同场景实现直接融资将具有重要的理论与实践价值，值得进一步研究。

（4）风险控制是金融的核心环节，在虚拟世界与真实世界平行的情况下，新一代的风险控制技术与方案将引领信用创新，是值得研究的重要领域。

总之，近年来金融科技的创新应用，使得人们对于中小企业融资难问题的解决，展现出前所未有的信心。而区块链技术以颠覆者的角色出现，不断出现令业界拍案叫绝的应用案例，高度重视区块链技术带来的巨大变革，积极拥抱区块链应用创新，将成为供应链金融领域创新的主旋律。